미국 영어 회화 문법 2

지은이 김아영
초판 1쇄 발행 2019년 2월 25일
초판 13쇄 발행 2024년 12월 2일

발행인 박효상   편집장 김현   기획·편집 장경희, 이한경   디자인 임정현
마케팅 이태호, 이전희   관리 김태옥

종이 월드페이퍼   인쇄·제본 예림인쇄 · 바인딩

기획·편집 진행 김현
본문·표지디자인 고희선

출판등록 제10-1835호   발행처 사람in   주소 04034 서울시 마포구 양화로 11길 14-10 (서교동) 3F
전화 02) 338-3555(代)   팩스 02) 338-3545   E-mail saramin@netsgo.com
Website www.saramin.com

책값은 뒤표지에 있습니다.
파본은 바꾸어 드립니다.

ⓒ 김아영 2019

ISBN
978-89-6049-750-4 14740
978-89-6049-748-1 (세트)

우아한 지적만보, 기민한 실사구시 **사람in**

GRAMMAR
IN CONTEXT

미국영어회화 문법

2 동사와 시제

김아영 지음

사람in

Prologue 프롤로그

한국 학생들은 과연 문법에 강할까?

문법 공부를 어떻게 해야 하는지 물어보는 학생들에게 필자는 항상 문법 공부를 왜 하는지를 되묻는다. 안타깝게도 쉬운 것 같으면서도 원론적인 이 질문에 명쾌한 대답을 할 수 있는 학생들은 거의 없었다. 이 학생들이 이러한 질문에 대답을 못하는 것은 어쩌면 당연한 일인지도 모르겠다. 영문법을 왜 공부해야 하는지 그 이유를 알게 된다면 공부 방법에 관한 해답은 이미 나오게 되니 말이다.

초, 중, 고교를 거치면서 각종 영문법책 시리즈로 문법에 목을 매는 영어 교육을 받은 대부분의 대한민국 대학생들은 필자가 일하는 미국 플로리다주립대학의 어학연수원에서 영문법 수업 레벨을 정하는 간단한 테스트 후, 8 단계 레벨 중 레벨3 이상의 점수를 얻지 못한다. 그러고는 학기가 시작된 후 예외 없이 문법 수업 내용이 너무 쉽다고 불평을 한다. 또 미국에 오면 좀 더 고급 문법을 배우게 될 줄 알았는데 한국에서 이미 다 배운 내용을 왜 반복해야 하느냐고 반문한다. 어떤 한국 학생들은 자신들이 문법에 강하다는 주장을 펼치면서 이곳의 미국인 강사들과 영문법 지식을 놓고 설전을 벌이기도 한다. 미국인 강사보다 자신들이 영문법에 대해 더 많이 알고 있다는 이들의 주장은 과연 맞는 것일까, 틀린 것일까?

필자는 이 질문에 맞기도 하고 틀리기도 하다는 애매모호한 답변을 해야겠다. 좀 더 명확히 말하자면, 문법 또는 문법 교육을 바라보는 시각의 차이에 따라 그 대답은 충분히 달라질 수 있다고 할 수 있겠다. 한국의 교육제도 하에서 영문법은 배우고 이해하고 외워야 할 '지식'으로 인식되고 있으며, 이로 인해 학생들은 교실 안팎에서 영문법을 공식화해서 끊임없이 외우고 공부한다. 그 결과 많은 한국 학생들은, 대부분의 네이티브 스피커들 뺨치는 해박한 영문법 지식을 갖게 된다. 이러한 관점에서 보자면 '한국 학생들은 문법에 강하다'라는 명제가 성립될 수도 있겠다. 반면, 영어를 모국어로 하는 미국인들이 하는 영어 교육에서는 문법이란 공부해서 이해하고 외워야 할 지식이라기보다는 습득(Acquisition)해서 체화해야 하는 언어의 한 측면으로 인식되고 있다. 그 결과, 이들은 학생들에게 문법 내용을 가르치는 것(Teaching)을 최소화하고, 그보다는 그러한 문법 사항을 포함한 문장을 학생들이 알맞은 상황 속에서 끊임없이 사용하고 연습하게 하여 입과 몸에 배도록 하는 교육 방식을 채택하고 있다. 그것은 학생들이 정확한 문법을 자신들이 만들어 내는 문장 안에서 자연스럽게 구사할 수 있도록 하려는 것이 이곳 문법 교육의 방향이고 목표이기 때문이다. 현재 미국의 영문법 수업 시간에 강사들이 압도적으로 많이 쓰는 표현이 "Grammar-in-Use"(올바른 문법의 사용)와 "Grammar-in-Context"(문맥에 따른 올바른 문법의 사용)인 것도 바로 이 같은 맥락에서다. 이러한 교육 방향을 가진 이곳에서는 학생들의 문법 실력을 가늠하는 척도로 빈칸 채우기식의 사지선다형을 택하지 않고, 해당 학생의 Speaking과 Writing Sample을 채취해서 문법을 정확히 사용하는지 여부를 분석하는 게 당연한 일일 것이다. 이는

iBT TOEFL에도 잘 반영되어 있어서, TOEFL에서 문법 섹션을 찾아볼 수 없게 된지는 이미 꽤 되었다. 대신, TOEFL을 주관하는 ETS에서는 TOEFL의 Speaking과 Writing 섹션을 채점할 때, 해당 학생의 문법 사용(Grammar-in-Use)을 꼼꼼하게 체크하여 최종 점수에 반영한다.

이제 똑똑하신 독자님들께서는 대부분의 한국 대학생들이 미국 대학에서 운영하는 어학연수원의 간단한 문법 Test에서 왜 Level 3 이상의 배정을 받지 못하는지 그 이유를 눈치 채셨을 것이다. 이곳에서는 학생들의 문법 실력을 빈칸 채우기나 객관식 시험이 아닌, 그들의 Speaking과 Writing Sample로 평가하기 때문이다. 즉, 한국 학생들의 문법 지식이 빈약해서가 아니라, 그들이 구사해내는 문장 속 문법(Grammar-in-Use)이 엉망이기 때문에 초중급 문법 레벨에 해당하는 수업에 배치될 수 밖에 없는 것이다. 쉽게 말하자면, 온갖 완료시제, 직간접화법, 각종 가정법 등을 꿰뚫고 있는 그들이 문장에서 3인칭 단수 현재동사에 -s나 -es를 붙이는 등의 아주 기초적인 동사 활용조차 지키지 못하고 있다면, 기초적인 문법 사용(Grammar-in-use)에 집중해야 하는 수업에 배정받을 수 밖에 없다. 이 경우, 단순현재 시제에서 3인칭 동사 변화를 어떻게 하는지 알고 있는 것은 아무런 의미가 없다. 미국 교실에서 문법 실력이 뛰어나다고 하는 것은, 해당 학생이 실제 상황에서 입으로 만들어내는 문장에서의 문법, 즉 "Grammar-in-Use"와 "Grammar-in-Context"가 뛰어남을 말하는 것이지 한국말로 문법 지식을 논해서 싸워 이기는 그런 "실력"(Grammar Knowledge)을 말하는 것이 아니다.

필자는 다년간 한국과 미국에서 영어를 가르치면서 한국 학생들이 이 간단한 이치를 깨닫지 못해서 영문법 공부를 열심히 하면서도 진정한 의미에서의 문법 실력이 늘지 않는 것을 보면서 이 책을 쓰게 되었다. 필자와 함께 플로리다주립대 Center for Intensive English Studies의 문법 커리큘럼을 개발한 저니건(Jernigan) 박사는 언제나 학생들에게 "Develop your intuition!"(직감을 키워라!)을 강조했다. 그것은 문법을 공식화해서 외우려고 하지 말고, 다양한 예문을 접하면서, 해당 문법의 정확한 사용을 자연스럽게 유도하는 그 "직감"(Intuition)을 발달시키라는 뜻이다. 이와 같은 맥락에서, 이 책은 이해를 돕는 기초적인 문법 설명을 담고는 있으나, 현란한 문법 지식과 설명은 최소화하고 다양한 예문을 통해서 학생들이 기초적인 문법 사항을 문맥과 함께 더불어 이해하면서 그 "직감"을 발달시킬 수 있도록 하는 데 중점을 두었다. 이 책에서 쓰이는 많은 예문과 대화들은 필자가 이곳 대학에서 다양한 레벨의 문법 수업을 가르치면서, 특히 한국 학생들이 잘하는 실수를 참고해서 만든 것들이다. 모쪼록 필자의 경험과 노력이 녹아 있는 이 책이 영어로 고통(?)받고 있는 학생들에게 조금이나마 도움이 되었으면 하는 바램이다.

플로리다에서
저자 김아영

문법의 궁극적인 목표는
미국 보통 사람처럼 말하는 것!

영어 하면 '문법'을 떠올릴 정도로 문법은 좋든 싫든 영어와 한몸처럼 붙어다닙니다. 교육자들마다 견해가 달라서 문법 공부 안 해도 영어 잘할 수 있다고 주장하기도 하지요. 아주 틀린 얘기는 아닙니다. 영어권 국가에서 태어난 사람이라면 문법 공부 안 해도 잘할 수 있죠. 하지만, 미국인들은 학교 졸업 후에도 문법책으로 공부를 합니다. 왜냐고요? 더 정확한 영어를 구사하기 위해서요. 그리고 그런 정확한 영어 구사가 적재적소의 말을 하는 자신의 격을 높인다고 생각하기 때문입니다. 원어민들도 이런데 문장 구조가 완전히 다른 우린 한국인이 영어 문법을 공부해야 하는 건 당연합니다.

그런데, 문제는 영어 문법을 잘못 공부하고 있다는 거예요. 여러분은 문법을 왜 공부하시나요? 대부분은 회화를 잘하고 싶어서 할 겁니다. 그렇다면 원어민들은 자유자재로 잘 쓰지만, 우리는 쓰기 어렵고 힘든 부분을 집중해서 해야 하지 않을까요? 이 책 시리즈에서는 그것을 주어·목적어를 이루는 명사 부분(1권)과 문장의 전체 구조를 좌우하는 동사 부분(이 책)으로 나누어 설명합니다.

사실, 문장은 주요 성분인 주어와 목적어, 보어와 동사만 제자리에 제대로 놓으면 끝납니다. 문제는 주어와 목적어에 해당하는 부분을 어떻게 만들고, 시제와 결합하는 동사는 그 미묘한 뉘앙스를 어떻게 살리느냐가 회화를 잘하기 위해 문법을 공부하는 사람들이 해결해야 할 1순위입니다. 하지만 대부분의 학습자들이 이런 부분을 외면한 채 5형식이나 문법 용어에 집착하고, 자신이 배운 문법 사항으로 문장이 해석이 되는지 아닌지에 목을 매는 경우가 많습니다. 참 안타까운 일입니다.

사람들이 회화를 잘하고 싶다고 할 때 "그냥 미국 보통 사람처럼만 하면 좋겠어"라고 말합니다. 그 사람들은 거기서 태어나 자랐기 때문에 별 어려움 없이 말하는 것이기는 하지만, 그들이 하는 회화의 핵심은 문장의 주요 성분을 어순에 따라 정확하게 말하고, 동사의 뉘앙스를 살려 말하는 것입니다. 여러분도 여기에 집중해 문법을 익히고 활용하는 것에 집중해 보세요. 미국 보통 사람처럼 자유자재로 말하는 게 불가능한 꿈만은 아닐 것입니다. 그런 여러분 곁에 이 책이 함께합니다.

이런 분들께
이 책을 추천합니다!

문법 공부의 양과 회화 실력이 정확히 반비례하는 분
문법 하나는 어디 가서 꿀리지 않을 만큼 열심히 했는데 이상하게 회화가 안 된다고 호소하는 분들이 많습니다. 왜 그럴까요? 회화에 특화된 제대로 된 문법책을 만나지 못했기 때문입니다.

하지만, 이 책은 다릅니다. 백날 가야 써 볼 일 없는 내용은 쏙 빼고, 기본이 잡힌 사람들의 실력을 다듬어 최고의 스피커로 거듭날 수 있도록 합니다. 이제야 제대로 된 책을 만났습니다.

회화 잘하고 싶은 마음은 굴뚝 같은데 문법책은 쳐다보기도 싫은 분
사실, 기존 문법책이 주는 인상은 굉장히 딱딱합니다. 무슨 수학책도 아닌데 공식 같은 것이 페이지 빽빽이 들어차 있지를 않나, 앞뒤 맥락 없이 툭 튀어 나오는 문장도 재미없습니다. 그래서 문법책 앞 부분만 늘 손때가 묻어 있는 경우가 많지요.

이 책은 어떻게 하면 학생들에게 영문법을 재미있고 신나게 가르칠 수 있을까, 저 멀리 미국에서 고민에 고민을 거듭하던 저자가 세계 각국의 다양한 학생을 가르쳐 본 경험을 녹여 읽기 쉽게 설명합니다. 설명마다 이해가 팍팍 가도록 회화 예문을 들어주는 것은 기본이고요. 읽다 보면 문법책이 이렇게 술술 읽힐 수도 있구나 하는 생각이 듭니다.

예문이 재미없어서 영어책을 못 보겠다 하는 분
예문은 문법 상황이 모두 응축돼 있는, 어찌 보면 책에서 가장 중요한 요소입니다. 하지만 대부분의 문법책은 문법 사항 하나만 반영한 예문만 제시합니다. 예문에는 정성을 안 쏟았다고 할까요?

피부에 와 닿는 예문만 읽어도 공부가 되는 것 같은 책이 가장 이상적인 책이라 보는 저자는 예문에 정말 심혈을 기울였습니다. 이 책의 예문에는 미국인들의 가장 보편적인 정서가 담긴 문장, 말 그대로 보통 사람들의 회화가 그대로 녹아져 있습니다. 다른 책에서 볼 수 없는 예문을 읽는 재미가 쏠쏠합니다.

미국 보통 사람처럼 회화하기의 핵심 키워드, Grammar-in-Use, Grammar-in-Context

앞에서 미국 보통 사람처럼 회화하기 위해 알아야 할 사항을 간략하게 설명했습니다. 주어, 목적어가 되는 명사 부분을 확실히 하는 것과 문장 구조를 좌우하는 동사와 그 관련 시제를 공부하는 것으로 말입니다. 자, 무엇을 공부해야 하는지는 답이 나왔습니다. 그렇다면 '어떻게'라는 how가 남았네요. 이 질문에는 두 가지로 답할 수 있습니다. 바로 Grammar-in-Use와 Grammar-in-Context입니다.

Grammar-in-Use는 '활용도 높은 올바른 문법'이라고 풀이할 수 있겠습니다. 주어나 목적어의 문장 성분을 만들 때 필요한 문법을 모조리 다 공부하는 게 아니라, 정말 활용도가 높은 것들로만 공부하는 것입니다. 문장에서 주어와 목적어로 쓸 수 있는 건 뭔가요? 바로 명사입니다. 그럼 명사 하나만 달랑 공부하면 될까요? 명사에는 관사도 붙고요, 전치사도 붙습니다. 꾸며 주는 형용사도 붙지요. 게다가 명사하고는 전혀 상관없는 녀석들이 갑자기 명사처럼 굴겠다고 나서기도 합니다. 여러분이 공부해야 하는 건 바로 이런 내용이에요. 이게 실제로 회화에서 쓰이고 활용도가 높기 때문이죠. 예전에 많은 사람들이 보던 영문법책의 명사 파트에 '분화복수'라는 도대체 무슨 뜻인지 짐작도 가지 않는 용어가 있었습니다. 분화복수가 뭐냐면요, 복수형 -(e)s를 붙였을 때 완전히 다른 뜻이 되는 경우를 칭하는 겁니다. 예를 들어, arm에 복수형 -s가 붙으면 '팔'의 복수형도 되지만 '무기'라는 뜻도 있다고요. 뭐 이런 게 엄청난 것인 줄 알고 용어도 달달 외웠지만, 그렇게 한 것이 여러분의 회화 실력을 늘리는 데에 도움이 되었나요? 전혀 아닐 겁니다.

그래서 이 책은 이 Grammar-in-Use에 기반하여 회화에 꼭 필요한 내용만 추려 넣었습니다. 그래서 기존의 영문법 책에서 보던 5형식 위주의 설명과는 다릅니다. 문법 용어에도 집착하지 않습니다. 오로지 회화 문장을 만들 때 가장 중요한 요소들을 정확하게 표현할 수 있게 정련된 내용만을 보여줍니다.

Grammar-in-Context는 단어 그대로 해석하면 '문맥 속의 문법'이라는 뜻입니다. 즉, 한 마디로 말해 문맥 안에서 문법을 이해하자는 얘기인 거지요. 예를 들어, 동사 run을 볼까요? run 하면 여러분은 '달리다' 이 뜻만 떠올릴 거예요. I run in the park every morning. 처럼 말이죠. 그런데 I used to run 10 miles to lose weight. 가 되면 그냥 '달리다'가 아니라 '~을 달리다'처럼 목적어를 취하는 동사가 됩니다. 여기서 하고 싶은 말은, 동사 run을 볼 때 'run의 뜻은 달리다' 이렇게 확정 짓지 말고 문맥 안에서 파악하라는 얘기입니다. 그럼, 다음 문장을 보세요. My uncle runs a language school. 이 문장에서 run은 '달리다'의 뜻일까요? 아닙니다. 이때는 '운영하다'의 뜻이에요. 이걸 뜻만 외운다고 바로 응용할 수 있을까요? 우리 뇌는 그렇게 뜻만 집어 넣으면 알아서 상황에 따라 빼서 쓸 수 있는 방식으로 되어 있지 않습니다. 단어가 쓰인 문맥을 이해해야 제대로 쓸 수 있습니다.

그래서 이 책은 중요한 문법 사항이 나올 때마다 문맥 안에서 이해할 수 있게 회화 예문을 제시합니다. 그냥 예문만으로 충분하지 않냐고 하시겠지만, 문맥이라는 건 단순히 문장들이 모여서 된 것이 아니라 서로가 의사소통을 하면서 느껴지는 분위기나 뉘앙스, 맥락 이해 등 모든 것이 총체적으로 이뤄진 것이지요. 조금 힘이 들더라도, 진도가 빨리 나가지 않는 것 같은 답답한 느낌이 들더라도 기본 단어일수록 문맥 안에서의 활용에 더 집착하여 영어를 해보세요. 어느 순간 영어가 몰라보게 달라져 있을 것입니다.

Grammar-in-Use와 Grammar-in-Context를 관통하는 하나의 키는 바로 습득(acquisition)입니다. 그냥 배워서(learning) 아는 것으로는 절대 영어가 늘지 않습니다. 외과의가 영상으로 아무리 수술 장면을 많이 봤다 한들 수술을 잘할 수 있겠어요? 직접 메스를 들고 수술을 집도해야 합니다. 영어도 마찬가지입니다. 그냥 어떤 것을 배우는 것으로 만족하면 안 됩니다. 실생활에서 나 스스로 활용하여 완전한 자기 것으로 만들고자 하는 의지가 있어야 합니다. 이런 강인한 의지에 활용도 높은 문법을 집중적으로 학습하는 선구안, 그리고 문맥에서 활용하려는 적극적인 활동이 더해진다면 여러분의 회화 실력은 가만히 있으라고 발목을 붙들어 매어도 날개를 달고 날아갈 것입니다.

이렇게 보시기를 강력 추천합니다!

처음부터 일독을 권합니다

이 책은 1장부터 마지막까지 서로 유기적으로 연결되는 내용이라서 처음부터 찬찬히 읽어 보시는 걸 권합니다. 저자의 깔끔한 설명, 설명만으로 미진하다 싶은 건 바로 예문으로 이해시키는 순발력 덕분에 문법책을 읽는다는 느낌이 전혀 들지 않습니다.

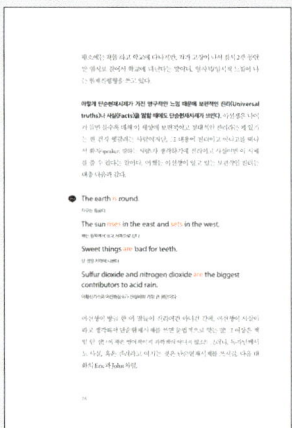

회화 예문은 그냥 외우세요

회화 예문 하나하나가 그냥 쓰여진 게 아닙니다. 문맥을 통해 해당 문법을 가장 잘 이해할 수 있도록 시뮬레이션을 거쳐 나온 것입니다. 이 회화에는 미국인들의 사고와 정서가 그대로 함축돼 있어, 단순히 회화 예문을 공부한다는 것 이상의 의미가 있습니다. 그냥 한 번 읽고 지나간다 생각하지 말고 가만히 누워 있으면 회화 예문이 떠오를 정도로 읽고 또 읽어 주세요.

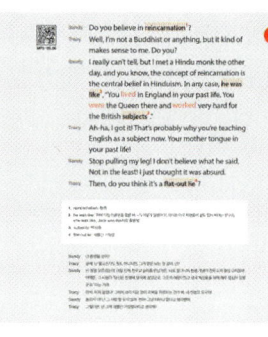

두 가지 버전으로 되어 있는 오디오 파일을 들으세요

회화 예문마다 QR코드를 수록해 휴대폰만 가져다 대면 원어민 발음으로 바로 들을 수 있습니다. 모든 회화는 slow 버전과 natural 버전 두 가지로 녹음되어 있습니다. 대부분의 slow 버전에서는 감정이나 억양, 연음 법칙 등을 제외하고 평소보다 느리게 읽었습니다. 개별 단어의 발음을 정확히 들을 때 유용합니다. natural 버전은 미국인들이 평소에 말하는 속도와 억양, 연음법칙 적용, 감정 표현이 들어 있어 훨씬 생동감 있는 회화 듣기가 가능합니다. 여러분이 듣고 싶은 대로 선택해 들으시면 됩니다. 참고로 www.saramin.com에 들어가셔서 검색창에 책 제목을 입력해 추가자료실에 들어가시면 natural 버전만 모아 놓은 파일을 다운로드 받으실 수 있습니다.

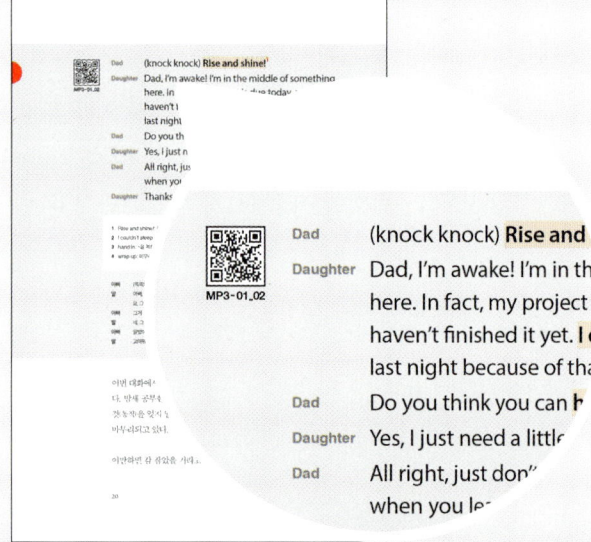

모두가 궁금해하던 걸 풀어주는 아선생님, 질문 있어요!도 놓치지 마세요

여러분이 궁금해하는 건 다른 사람도 궁금해합니다. 저자가 많이 받은 질문이기도 하지요. 본문 중간중간에 나오는 '아선생님, 질문 있어요!'에는 본문과 관련해서 학습자들이 가장 궁금해하고 알고 싶어 하는 것들만 질문으로 추려내 깔끔 명료 정확하게 답을 줍니다. 여기서 건지는 것만으로도 여러분의 회화 실력이 확 늘어납니다.

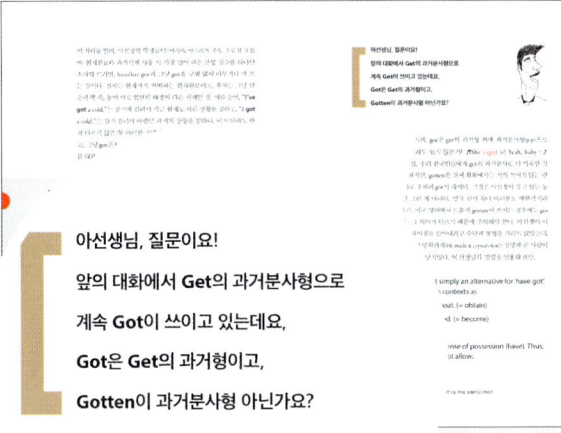

아선생의 영어 공부에 도움이 되는 외국어 습득이론

어떤 현상을 접할 때 그 현상이 발생하는 배경이나 이론을 알게 되면 훨씬 이해가 더 잘 되는 것처럼 우리가 유창한 회화를 하기 위해 거치는 과정이 과연 괜찮은 것인가, 또 그런 현상이 나타날 때는 어떤 식으로 대처를 해야 하는가를 알려주는 외국어 습득이론을 소개합니다. 이 외국어 습득이론은 반드시 전공자들만이 알아야 할 내용이 아닙니다. 여러분이 공부하면서 보이는 현상을 더 정확히 알 수 있게 되니, 그에 맞춰 올바른 방향으로 학습이 진행될 겁니다. 학습 이론에 대한 착실한 지식을 제공하니 건너뛰지 말고 반드시 읽어 주시기 바랍니다.

Contents

미국
영어 회화 문법
2권

Prologue 한국 학생들은 과연 문법에 강할까? ... 4
문법의 궁극적인 목표는 미국 보통 사람처럼 말하는 것! ... 6
이런 분들께 이 책을 추천합니다! ... 7
미국 보통 사람처럼 회화하기의 핵심 키워드, Grammar-in-Use, Grammar-in-Context ... 8
이렇게 보시기를 강력 추천합니다! ... 10

CHAPTER 1 동작이냐 상태냐, 그것이 문제로다! (동작 동사와 상태 동사) ... 14

CHAPTER 2 동사의 변신은 무죄! (문맥에 따라 변하는 동사: 자동사와 타동사) ... 40

<쉬어 가는 페이지 1> 아선생의 영어 공부에 도움이 되는 외국어 습득이론 1
모니터를 안 하면서 영어를 하면 어떤 현상이 벌어질까? (화석화 현상: Fossilization) ... 64

CHAPTER 3 시간 그 이상을 말해 주는 시제 I (단순현재 vs. 현재진행) ... 68

CHAPTER 4 시간 그 이상을 말해주는 시제 II (현재완료 vs. 단순과거) ... 84

<쉬어 가는 페이지 2> 아선생의 영어 공부에 도움이 되는 외국어 습득이론 2
스미스는 왜 동막골의 영어 선생과 말이 안 통한 걸까? ... 106

CHAPTER 5 시간 그 이상을 말해 주는 시제 III (단순과거 vs. 과거진행) 3 ... 110

CHAPTER 6 과거의 과거(had p.p)와 과거의 미래(was going to) ... 126

<쉬어 가는 페이지 3> 아선생의 영어 공부에 도움이 되는 외국어 습득이론 3
지하철을 갈아타는 건 쉬운데, 언어를 갈아타는 건 어려워요. ... 140

CHAPTER 7 WILL 대 BE GOING TO ... 146

CHAPTER 8 조동사야 도와줘! ... 170

CHAPTER 9 그대 이름은 완료, 완료, 완료! ... 194

<쉬어 가는 페이지 4> 아선생의 영어 공부에 도움이 되는 외국어 습득이론 4
Do you speak 콩글리시? - No, I speak "Interlanguage"! ... 210

CHAPTER 10 남의 말을 옮길 때! (직간접화법) ... 214

CHAPTER 11 동사의 시제만 잡으면 해결되는 조건절과 가정법! ... 242

CHAPTER 12 분사: 못다 한 이야기 ... 266

<쉬어 가는 페이지 5> 아선생의 영어 공부에 도움이 되는 외국어 습득이론 5
문법 교육을 바라보는 한국과 미국의 시각 차이 ... 286

Epilogue 이제는 문법 공부할 때 Mindset을 한번 바꿔 보자! ... 290
참고문헌 ... 292

**미국
영어 회화 문법
1권**

(명사 부분을
강화하고
싶은 분께 강추)

Prologue 한국 학생들은 과연 문법에 강할까?	4
문법의 궁극적인 목표는 미국 보통 사람처럼 말하는 것!	6
이런 분들께 이 책을 추천합니다!	7
미국 보통 사람처럼 회화하기의 핵심 키워드, Grammar-in-Use, Grammar-in-Context	8
이렇게 보시기를 강력 추천합니다!	10

CHAPTER 1 관사의 사용, 이제는 직감으로 해결하자! — 14

CHAPTER 2 대체 무엇이 셀 수 있는 것이고, 무엇이 셀 수 없는 것일까? — 28

CHAPTER 3 교도소에 들어가는 거야, 면회를 가는 거야?
(셀 수 있고 없고와 상관없이 무관사로 쓰는 표현들) — 52

CHAPTER 4 그럼, 셀 수 없다는 추상 명사는 무조건 무관사? — 66

CHAPTER 5 우리는 하나! (여러 개가 모여 하나가 되는 집합 명사) — 80

<쉬어 가는 페이지 1> 아선생의 영어 공부에 도움이 되는 외국어 습득이론 1
배움과 습득 — 92

CHAPTER 6 전치사 하나로 전달하려는 의미가 달라질 수 있을까? — 94

CHAPTER 7 생활 영어 속에서 만나는 다양한 전치사 표현들 — 112

CHAPTER 8 무관사 용법은 열심히 공부하면서 무전치사 용법은 왜 무시하는 건가요? — 124

<쉬어 가는 페이지 2> 아선생의 영어 공부에 도움이 되는 외국어 습득이론 2
알아들어야 알아먹지! — 142

CHAPTER 9 'To be' or 'Being', that's the question! (부정사와 동명사) — 146

CHAPTER 10 to부정사는 영문법 필드의 손흥민 — 170

CHAPTER 11 맨발의 부정사 (Bare infinitive: 원형부정사) — 190

<쉬어 가는 페이지 3> 아선생의 영어 공부에 도움이 되는 외국어 습득이론 3
말이란 오고 가는 것! — 198

CHAPTER 12 ~ing가 다른 걸 꾸밀 때는 동명사가 아니라 현재분사! — 202

CHAPTER 13 현재분사가 존재한다면 과거분사도 존재하겠지! — 212

CHAPTER 14 동태를 살펴라! (수동태) — 228

<쉬어 가는 페이지 4> 아선생의 영어 공부에 도움이 되는 외국어 습득이론 4
정확한 문법사용의 비결은 바로 모니터! — 240

CHAPTER 15 난 명사의 코디! (형용사) — 244

CHAPTER 16 에이(A), 넌 뒤로 가! (A-형용사) — 260

<쉬어 가는 페이지 5> 아선생의 영어 공부에 도움이 되는 외국어 습득이론 5
우리는 뭐든 배우는 순서대로 습득할까? — 268

Epilogue 이제는 문법 공부할 때 Mindset을 한번 바꿔 보자! — 270

참고문헌 — 272

CHAPTER 1

동작이냐 상태냐,
그것이 문제로다!
(동작 동사와 상태 동사)

**ACTION VERBS
VS.
STATE VERBS**

동사야~ 동사야~~ 동사야이 야이 야아~~!! 영어 좀 한다 하는 많은 사람들이 하는 말처럼 동사만 잡으면 영어를 싹 다 이해한 거나 마찬가지야! 그러니 여기서는 우리, 동사를 한번 꽉 부여잡아 보자꾸나! 그런데 영어의 이 수많은 동사를 어찌 나누어 잡아 볼꼬? 영어 동사를 분류하는 방법에는 여러 가지가 있는데, Grammar-in-Context 중심의 공부를 하다 보면, 동작 동사(Action Verbs 혹은 Event Verbs)와 상태 동사(State Verbs)로 나누는 것이 도움이 될 때가 많다. 이 둘의 차이를 이해하면 이들 동사가 쓰이는 문맥 이해에 많은 도움이 되어, 실생활 회화에 즉각적으로 써먹을 수가 있기 때문! 플로리다에서 영어를 가르치며 사는 아선생이란 여인은 이 방식에 자꾸만 눈길이 간다고 하는데…

동작 동사는 말 그대로 "동작 그만!" 했을 때, 하고 있던 동작이 중단될 수 있는 동사! 그러니까 무언가를 하는 '행위'를 표현하는 동사이다. 이를 테면, jump, run, say, sing, dance, stop, write 같이 action을 나타내는 모든 동사는 다 동작 동사라고 보면 된다. 반면, 상태 동사는 말 그대로 행위가 아닌 '상태'를 나타내는 동사이다. be, have, belong, know, believe, love, like, resemble, consist 같이 말이지. 그런데 이 둘의 차이를 왜 알아야 하냐고? 도대체, 왜?

가령, 비슷한 의미를 가진 두 동사가 있다고 치자. 그 둘의 의미는 비슷한데, 하나는 상태 동사, 하나는 동작 동사라고 한다면, 그 둘이 아무리 동의어라고 해도 문맥에 따라 쓰임이 전혀 다르기 때문에, 그 차이를 '반드시' 알아야 '반듯한' 회화를 구사할 수가 있다. 게다가, 많은 사람들이 이 '동작'과 '상태'의 개념을 잘못 잡아서, 회화에서 정확한 의사 전달을 못할 때가 많다.

이 '동작'과 '상태'의 개념을 잘못 잡아서 헷갈려 하는 대표적인 동사가 wear와 put on이다. 이 두 단어는 동의어이지만, 하나는 상태 동사이고 다른 하나는 동작 동사라서 그 쓰임새가 많이 다르다. 이래서 서로 유사품에 주의하라고 많은 영어 선생님이 광고하고 다니는 거다. 결론부터 말씀드리면, wear는 **상태** 동사이고, put on은 **동작** 동사이다! 즉, **wear는 옷을 입고 있는 상태**를 나타낼 때, **put on은 옷을 입는 동작**을 나타낼 때 각각 쓰인다는 사실! 이래도 헷갈리는 분들을 위해서 산뜻하게 각각의 예문을 보여드린다.

💬 He's wearing a jacket.　　　vs.　　He's putting on a jacket.
그는 재킷을 입고 있다.　　　　　　　　　그는 재킷을 입고 있는 중이다.
(입고 있는 상태)　　　　　　　　　　　　(입는 동작)

사정이 이렇다 보니, 이 두 동의어가 쓰이는 문맥은 서로 전혀 달라서, 문맥을 봐 가면서 골라 쓰는 재미를 아셔야 한다는 말씀! 그럼, 어떤 문맥에서 어떤 걸 골라 먹어야 제대로 된 영어 맛이 날까? 상태 동사 wear의 경우, 어떤 사람의 옷차림새를 묘사할 때 주로 쓰인다. 반면, 동작 동사 put on의 경우, '한 번'의 동작(one-time action)을 표현할 때 써야 한다. 더 이상의 구질구질한 문법 설명은 필요 없다. 이들이 쓰인 대화를 들으면서 마음으로 느껴보자. Ready, set, go!

Paul	This is a wonderful picture! When was it taken?
Jae-won	It was taken at my college entrance ceremony.
Paul	At your college entrance ceremony? Interesting! In America, we celebrate graduations, but most American schools don't have entrance ceremonies.
Jae-won:	Is that a fact?
Paul	Yes, it is. So, did you take a lot of photos at the ceremony?
Jae-won	Unfortunately, we couldn't take any pictures other than that one because my four-year-old nephew **was so out of control**[1] that day.
Paul	Well, anyways, you look great wearing a black suit. Besides, your eyes are twinkling with anticipation!
Jae-won	Thanks. As you know, I really wanted to get into this school.

Paul	이거 아주 괜찮은 사진이네. 이 사진 언제 찍은 거니?
Jae-won	내 대학 입학식 때 찍은 거야.
Paul	대학 입학식 때? 재미있다! 미국에서는 졸업식은 챙기지만, 대부분의 미국 학교는 입학식이 없거든.
Jae-won	그게 사실이야?
Paul	응, 맞아. 그래서 입학식 때 사진 많이 찍었어?
Jae-won	짜증스럽게도, 그날 우리 4살짜리 조카가 너무 컨트롤이 안 돼서 그 사진 말고 다른 사진은 하나도 찍지 못했어.
Paul	뭐 어쨌든, 너 검정색 정장 입으니까 잘 어울린다. 게다가 네 눈은 기대감으로 반짝거리고 있고.
Jae-won	고마워. 너도 알다시피, 내가 이 학교에 얼마나 입학하고 싶어 했니.

Paul	By the way, is this gentleman wearing glasses your professor?
Jae-won	Yes. He teaches anthropology, and he's one of the world's preeminent scholars in the field.
Paul	Who is this girl standing right beside you?
Jae-won	Which girl?
Paul	Right here. The one who's wearing a light blue jacket.
Jae-won	Hmm... I'm **racking my brain**[2], but I can't remember who she is.

1. be out of control: 컨트롤이 안 되다
2. rack one's brain: 머리를 쥐어짜다

▶ put on과 wear는 둘 다 '(옷을) 입다/입고 있다'라는 의미 외에도 '(신발을) 신다/신고 있다', '(안경을) 쓰다/쓰고 있다' 같이 몸에 부착할 수 있는 모든 것에 쓰이는 동사다. 하다못해, 화장을 하거나 향수를 뿌리는 것도 이 동사를 쓴다.

I want to learn how to put on make-up. 난 화장을 어떻게 하는지 배우고 싶어.
He's always wearing too much perfume! 그는 항상 향수를 너무 많이 뿌리고 다녀.

Paul	그건 그렇고, 안경 쓰고 있는 이 신사분이 너희 교수님이셔?
Jae-won	응, 맞아. 그분이 인류학을 가르치시는데, 이 분야에서 세계적으로 뛰어난 학자 중 한 분이셔.
Paul	여기 네 바로 옆에 서 있는 이 아가씨는 누구야?
Jae-won	어떤 아가씨?
Paul	바로 여기! 하늘색 재킷 입고 있는 사람.
Jae-won	어, 아무리 생각해 봐도 그녀가 누구인지 기억이 안 나네.

대화에서 wear는 꾸준히 상태 동사로 사진 속 사람들의 차림새 즉, 그 상태를 묘사하는 데 쓰이고 있다. wear가 쓰이는 문맥이 이해되었으면, 이제 예의상 put on이 살아 있는 문맥도 봐 주자!

ACTION VERBS VS. STATE VERBS

Dad   (knock knock) **Rise and shine!**[1]
Daughter   Dad, I'm awake! I'm in the middle of something here. In fact, my project is due today, and I haven't finished it yet. **I couldn't sleep a wink**[2] last night because of that.
Dad   Do you think you can **hand it in**[3] today?
Daughter   Yes, I just need a little more time to **wrap it up**[4].
Dad   All right, just don't forget to put on a warm coat when you leave. It's cold out there.
Daughter   Thanks, Dad!

1. Rise and shine!: 정신 차리고 일어나서 활동해! (아침에 뜨는 해에 비유한 표현)
2. I couldn't sleep a wink.: 한숨도 못 잤어.
3. hand in: ~을 제출하다
4. wrap up: 마무리 짓다

아빠   (똑똑) 정신 차리고 일어나!
딸   아빠, 저 깨어 있어요! 지금 뭐 하고 있는 중이에요. 실은 제 프로젝트가 오늘 마감인데, 아직 끝내지 못 했거든요. 그것 때문에 어젯밤에 한숨도 못 잤어요.
아빠   그거 오늘 제출할 수 있겠니?
딸   네, 그냥 마무리할 시간만 조금 필요해요.
아빠   알았어. 나갈 때 따뜻한 코트 껴입는 것 잊지 마라. 밖이 춥거든.
딸   고마워요, 아빠!

이번 대화에서 보다시피, wear와 달리 put on은 입는 동작을 말하고 있다. 밤새 공부한 딸에게, 바깥이 추우니까 나갈 때 따뜻한 코트 껴입는 것(동작)을 잊지 말라는 아버지의 사랑이 담긴 충고로 아름답게 대화가 마무리되고 있다.

이만하면 감 잡았을 거라고 보이니, 패션쇼는 그만하고 다른 동사한테도 한번 가 보자. 이번에는 대표적인 상태 동사인 Be와 Be랑 비슷한 의미지만 그 쓰임새를 보면 영락없는 동작 동사인 Get을 한번 비교해 보자. 여기서도 다른 건 다 필요 없고, 둘이 쓰이는 문맥을 보면 된다. 대화 들기 전에, 깔끔하게 예문으로 간부터 보자.

💬 Be: I am married. 저는 유부녀/유부남이에요.

Get: I got married in 2004. 저는 2004년에 결혼했어요.

I got married!

I am married!

해석처럼, "I **am** married."는 한 번의 동작을 말하는 것이 아니라, 현재 미혼인지 기혼인지 그 여부(marital status) 즉, '상태'를 말해 주고 있다. 반면, I **got** married in 2004.는 2004년에 결혼식을 했다는 말로, 혼인 여부(상태)를 말하는 문맥이 아니라 결혼식을 하는 한 번의 '동작' 혹은 이벤트(Action/Event)를 말하는 문맥에서 쓰이는 말! 요것으로는 충분하지 않은 것 같아서 예문 세트 메뉴 하나 더 추가요!

💬 Be: I **am** ready! 나는 준비됐어. (준비된 상태)

Get: **Get** ready, right now! 지금 당장 준비해! (준비하는 동작!)

그럼, 이제는 모두가 다 아는 월드 스타 Be와 Be만큼은 아니지만 그 나름대로 유명한 Get의 세계로 당신을 초대합니다!

MP3-01_03

Mark　(sigh……………)
Jenny　You look **dispirited**.[1] **Are** you depressed or something?
Mark　No, I **am** actually upset! Tanya **is** too **outspoken**[2], and she doesn't seem to care about how I feel at all!
Jenny　What happened?
Mark　Her father plans to retire soon, and she wants me to take over his company.
Jenny　You guys are getting married soon, so why don't you listen to her? Don't you like his job?
Mark　I don't dislike it. I'**m** just afraid of change.
Jenny　Did you say that to her?

Mark　Yes, and you know what she said? "**Are you a man or a mouse?**[3]"

Jenny　That's mean! I mean she **was over the top.**[4]

Mark　I used to enjoy her sarcasm, but **that doesn't fly with me**[5] any more.

---

1. dispirited: 의기소침한
2. outspoken: 남의 기분 상관없이 노골적으로 말하는
3. Are you a man or a mouse?: 겁쟁이에게 쓰는 표현
4. be over the top: 도가 지나치다
5. That doesn't fly with me.: (농담 따위가 재미없을 때 쓸 수 있는 표현) 나한테는 안 웃겨./안 통해.

Mark　(한숨)
Jenny　너 의기소침해 보여. 우울한 거야, 아님 무슨 일 있어?
Mark　아니, 사실 나 화났어. Tanya는 지나치게 직설적이고, 내 기분 따윈 전혀 신경 쓰지 않는 것 같아.
Jenny　무슨 일 있었어?
Mark　Tanya 아버지가 곧 정년 퇴직하실 계획인데, 그녀는 내가 자기 아버지 회사를 인수하길 원하거든.
Jenny　너네 곧 결혼하니까 그냥 그녀 말을 듣지 그래? 그분이 하는 일이 넌 좋지 않아?
Mark　내가 그 일을 싫어하는 건 아냐. 난 그저 변화가 두려울 뿐이라고.
Jenny　그녀에게 그렇게 말했어?
Mark　응, 그랬더니, 그녀가 뭐라고 하는지 알아? "네가 대체 남자야, 뭐야?"
Jenny　너무했다. 내 말은, 도가 지나쳤다고.
Mark　예전에는 그녀의 비꼬는 말투가 재미있었는데, 이젠 더 이상 내게 안 통해.

ACTION VERBS VS. STATE VERBS

He
NEVER

gets upset!

앞의 대화에서 동사 Be는 화가 난 상태, Tanya의 성격, 화자의 심리/감정 상태(두려움) 등과 같이 상태 동사로서의 진수를 보여주고 있다. 다음 타자는 Get!

Melanie	I'm very fond of Mickey. He's a really nice guy, and he never **gets** upset. I think he is **marriage material**[1].
Sam	I'm sorry, but to me, it looks like your love has blinded you. He does **get** upset. The other day, when I cut in line at the bank, he **got** so upset with me.
Melanie	Really? Please tell me more about him. I want to know all **his likes and dislikes**[2].
Sam	Okay, never mind! (Sarcastically) He's an angel!

1. marriage material: 결혼할 만한 재목
2. one's likes and dislikes: 좋아하는 것과 싫어하는 것

Melanie	난 Mickey가 참 좋아. 그는 정말 좋은 사람이고, 절대로 화내는 법이 없어. 난 그가 결혼할 만한 재목이라고 생각해.
Sam	미안하지만, 내가 보기엔 사랑이 네 눈을 멀게 한 것 같다. 그 남자 화내기도 해. 일전에 내가 은행에서 새치기했을 때, 그가 나한테 지나치게 화를 내더라.
Melanie	정말? 그 사람에 대해서 얘기 좀 더 해 줘 봐. 나 그 사람이 좋아하는 것과 싫어하는 것 모두 다 알고 싶어.
Sam	됐어, 신경 쓰지 매! (빈정대면서) 그 사람 천사야!

대화 속 Melanie의 첫 대사, "He never **gets** upset."에서 상태 동사 be 대신 동작 동사 get을 쓴 이유는, 화가 난(혹은 안 난) 상태를 말하려는 것이 아니라, 화를 내는 행위(동작)를 말하고 있기 때문이다.

ACTION VERBS VS. STATE VERBS

그럼, 이번에는 이 둘을 한번 섞어 볼까? be happy(행복한 상태에 있다)냐, get happy(행복해지다)냐, 그것이 문제로다!

Lisa My nine-month-old boy **gets** happy whenever I sit him in his rocking chair. He won't get out of it. I wish I could **get** happy easily like him.

Jerry I read somewhere that happiness is a choice. So I choose to **be** happy, and I **am** always happy. **I'm telling you**[1]. Just change your mindset, and you won't need "something" in order to **get** happy.

Lisa I agree that your happiness is your choice, but sometimes it's hard to practice.

Jerry Let me tell you this story. I know a guy who's always happy. Surprisingly, he **ran away**[2] at the age of 15 because his parents abused him. After that, he **went through**[3] extreme hardships in life. I heard he overcame all the difficulties. The thing is I would have never guessed that until he told me because he's such a positive person.

Lisa 9개월 된 우리 아들은 언제든 내가 걔를 흔들의자에 앉히기만 하면 행복해해. 거기서 내려오려고 하질 않아. 나도 그 애처럼 쉽게 행복해질 수 있으면 좋겠어.

Jerry 행복은 선택이라는 걸 어디선가 읽었어. 그래서 난 행복하기로 선택하고, 그 결과 항상 행복해. 내 말 들어봐! 그냥 네 의식구조를 바꿔 봐. 그럼 행복해지기 위해서 '그 무언가'가 필요하진 않을 테니까 말이야.

Lisa 나도 행복이 선택이라는 말에는 동의하지만, 때로는 그걸 실천하기가 힘들어.

Jerry 내가 이야기 하나 해 줄게. 내가 언제나 행복한 남자를 하나 알아. 놀랍게도, 그 사람이 부모님의 학대로 15살 나이에 가출했거든. 그 후, 인생에서 극한의 고난을 겪었지. 그가 그 모든 고난을 극복했다고 들었어. 내가 하고 싶은 말은, 그가 내게 말해 주기 전까진 난 그 사실을 전혀 몰랐을 거라는 거야. 왜냐하면 그가 너무나도 긍정적인 사람이기 때문에.

Lisa   You've got a point there. All right! Now I'm a happy soul!

Jerry   You've made the right choice!

1. I'm telling you.: 내 말 믿어.
2. run away: (성인이 되기 전에) 가출하다
3. go through: (고난이나 어려움 등을) 겪다

Lisa   네 말에 일리가 있어. 알았어! 난 이제 행복한 사람이다!
Jerry   넌 올바른 선택을 한 거야!

역시 이 문장에서도 be는 상태 동사, get은 동작 동사로 쓰이고 있으니, be happy는 '행복하다'(상태)로 get happy는 '행복해지다'(event) 정도로 해석하면 되겠다. 이제 그만 이 부분에 대해서는 Don't worry! Be Happy!

Be동사와 대비하여 동작 동사로 쓰이는 게 Get뿐만이 아니다. 대체로 한국 학생들이 Get보다 먼저 습득하는 단어 BECOME을 보자.

💬 Owen **became** an actor in 1999. <small>Owen은 1999년에 배우가 되었다.</small>

Owen **was** an actor in 1999. <small>Owen은 1999년에 배우였다.</small>

첫 번째 문장의 '배우가 되었다'라는 말은, '한 번'(one time)에 일어날 수 있는 event로 동작 동사(Event/Action verbs)처럼 해석될 수 있다. 하지만, 두 번째 문장의 '배우였다'라는 말은 단 한 번에 일어나는 일을 말하고 있는 게 아니라, 1999년 당시의 상태를 나타내고 있다. 이들을 대화에서 만나 보자. 먼저 Become부터!

Lacey Ross, I've just found out you're teaching slum kids. I really admire you! What prompted you to teach those kids?

Ross Since I **became** a teacher, I've always tried hard to be a true educator. To me, education is all about spreading hope, and I wanted to **put it into practice**[1].

Lacey Dude, you're truly a beautiful person!

---

1. put ~ into practice: ~을 실천/실행에 옮기다

Lacey Ross, 네가 슬럼가 아이들을 가르치고 있다는 걸 방금 알게 됐어. 너 정말 존경스럽다! 어떤 계기로 그 아이들을 가르치게 됐니?

Ross 선생님이 된 이후로 난 항상 진실한 교육자가 되고자 노력해 왔어. 내게 교육이란 희망을 나누는 일이고, 그걸 실천에 옮기고 싶었어.

Lacey 이 녀석, 넌 진정으로 아름다운 사람이야!

선생님이 된 후로 쭉 좋은 교육자가 되려고 노력해 왔다고 하는 말은 선생님이 된 것을 한 시점으로 보고, 그 이후로 쭉 이라는 말이니, 그것은 하나의 사건(Event verb)이지!

Jacky Is Dr. Altman your colleague?

Tim Yes, he's now the dean of the department. How do you know him?

Jacky 혹시 Altman 박사님이 동료분이세요?
Tim 맞아, 그 친구가 지금은 학과장이지. 자네는 그를 어떻게 알지?

Jacky　When I was a student teacher, he was my supervisor.

Tim　Oh, I see. So, what about him?

Jacky　I really want to get a teaching job in your department, so if there's an opening later, please have him consider me. I know he likes me.

Tim　Well, he never hires people through **favoritism**[1], but I'll talk to him anyway.

1. favoritism: 편파; 편애(공정하지 못하고 자신이 좋아하는(favorite) 어느 한쪽으로 치우침)

Jacky　제가 교생이었을 때, 그분이 제 담당 교수님이셨어요.
Tim　그랬구나. 그런데 그 친구가 왜?
Jacky　제가 그 과에서 정말 가르치고 싶으니, 후에라도 자리가 나오면, 그분에게 저도 고려해 달라고 해주세요. 그분도 절 좋아하시거든요.
Tim　글쎄, 그가 편파적으로 사람을 고용하는 일은 절대 없지만, 어쨌든 말은 해보겠네.

지난 학기에 내가 교생이었을 때, 그분이 내 지도교수였다라는 말은, 지난 학기(과거)의 나와 그분의 '상황'을 말하는 것이니, 상태(동사)지!

문제는, put on과 wear, be와 get/become처럼 태생적으로 나는 상태동사요~ 나는 동작 동사요~ 하고 다르게 태어나 주면 땡큐 베리 머취이건만, 어떤 동사들은 똑같이 생겨 가지고, 어떤 문맥에서는 '상태'로, 또 어떤 문맥에서는 '동작'으로 쓰이는데 think, remember, have, smell, taste 등이 그 대표적인 예이다. 이런 쌍둥이들은 예의상 봐주는 우리들이 구분해 줘야 한다. 그렇다면, 이중에서 만만한 단어 하나만 골라서 구분해 보자! 뭐, 대충 다 만만해 보이지만, 특히나 더 만만한 have를 해부해 볼까? 대부분의 문맥에서 have는 소유하고 있는 상태의 개념으로 '상태 동사'로 쓰이지만, 언제나 그런 것은 아니다. 예를 들어, to have a child가 문맥에 따라서 아이가 하나 있는 상태를 나타낼 수도 있고, 또 아이를 하나 낳는 동작을 나타낼 수도 있다. 이쯤 하면 예문이 등장해 주셔야지!

> I **have** a child now. 난 지금 아이가 하나 있어요. (상태)
> I **had** my first child in 1976. 난 내 첫 아이를 1976년에 낳았어요. (동작)

이렇게 간단 명료 깔끔하게 정리해 드렸는데도, 혹시 질문 있으신 분?

아선생님, 질문이요!
동사 **have** 같이 이렇게 똑같은 단어가,
그것도 의미까지 비슷한데,
이게 상태를 말하는지,
동작을 말하는지 어떻게 알 수 있나요?

그게, 단어만 봐서는 몰라! 알 수가 없~어!!!~♪ 언제나처럼 전체적인 문맥에서 그 의미를 계산해 찾아내야 하는 것이지! 바로 여기에 문맥과 함께하는 문법 공부의 묘미가 있다는 사실을 독자님께서도 지금쯤은 아셔야 한다. 혹시 모르는 분이 계시더라도 아직 늦지 않았다. 다음 대화를 보면서 지금이라도 그 묘미를 느껴보자.

Kyle Have you heard about the education budget cuts?
Cathy Yes, I have. That was pretty drastic, wasn't it? I wonder who established the new policy. I mean, does he even have children?
Kyle I happen to know him personally. **If I'm not mistaken**[1], he has three sons, and they all study abroad.
Cathy What? I'm speechless.

1. If I'm not mistaken, ~: 내가 틀리지 않았다면

Kyle 교육 예산 삭감에 관해 들었어?
Cathy 응, 들었어. 너무 급격한 것 같아, 안 그래? 난 누가 그 새 정책을 수립했는지 궁금해. 내 말은, 그 사람은 애들도 없대?
Kyle 사실, 내가 그 사람을 개인적으로 알아. 내가 틀리지 않았다면, 그 사람한테 아들이 셋 있는데, 셋 다 외국에서 공부해.
Cathy 뭐라고? 할 말이 없네.

대화에서 have는 '소유하다', '가지다'의 의미로 쓰여, 그에게 아이가 몇 명이 있다는 상태를 나타내는 상태 동사이다. 다음 대화를 보자.

Samantha Hey, Alex! Your son is almost as tall as your chin now!
Alex Tell me about it! And he's so **impulsive**[1] these days!

Samantha 이봐, Alex! 네 아들이 이제 네 턱에 닿을 만큼 키가 컸네!
Alex 그러게 말이야. 요즘은 얼마나 제멋대로 행동하는지 원.

Samantha That's not uncommon for five-year-old boys. How's your wife?

Alex She's going to have our second baby soon. She's in her third trimester▶, and **the baby is due**² next month.

Samantha Congratulations on your new addition to your family!

Alex Thanks.

1. impulsive: 충동적인
2. The baby is due ~: 아기 출산 예정일이 ~다

▶ 미국에서도 한국과 마찬가지로 임신을 초기/중기/말기로 나누는데, 임신 기간을 아홉 달로 봐서 첫 세 달을 the first trimester, 그 다음 세 달을 the second trimester, 마지막 세 달을 the third trimester라고 한다.

Samantha	다섯 살 남자아기가 그렇지 뭐. 부인은 어때?
Alex	와이프가 곧 우리 둘째를 낳을 거야. 지금 임신 말기인데, 아이가 다음 달에 나와.
Samantha	새 가족이 또 생긴다니 축하해!
Alex	고마워!

아까와는 달리, 이번에는 have가 '가지다', '소유하다'의 상태 동사가 아니라, '(아이를) 낳다'라는 동작(one-time action/event)의 의미를 가지고 있다. 문법부터 외우고 끼워 맞추는 것이 아니라, 문법이 쓰이는 전체적인 문맥과 함께 그 문법의 쓰임새를 이해하는 것! 이것이 바로 아선생이 반한 미국식 문법 교육, Grammar-in-Context의 접근 방식이다. 다른 건 몰라도 이런 건 제발 수입 좀 하자.

어쨌든, 이제 개념은 이해했으니, 좀 더 다양한 문맥을 접해 보면서 직감을 키울 차례! 이번에는 Think!

Jen   Do you **think** there's a shortcut to success?
Owen   Of course, there is! Working hard!
Jen   (Sarcastically) Oh, thank you for letting me know.
Owen   I was just kidding. I personally **think** there's no such thing as a shortcut, and hard work is the only key to success.
Jen   I hear you!

Jen   넌 성공의 지름길이 있다고 생각해?
Owen   물론 있지! 열심히 일하는 거!
Jen   (빈정대면서) 오우, 알려줘서 고마워.
Owen   농담이야. 개인적으로 그런 지름길 같은 건 없다고 생각하고, 열심히 일하는 것만이 성공의 열쇠지.
Jen   동감!

대화에서 Jen과 Owen은 각자 가지고 있는 생각을 나누면서 think라는 동사를 쓰고 있기 때문에, think의 정체는 상태 동사!

Daughter   Dad, I had a minor **fender bender**[1] on my way home. I think I was driving a little fast downtown.
Dad   "A little fast"? This is the third time this year! There's no excuse for that. Besides, I kept telling you driving at high speeds is dangerous!
Daughter   But Dad, it's so thrilling!

딸   아빠, 집에 오는 길에 가벼운 접촉사고를 냈어요. 제가 시내에서 조금 빨리 달린 것 같아요.
아빠   '조금 빨리' 달렸다고? 이게 올해 들어 벌써 세 번째야! 변명의 여지가 없어. 게다가, 내가 과속 운전이 위험하다고 계속해서 말했잖아.
딸   하지만 아빠, 그게 얼마나 스릴 있다고요!

Dad	Honey, you're really disappointing me. Have you talked to Mom about this?
Daughter	Not yet.
Dad	So, what are you going to do?
Daughter	…
Dad	What's wrong? **Cat got your tongue?**[2]
Daughter	**Give me a break**[3], Dad! I'm thinking now.

1. fender bender: 접촉사고 (fender는 자동차 외부의 한 부분을 말하고 그걸 bend했으니)
2. Cat got your tongue?: 상대방이 뭔가 말을 해야 하는 상황에서 아무 말도 안 할 때 쓰는 표현
3. Give me a break.: 그만 좀 하세요.

아빠	얘야, 네가 아빠를 이렇게 실망시키는구나. 이거 엄마한테는 말했니?
딸	아직 못했어요.
아빠	그래서, 어떻게 할 셈이야?
딸	…
아빠	왜 그래? 왜 아무 말도 못해?
딸	아빠, 제발 좀요! 지금 생각하고 있잖아요.

지금 생각하고 있는 중이라고요! 라면서
짜증내는 딸의 문장 속 think는 동작 동사이다.
생각하는 행위를 하고 있는 중이니 말이다.

그렇다면, Think류의 동사 remember도 한번 볼까?

Josh	Do you remember Lucy, who was our classmate in high school?
Rebecca	Sure, I do. You're talking about the girl who had dimples in her cheeks, right?
Josh	Yup.
Rebecca	I still remember she used to **wrinkle up**[1] her nose at me. Geez, it's already been ten years. So, what about her?
Josh	She became a weather forecaster at the national broadcasting station. I saw her on TV last night.
Rebecca	Wow, good for her! I knew she would do something with her life.

1. wrinkle up: 찡그리다

Josh	너, 우리 고등학교 때 같은 반이던 Lucy 기억해?
Rebecca	물론, 기억하지. 뺨에 보조개 있는 그 친구 말하는 것 맞지?
Josh	그래.
Rebecca	난 그 친구가 나한테 콧등을 찡그리곤 했던 것도 여전히 기억하고 있어. 세상에, 벌써 그게 10년 전 일이네. 그런데 걔가 왜?
Josh	걔가 국영방송국 기상 캐스터가 되었어. 어젯밤에 TV에서 그녀를 봤어.
Rebecca	와, 잘됐네. 난 그 친구가 인생에서 뭔가를 해낼 줄 알았다니까.

위의 대화에서 Remember는 기억하고 있는 '상태'를 나타내고 있다. 하지만, Think와 마찬가지로 remember도 한 번의 동작으로 쓰이는 문맥이 있다. 지금은 한물간 듯하지만, 아선생이 대학교 다닐 때 인기 폭발이었던 홍콩 배우 여명이 잘 부르던 노래, Try to remember 이 노래 한 소절을 잠깐 들어보기를 추천한다. 유튜브에서 찾아보면 가사와 함께 들을 수 있다.

들어보셨는가? 여러분이 들은 노랫말의 Remember는 동작 동사! 이렇게 Remember는 '기억을 떠올려 보라'라는 의미로 '단 한 번의 행위'를 나타낼 수도 있다는 말씀!

Think나 remember 같이 생각에 관련된 동사뿐만 아니라, 감각에 관련된 동사들도 비슷한 용례가 있다. 그 냄새를 한번 맡아 볼까?(Smell)

Paula (Sniffing) Hey, can you smell this?
Eric Smell what?
Paula This **pungent**[1] smell! I think somebody is making Kimchi or something.
Eric Why don't you give your nose a break and smell these flowers?
Paula No, but thanks. I'm allergic to flowers. I would rather smell something horrible than **sneeze my brains out**[2].

1. pungent: 시큼한
2. sneeze one's brains out: 심하게 재채기를 하다 (뇌가 튀어나올 정도로 재채기를 하니.)

Paula (코를 킁킁거리며) 너도 이 냄새 맡아?
Eric 무슨 냄새를 맡아?
Paula 이 시큼한 냄새 말이야. 누가 김치라도 담그나 봐.
Eric 네 코가 그만 쉴 수 있게 이 꽃 냄새를 맡아 보는 게 어때?
Paula 고맙지만, 사양! 내가 꽃 알레르기가 있거든. 골이 떨어져 나가게 재채기를 하니, 차라리 고약한 냄새를 맡는 편이 나아.

대화에서 Smell은 냄새를 맡는 '동작'을 나타낸다. 그렇다면, 과연 Smell이 상태를 나타낼 때는 어떻게 쓰일까?

Steve   Those dishes smell really yummy.
Paul   Thanks, but they're not home-made. All I did was microwave pre-cooked frozen food. Would you care for some?
Steve   Sure! Whatever they are, they look really tasty.
Paul   **Ladle**[1] some into your plate and help yourself!

1. ladle: 국자/국자로 퍼 담다

Steve   그 요리들 냄새 정말 좋다.
Paul   고마워. 그런데 집에서 만든 요리는 아냐. 내가 한 일이라고는 미리 조리된 냉동식품을 전자레인지에 데운 것 밖에 없어. 좀 먹어 볼래?
Steve   그래! 그게 뭐든 간에, 정말 맛있어 보여.
Paul   네 접시에 좀 퍼 담고, 맛있게 먹어.

이번 대화에서는 Smell이 '냄새가 나는 상태'를 묘사하는 데 쓰이고 있다. Smell 뿐만 아니라, 다른 감각과 관련된 동사들(Look. Taste, Sound, Feel 등)도 모두 이처럼 동작 동사로도 쓰이고 상태 동사로도 쓰인다.

이들을 하나의 대화에 넣고 감각적인 비빔밥을 만들어 보자!

Daughter   Mom, I'm home!
Mom   You're **grinning from ear to ear**[1]. Is there something going on?

딸   엄마, 학교 다녀왔습니다!
엄마 우리 딸 입이 귀에 걸렸네. 무슨 좋은 일 있어?

ACTION VERBS VS. STATE VERBS

Daughter	Guess what? I've got straight A's for the first time in my life!
Mom	Good job, honey! Congratulations! So how does it feel to get straight A's?
Daughter	It feels **fantabulous**[2], but I don't want to make a big deal out of it.
Mom	Got it! Oh, if you haven't had dinner yet, why don't you try some Japchae and Kimchi?
Daughter	Mom, **that is music to my ears!**[3] Hmm... Delicious smells are **wafting**[4] from the kitchen.
Mom	Come on and look at this!
Daughter	Oh, my God, it looks so yummy!
Mom	It tastes even better than it looks.
Daughter	Can I taste it now?
Mom	Of course! Let me bring you some fried rice as well.
Daughter	That sounds great! Thanks, Mom!

1. grin from ear to ear: 입을 벌리고 싱글싱글 웃다
2. fantabulous: fantastic(환상적인)과 fabulous(기막히게 좋은)가 합쳐진 신조어
3. That is music to my ears!: 제가 꼭 듣고 싶었던 말씀을 하시네요!
4. waft: (소리/냄새 등이) 퍼지다

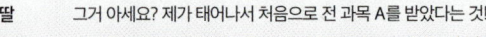

딸	그거 아세요? 제가 태어나서 처음으로 전 과목 A를 받았다는 것!
엄마	우리 딸, 잘했어! 축하해! 그래서, 전 과목 A를 받으니 기분이 어때?
딸	기분 짱이지만, 그걸로 야단법석을 떨고 싶진 않아요.

엄마	알았어. 오, 저녁 아직 안 먹었으면, 잡채랑 김치 좀 먹어 볼래?
딸	엄마, 제가 꼭 듣고 싶던 말이에요. 부엌에서 맛있는 냄새가 퍼져 나오네요.
엄마	와서 한번 봐.
딸	와, 정말 맛있어 보여요.
엄마	맛은 보이는 것보다 더 좋아.
딸	지금 맛 봐도 돼요?
엄마	그럼! 볶음밥도 가져다줄게.
딸	좋아요! 고마워요, 엄마!

다들 눈치채셨는지? 대화에서 빨간색은 상태를, 파란색은 동작을 나타낸다는 사실을.

이 장을 한 마디로 요약하면, 동사를 공부할 때 상태 동사냐, 동작 동사냐를 먼저 외우고 결정지으면서 시작하기보다는 그 동사가 쓰이는 문맥과 함께 해당 동사가 상태(state)를 말하는지 동작(action/event)을 말하는지 이해하기이다. 이렇게 **문맥에 따른 쓰임새**를 정확하게 알아야 실생활에서 비슷한 문맥을 만났을 때, 바로 바로 쓸 수 있기 때문이다.

CHAPTER 2

동사의 변신은 무죄!
(문맥에 따라 변하는 동사
: 자동사와 타동사)

TRANSITIVE VERBS VS. INTRANSITIVE VERBS

<Chapter 1>에서 동작 동사와 상태 동사의 구분이 해당 동사의 의미와 문맥에 깊이 관여하는 것을 보았다. 여기에 자동사와 타동사의 구분은 이에 따라붙는 문법 요소까지 추가로 관여한다. 1권에서 명사를 공부할 때, 보통명사, 집합명사, 물질명사, 추상명사 등으로 분류하면서 해당 명사의 종류에 따라 관사나 따라붙는 동사까지 달라지는 것을 독자님께서는 목격하셨다. 마찬가지로, 마치 피자의 종류에 따라 뿌려지는 토핑이 달라지는 것처럼, 우리 동사 피자에도 다른 종류들이 있고, 그에 따라 따라붙는 문법 요소 토핑들이 달라진다.

아선생이 중학교 1학년 입학해서 영어를 배우기 시작했을 때부터, 새로운 동사를 익힐 때마다 아선생의 쌤들은 그것이 VT (Verb Transitive: Transitive Verb-타동사)인지 VI (Verb Intransitive: Instansitive Verb-자동사)인지를 꼭 외우라고 하셨다. 아선생은 외우라면, 묻지도 따지지도 않고 그냥 외우는 착한 학생이 아니었기에, 왜요? 하고 물었다. 그러자, 아선생의 쌤왈, "타동사는 목적어를 취해야 하고, 자동사는 목적어를 취할 수 없기 때문에 그 뒤에 오는 문법 요소가 달라. 그래서 이걸 알아야 해당 동사로 올바른 문장을 만들 수가 있지." 아선생이 감히 쌤한테 또 따져 물었다. "그럼, 자동사 뒤에는 절대로! 목적어가 올 수 없나요?" 그러자, 아선생의 쌤왈, "맞아. 목적어가 바로 올 수는 없어. 하지만 전치사를 대동하면 목적어가 따라 붙을 수도 있지. 왜냐하면, 동사 말고 전치사도 목적어를 취할 수 있으니까!"

이 아선생과 아선생 쌤의 다이얼로그를 깔끔하게 차트로 정리해 드리겠다.

자동사	타동사
목적어를 취하지 않는, 아니 못 취하는 동사! e.g. jog(조깅하다), work(일하다), sleep(자다), come(오다), go(가다), listen(듣다), look(보다), grin(씩 웃다)	목적어를 취하는, 아니 취해야만 하는 동사! e.g. give(~을 주다), get(~을 얻다), have(~을 가지다), obtain(~을 획득하다), receive(~을 받다)

여기서 중요한 건, 자동사 뒤에도 목적어를 취할 수 있는 또 다른 품사인 전치사가 자기 목적어를 데리고 나타나서 당당하게 따라붙을 수 있다는 사실.

💬 I'm listening to music. (비교: Can I hear some music? - 타동사)
I'm looking at you. (비교: I saw you. - 타동사)

결국, 이때 전치사를 붙여야 할지 말아야 할지를 결정하는 요소는 해당 동사가 자동사냐 타동사냐 하는 사실인데, 사실 이를 좀 더 쉽고 깔끔하게 접근하는 한 가지 방식을 아선생이 이미 1권의 〈Chapter 8. 무관사 용법은 열심히 공부하면서 무전치사 용법은 왜 무시하는 건가요?〉에서 소개한 바 있으니, 얼마나 깔끔하게 접근했는지 확인하실 분들은 그곳에 잠시 다녀오시기 바란다. 이 아선생 다른 데 안 가고, 바로 이 자리에서 기다리고 있을 테니.

그렇다면 여기서 독자님이 가장 궁금해해야 하는 사항은, 이것들을 어떻게 먹어야 소화제 없이 잘 소화시킬 수 있을까 하는 것인데 "__는 자동사!" "__는 타동사!"라고 그냥 묻지도 따지지도 말고 외워 버리면 장땡일까? 아무리 무식한 암기가 모든 학문의 기본이라고는 하나, 정녕 이렇게까지 무식한 방법으로 안 그래도 정이 안 가는 동사들과 친해질 수 있을까? 바로 그 문제에 대해 잠시 생각해 보자는 의미에서 질문 하나! 동사 run은 자동사일까, 타동사일까? 다음의 대화를 들으면서 다들 한번 생각해 보자.

Candace Oh, my gosh! I've gained about 10 pounds ▸ over the last month!

Brittany Why don't you try to run on a daily basis?

Candace I do run every day, but I don't seem to lose weight.

Brittany How long do you usually run? If I'm not mistaken, you burn about 70 calories per mile running.

Candace Then, if I run 10 miles each morning, can I lose 20 pounds within a week?

Brittany Well, I don't know about that, but in order to cut down your weight, make sure you run at least one or two miles a day.

Candace	어머나, 세상에! 나 한 달 사이에 10 파운드나 쪘잖아!
Brittany	매일 달리기를 해 보는 건 어때?
Candace	나 매일 달리고 있거든. 그런데 몸무게가 빠지는 것 같지가 않아.
Brittany	보통 얼마나 달려? 내가 틀리지 않다면, 1 마일 달리면 한 70 칼로리를 소모하는데.
Candace	그렇다면 내가 매일 아침 10 마일을 달리면, 1 주일 안에 20 파운드를 뺄 수 있을까?
Brittany	글쎄, 그건 잘 모르겠지만, 살을 빼기 위해서는 하루에 최소 1-2 마일은 꼭 달리도록 해.

자동사? 타동사? 정답은 '뜀박질하다'라는 의미의 run은 자동사로 쓰일 때도 있고, 타동사로 쓰일 때도 있다! 어겐, It all depends on context! 헉, 또? Candace와 Brittany의 대화에서 첫 세 개의 run은 목적어 없이 자동사로 쓰이고 있다. 그런데 같은 의미의 네 번째와 다섯 번째 run은 나도 목적어를 취할 수도 있다고! 라며, 떡하니 목적어인 10 miles와 one or two miles를 취하고 있지 않은가?

▸ 미국은 주로 무게 단위로 킬로그램(kilogram)이 아닌 파운드(pound)를 쓰며, 거리 단위로는 미터(meter)가 아닌 마일(mile)을 쓴다. 1파운드가 0.45 킬로그램 정도이고, 1마일이 1,609미터 정도 된다고 한다.

어쨌든, 이렇게 '(얼마간의 거리)를 뛰다/달리다'의 의미로 쓰이는 문맥에서는 그 '얼마 간의 거리'가 run의 목적어로 끼어들 수 있다. 그러니 이렇게 같은 단어, 그것도 같은 의미(뛰다/달리다)를 가진 동사가 문맥에 따라 자동사도 되었다가 타동사도 되었다가 하는 것이 바로 우리가 공부하는 영어 동사의 진면목인 것이다.

그러니 하늘 천은 자동사 땅 지는 타동사 하고 막무가내로 외우는 것은 당연히 회화에 전혀 도움이 안 되는 문법 공부라는 말이지. 아선생이 끊임없이 강조해 왔던 Grammar-in-Use와 Grammar-in-Context 중심의 공부는 자동사와 타동사를 배울 때에도 매한가지! 다양한 대화를 들으면서, 해당 동사가 어떤 문맥에서 어떻게 쓰이는지 이해하면서 직감을 키우고 쓰임새를 익히다 보면 자동사, 타동사 뭐 이딴 용어를 몰라도 그냥 느낌이 팍! 그럼 이번 장에서도 계속해서 이 바닥의 전문가들이 '직감'이라 부르는 그 느낌을 한번 키워 보자! Develop your intuition!

Speaking of which(기왕 말이 나온 김에), run이라는 동사의 또 다른 뜻도 한번 살펴볼까?

Harry   Hey, John! Where are you running to?
John   Hi, Harry! I'm on my way to the departmental office of Second and Foreign Language Education. I'm trying to apply to their Ph.D. program.

Harry   이봐, John! 어딜 그렇게 달려가는 거야?
John   안녕, Harry! 나 지금 외국어 교육학과 사무실에 가는 길이야. 거기 학과 박사 과정에 지원하려고 하거든.

Harry   Oh, haven't you heard that the College of Education closed down the program?

John   What? What happened?

Harry   As you might already know, the department had a lot of problems, and it **imploded**[1].

John   I can't believe it! According to Dr. Kott, it was one of the best programs in this field when Dr. Jenks was running it.

Harry   **I feel you!**[2] I was also very stunned at the news when I first heard about it. However, the dean says the College of Education will re-offer the program **within reason**[3].

1. implode: (조직·시스템 등이) 자체적으로 붕괴되다
2. I feel you!: 네 말이 무슨 말이지 알아.
3. within reason: 타당한 이유가 있다는 조건에 한해서

Harry   너 교육대학에서 그 과정 없앴다는 소식 못 들었어?
John   뭐라고? 무슨 일 있었어?
Harry   너도 이미 알겠지만, 그 학과에 많은 문제가 있어서 자체적으로 붕괴됐어.
John   말도 안 돼! Kott 교수님 말씀으로는, Jenks 교수님이 그 학과를 운영할 때에는 그 과정이 이 분야에서 최고 중 하나였다고 했는데.
Harry   네가 무슨 말 하는지 나도 알아. 나도 처음에 그 이야기 들었을 때에는 엄청 많이 놀랐어. 하지만, 학장님께서 말씀하시길 타당한 이유가 있다는 조건에 한해서 교육대학에서 그 과정을 다시 개설할 거라네.

Harry의 첫 번째 문장에서 run은 역시, '뛰다/달리다'의 의미로 (그렇다고 앞서 Candace와 Brittany의 대화처럼 얼마 간의 거리를 달리는 것도 아니니) '어디로(Where)'에 해당하는 목적어를 바로 취하지 않고 전치사(to)의 도움을 받고 있는 자동사다. 그런데 John의 마지막 문장에서 run은 얼마 간의 거리가 아닌, it (= the program)이라는 목적어를 취하고 있다.

설마 이걸 '뜀박질하다'라고 해석하는 독자님이 계시는지는 확인할 길이 없으니 안 하겠다. 이때 run은 '~을 운영·경영·관리하다'라는 의미로 쓰여서, 당연히 그 '~을'에 해당하는 목적어를 멋지게 취할 수 있는 타동사인 것이다. 운영을 한다면 대체 무엇을 운영하는지 알아야 하니까!

> 아선생님, 질문이요!
> 대화에서 Harry의 첫 번째 문장(Where are you running to?)을
> 전치사 'to' 없이
> "Where are you running?"이라고 하면 안 되나요?
> 이때, to를 써 주면 의미가
> 더 명확해진다는 것은 알겠는데,
> 그렇다고 to를 안 쓰는 것이 틀린 문법인지 궁금합니다.

캬~ 예리한 질문을 해 주신 그대의 언어 감각에 감탄한다. "Where are you running?"은 문법적으로는 완벽한 문장이지만, 이렇게 가만히 잘 있던 to를 빼 버리면, 문장의 의미가 바뀌어 버리기 때문에 위의 문맥에서는 올바른 문법 사용이 아니다. 이런 걸 바로 Grammar-in-Context 중심의 문법 교육이라고 아선생이 독자님 귀에 못이 박히고 싹이 나도록 알려드렸다. 그럼, to를 뺀 이 문장은 어떤 문맥에서 쓰일까? 바로 다음과 같은 때다!

TRANSITIVE VERBS VS. INTRANSITIVE VERBS

Rachel   I'm on a diet to get rid of these **love handles**[1]. I'm running five miles each morning.
Lisa   Where are you running? You live in the center of downtown Seoul, and it's not the best place to run.
Rachel   Oh, I'm running at the gym close to my office.

1. love handles: 허리 군살

Rachel   나 허리 군살 빼려고 다이어트 중이야. 매일 아침 5 마일씩 달리고 있어.
Lisa   어디서 달리니? 넌 서울 시내 중심가에 살고, 거긴 달리기에 좋은 장소는 아니잖아.
Rachel   어, 내 사무실 근처 헬스클럽에서 달려.

오호라~ 그러니까, to를 빼 버리니, "어디로 달려가니?"가 아니라 "어디서 달리니?"가 되어 버린다는 것이지. 한국말이 '아' 다르고 '어' 다르듯이 영어도 'to' 다르고 '안 to' 다르다는 거지.

삼천포로 빠졌던 차를 다시 돌려서, '동사'로 되돌아가 보자. 같은 동사가 어떤 문맥에서 자동사로 쓰이고, 또 어떤 문맥에서 타동사로 쓰이는지 몇 가지 더 살펴보자! 뛰어 봤으니, 이제 걸어도 볼까? Walk!

Tammy	Geez, my car is **acting up**[1] again. I need to take it to the mechanic.
Amy	How are you going to commute to work then? I heard the city buses are on a strike now.
Tammy	You know what pisses me off? Whenever the buses are on a strike, my car breaks down.
Amy	That's what they call "Murphy's Law".
Tammy	In any case, I will just have to walk to work until my car gets repaired.
Amy	Isn't it a little too far to walk? I mean, is it even within walking distance?
Tammy	Not really. It takes about 40 minutes to walk from my house to my work place.
Amy	Poor thing! I wish I could give you a ride every single day.

1. act up: (기계 등이) 제대로 작동하지 않다

Tammy	참 나, 내 차가 또 말을 안 듣네. 정비기사한테 가져가야겠다.
Amy	그럼 출퇴근은 어쩌려고? 듣기로는 시내버스가 지금 파업 중이라는데.
Tammy	뭐가 날 화나게 하는지 알아? 버스가 파업할 때마다 내 차가 고장이 나.
Amy	그게 바로 사람들이 말하는 머피의 법칙이지.
Tammy	어쨌든 난 차가 다 고쳐질 때까지 걸어서 출근해야겠어.
Amy	걷기에는 좀 너무 먼 거리 아냐? 그러니까 내 말은, 걸어서 갈 수 있는 거리이긴 한 거야?
Tammy	아니, 우리 집에서 회사까지 걸어서 한 40분 걸려.
Amy	불쌍한 것! 내가 매일 차로 데려다 줄 수 있으면 좋겠는데.

TRANSITIVE VERBS VS. INTRANSITIVE VERBS

Tammy   Thanks. But, **on the up side**[2], this could be my chance to get rid of my **muffin top**[3]. These days, it puffs over the top of my jeans, and I can't stand it. I hope brisk walking will help me to control my weight.

Amy   I like your positive attitude to life. When life gives you lemons, you seem to know how to make lemonade.▸

---

2. on the up side: (좋지 않은 상황에서) 그나마 좋은 점은
3. muffin top: 꽉 끼는 바지 위로 삐져나온 뱃살 (머핀의 맨 윗부분을 그려 보면 쉽게 이해되는 표현이다.)

▸ When life gives you lemons, make lemonade.
(삶이 네게 레몬을 주면 넌 그걸로 레모네이드를 만들어!)라는 표현을 응용해 봤다.
여기서 시고 맛없는 과일 레몬은 좋지 않은 환경을 뜻하고, 달콤하고 시원한 레모네이드는 그런 악조건 속에서도 불평하지 않고 만들어 내는 좋은 결과나 혹은 그러한 긍정적인 태도 등을 말한다.

Tammy   고마워. 하지만 그나마 좋은 점은, 이게 내 뱃살을 뺄 수 있는 기회일 수 있다는 거야. 요즘 내 뱃살이 청바지 위로 삐져나오는데, 도저히 참을 수가 없어. 빨리 걷는 게 체중 조절에 도움이 되었으면 해.

Amy   난 네가 삶에 대해 가지는 긍정적인 태도가 좋아. 인생이 너한테 레몬을 주면, 어떻게 레모네이드를 만드는지 넌 아는 것 같아.

위의 대화 속 어느 문장에서도 walk는 목적어를 취하지 않고 있다. 그렇다면 walk의 정체는 단지 자동사일 뿐일까? 오~노~! 하나의 문맥만을 접하고 그 동사의 정체를 안다고 생각한다면 그건 장님이 코끼리 다리 만지면서 '요것이 코끼리구먼' 하는 것과 똑 같은 거임! 그 대답은 또 다른 문맥을 접해 보고 하셔도 늦지 않다. 또 다른 문맥, 나와랏!

Greg My roommate pampers his dog outrageously, and it's just completely over the top.

Mira Is that a fact? Knowing how **grumpy**[1] he is with everyone, it's rather stunning.

Greg Isn't it? He walks his dog three times a day, and he hires a **pet-sitter**[2] when he goes out. On top of that, he buys luxury pet supplies every payday.

Mira Wow, it must be a blessing to live as his dog.

Greg In any case, whatever he does with his dog is none of my business, but the real problem is, because he's so crazy about the dog, I have to put up with listening to it bark day and night.

Mira Why don't you **talk it out**[3] with your roommate? Don't just **stew**[4] about it.

Greg Yeah, I think I'll have to.

1. grumpy: 성질을 부리는, 성격이 더러운
2. pet-sitter: 주인이 집에 없을 때 애완 동물을 봐 주는 사람
   (cf. baby-sitter: 부모가 집에 없을 때 아기를 봐 주는 사람)
3. talk it out: 대화로 문제를 해결하다
4. stew: (음식을) 뭉근히 끓이다, 오랫동안 생각하다, 마음을 졸이다

Greg 내 룸메이트가 자기 개를 별나게도 애지중지하는데, 그게 도가 너무 지나쳐.
Mira 그게 사실이야? 걔가 모든 사람들한테 얼마나 성질을 부리는지 알고 있는 나로서는, 그건 좀 충격인 걸.
Greg 그렇지? 걔가 하루에 세 번씩 개를 산책시키고, 자기가 외출할 때에는 개 봐 주는 사람을 고용해. 그것도 모자라서 월급날마다 비싼 애완용품들을 산다고.
Mira 와우, 그 사람 개로 사는 건 축복이겠는 걸!
Greg 어쨌든, 그가 자기 개랑 뭘 하든 내 알 바는 아니지만, 진짜 문제는 그가 그 개를 지나치게 애지중지하기 때문에, 난 그 개가 밤이고 낮이고 짖어대는 걸 참아야 한다는 거야.
Mira 네 룸메이트랑 대화로 풀어 보는 게 어때? 그것에 대해서 오랫동안 마음만 졸이지 말고 말이야.
Greg 그래, 그래야 할 것 같아.

I'M TELLING YOU! DRUNK DRIVING IS NOT A VICTIMLESS CRIME.

이번 대화에서는 walk가 '~을 산책시키다'로 쓰여, '~을'에 해당하는 목적어를 당당하게 취하고 있다. 이러한 문맥에서는 walk도 타동사로의 변신이 가능하다는 말씀! 역시나, 다양한 문맥을 접하기 전에는 자타동사를 논하지 말라는 교훈을 가슴에 새기고, 미워도 다시 한 번 문맥과 함께! 문맥아, tell me if tell is 자동사 or 타동사.

Katie So what happened to Mr. Johnson? Please tell me all about it!

Cathy To make a long story short, he became a victim of a **hit-and-run accident**[1]. His car **was totaled**[2], but fortunately, he didn't get seriously injured.

Katie What a relief! Did the police catch the hit-and-run driver?

Cathy Nope. All they know is the driver was **flat-out**[3] drunk at the time of the accident.

Katie I'm telling you! Drunk driving is not a victimless crime.

1. hit-and-run (accident): 뺑소니 사고 (치고 달리니)
2. be totaled: (차가) 완전히 부서지다
3. flat-out: 완전히

Katie 그래서 Johnson 씨에게 무슨 일이 있었던 거야? 어떤 일이 있었는지 내게 모두 말해 줘.
Cathy 간단히 말해서, 그가 뺑소니 사고의 희생자가 됐어. 차는 완전히 못쓰게 되었는데, 다행히도 그가 심하게 다치지는 않았어.
Katie 다행이다! 경찰이 그 뺑소니 운전자 잡았어?
Cathy 아니. 경찰이 아는 건 사고 당시 운전자가 만취 상태였다는 게 다야.
Katie 정말로, 음주 운전은 희생자가 없는 범죄가 아니라니까.

위의 대화에서 tell은 꾸준히, 성실하게 타동사로서 목적어(me/you)를 취하고 있는데 그렇다면 과연 tell의 정체는 타동사?

James　Larry says he caught Barbara stealing the money, but I don't think that's true. Do you think he's lying?
Jerry　Well, I can't tell, but obviously his story doesn't **add up**[1], so I want to **give her the benefit of the doubt**[2].

1. add up: 말이 되다 (= make sense)
2. give ~ the benefit of the doubt: (~가 잘못한 것을 증명할 수가 없기 때문에) 좋은 쪽으로 믿어주다

James　Larry가 자기가 Barbara가 돈을 훔치는 걸 목격했다고 말하는데, 난 그게 사실이 아닌 것 같아. 넌 그가 거짓말을 한다고 생각해?
Jerry　글쎄, 난 잘 모르겠지만, 걔 말이 앞뒤가 안 맞아서. 그냥 그녀가 그러지 않았다고 좋은 쪽으로 믿고 싶어.

Jerry의 문장에서 "I cannot tell."은 "I don't know."의 의미로 쓰이고 있으며, tell이 이러한 의미로 쓰이는 문맥에서는 목적어를 취하지 않는 자동사일 수도 있다는 것!

이번에는 hear가 자동사인지 타동사인지 들어보자!

Eric　(on the phone) Hello! Hello? Can you hear me?
Nick　No, I can't hear you very well. The **phone reception**[1] is pretty bad. Can I call you back?
Eric　Excuse me? I can barely hear you.
Nick　I said, "I'll call you back."

1. phone reception: 전화기의 수신 상태

Eric	(전화로) 여보세요. 여보세요? 제 말 들리세요?
Nick	아니요, 잘 안 들려요. 전화 수신 상태가 아주 나쁘네요. 제가 다시 전화 드릴까요?
Eric	뭐라고요? 잘 안 들려요.
Nick	"제가 다시 전화 드릴게요." 라고 했어요.

Tell편의 Katie와 Cathy 대화처럼 이곳의 hear도 목적어 me와 you를 취하고 있는 타동사! 하지만 한 번 속지 두 번 속나? 다음 문맥에서 hear의 정체는?

Anderson	Have you heard about the fire at the courthouse?
Nicholas	No way! Did anyone get hurt?
Anderson	There were no **casualties**[1], but much of the interior of the building was destroyed by the fire.
Nicholas	So, what does the state government say?
Anderson	They're asking for some donations to help repair the building. If you're willing and able, you can make a donation.
Nicholas	Where's our tax money? Did it go up in flames?

1. casualty: (사고 등의) 사상자

Anderson	법원에서 화재 난 것에 대해서 들었어?
Nicholas	말도 안 돼! 누구 다친 사람은 없어?
Anderson	사상자는 없었는데, 건물 내부가 화재로 많이 손실되었다고 해.
Nicholas	그래서, 주정부는 뭐라고 해?
Anderson	그 건물 복원하는 데 돕게 기부금을 내라고 하고 있지. 네가 원하고, 또 능력이 된다면 기부할 수 있어.
Nicholas	우리 세금은 다 어디 가고? 불꽃과 함께 사라져 버린 건가?

TRANSITIVE VERBS VS. INTRANSITIVE VERBS

In conclusion, hear가 '(소리를) 듣다'라는 의미로 쓰일 때는 목적어를 취할 수 있는 타동사! (e.g. Can you **hear** me?: 내 목소리 들려?, Can you **hear** this music?: 이 음악 소리 들려?) 하지만, '(소문이나 뉴스 등을) 듣다'라는 의미로 쓰일 때에는 전치사 about의 도움을 받아 목적어를 취할 수 있는 자동사! (e.g. Did you **hear about** the gossip? 그 소문에 대해 들었어?)

hear 외에도 그 의미가 다른 문맥에서 쓰일 때 각각 자동사로도 타동사로도 쓰일 수 있는 동사가 지천으로 널렸으니, 그중 만만한 ask를 딱 골라서 살펴보자. ask가 타동사로 쓰일 때(ask)와 자동사로 쓰일 때(ask for) 그 의미가 어떻게 달라지는지 집중하면서 각각의 대화를 들어보자.

Amanda   Can I ask a question?
Laurel   Of course, honey! You can ask as many questions as you want.
Amanda   Thanks. Could you please explain the recipe again? I followed all your instructions, but it didn't turn out good. Here are the notes I took, listening to you.
Laurel   Let me see. Oh, I got it! This recipe **calls for**[1] water, not milk. Did I tell you to add milk?
Amanda   No, you didn't. I just thought milk would add more flavor to it.
Laurel   You're right about that, but milk tends to make things taste heavier; I think that was it.
Amanda   Thanks a bunch! You're **sharp as a tack!**[2] Can you explain how to make pasta as well?

1. call for: 요구하다(require)
2. sharp as a tack: 아주 예리한 (tack: 뾰족한 압정)

Amanda	내가 질문 하나 해도 될까?
Laurel	물론이야. 네가 하고 싶은 만큼 질문 많이 해도 돼.
Amanda	감사! 그 레시피 다시 한 번 설명해 줄래? 네가 가르쳐 준대로 했는데, 맛있게 안 됐어. 여기 네 말 들으면서 메모한 거야.
Laurel	어디 보자. 알겠다! 이 레시피는 물이 필요해. 우유가 아니라. 내가 우유 넣으라고 했니?
Amanda	아니, 안 그랬어. 내 생각에 우유를 넣으면 더 맛있을 것 같았어.
Laurel	네 말이 맞긴 한데, 우유는 뭔든 좀 더 무거운 맛을 내는 경향이 있어. 내 생각엔 그것 때문인 것 같은데.
Amanda	정말 고마워. 너 정말 예리하다! 파스타 어떻게 만드는지도 가르쳐 줄 수 있어?

Lenora: I'm never going to go to Frenchtown again!

Kimberly: Did something happen?

Lenora: While I was taking a walk there yesterday, some old woman stopped me and asked for some money. Since I didn't have any cash with me, I gave her a tuna fish sandwich that was supposed to be my lunch.

Kimberly: She must have really appreciated it.

Lenora: Not really. Instead of appreciating it, she **flew into a rage**[1] and said, "I didn't ask for food! I asked for money!"

1. fly into a rage: 버럭 화를 내다

Lenora	나 이제 다시는 Frenchtown에 안 가.
Kimberly	무슨 일 있었니?
Lenora	어제 거기서 산책을 하고 있었는데, 어떤 나이든 여자가 날 불러 세우더니 돈을 좀 달라고 하는 거야. 내가 현금 가진 게 없어서, 내 점심으로 먹을 참치 샌드위치를 줬어.
Kimberly	그 사람이 정말 고마워했었겠다.
Lenora	전혀 아냐. 고마워하는 대신, 갑자기 버럭 화를 내면서, "난 음식 달라고 한 적 없어! 돈을 달라고 했다고!"라고 하는 거야.

TRANSITIVE VERBS VS. INTRANSITIVE VERBS

Kimberly Such **impudence!**[2] So did you ask for help?

Lenora I didn't need to because when a **passer-by**[3] approached us, she just walked away.

Kimberly What a relief! You never know what a person like her is going to do to you.

Lenora In any case, I heard things are looking up[4] in Frenchtown these days, but everything seems to take time.

2. impudence: 뻔뻔스러움, 건방짐
3. passer-by: 지나가는 사람
4. be looking up: 나아지다

Kimberly 어떻게 그렇게 뻔뻔할 수가 있냐! 그래서 넌 (사람들에게) 도움을 요청했니?
Lenora 그럴 필요까지는 없었어. 지나가던 사람이 우리 쪽으로 오니까 그녀가 그냥 가 버렸거든.
Kimberly 정말 다행이다! 그런 사람이 너한테 무슨 짓을 할지는 아무도 몰라.
Lenora 어쨌든, Frenchtown도 요즘에 점점 더 나아진다고 들었는데, 모든 일은 시간이 걸리는 것 같아.

눈치 채셨겠지만, 그래도 돌다리를 두들겨 보면 질문을 할 때는 타동사로 쓰여 **ask** a question, ~을 달라고 요구를 할 때에는 **ask for** money/food/water/help임을 잊지 마시길.

아선생님, 질문이요!
지금 말씀하신 **ask**와 **ask for**의 경우는 **ask**가 각각의 문맥에서 서로 다른 의미로 쓰이기 때문에 그 차이점을 쉽게 이해할 수 있지만, **prepare** 같은 동사의 경우, **prepare**와 **prepare for** 둘 다 모두 한국어로 해석하면 '준비하다'가 되거든요. 이 둘의 쓰임새는 서로 어떻게 다른가요?

또 다시 예리한 질문! You are sharp as a tack! 압정같이 날카롭군요! prepare와 prepare for 둘 다 어법상 맞는 표현인데다 그 의미마저도 비슷하기 때문에, for를 붙였을 때와 안 붙였을 때 달라지는 문맥의 차이에 집중하셔야 한다. 왜냐하면, 문맥에 따라 자동사도 되었다가 타동사도 되니까! 타동사 prepare는 '~을 준비하다', 자동사 prepare for 는 '~을 **위해**(for) 자신을 준비시키다'라는 말인데, 이 차이를 명확하게 보여주는 예로, 선생님이 학생들이 치를 시험을 준비할 때는 prepare a test, 그 시험을 치르기 위해 학생들이 준비(시험 공부)를 할 때에는 prepare **for** the test! 그러니까, 이를 다이얼로그에서 확인해 보자.

Professor Everyone, I am preparing a rather difficult exam, so **keep yourselves on your toes**[1] and prepare for the exam.

Student Dr. Altman, how can we prepare for the exam?

Professor Just review your notes that you took in class. Pay particular attention to Krashen's Monitor Hypothesis.

1. keep oneself on one's toes: 정신 바짝 차리고 대비하다

교수 여러분, 제가 다소 어려운 시험을 준비하고 있으니, 정신 바짝 차리고 대비하세요.
학생 Altman 교수님, 저희가 그 시험을 어떻게 준비해야 할까요?
교수 그냥 수업 시간에 필기한 노트를 보세요. 특히 Krashen의 모니터 가설에 중점을 두고 공부하세요.

아선생이 그래도 혹시 헷갈리는 분이 계실까 하여, 더욱 확실하게 쐐기를 박자는 의미에서 prepare와 prepare for 각각 따로 따로 다이얼로그를 준비해 보았다.

Prepare

Molly   This Saturday is Brent's birthday, and we're planning a surprise party for him. I'll prepare a fancy cake.

Desiree   I'll prepare some nacho chips and salsa dip.

Molly   Then, who's going to prepare drinks?

Desiree   I believe Ah-young can do that.

Molly   **Cool beans![1]**

1. Cool beans!: 좋지!

Molly   이번 주 토요일이 Brent의 생일이라서, 그를 위해 우리가 깜짝 파티를 계획하고 있어. 난 근사한 케이크를 준비할 거야.
Desiree   난 나쵸칩과 살사 소스딥(칩을 찍어먹는 멕시코 스타일 소스)을 준비할게.
Molly   그럼, 마실 것은 누가 준비하지?
Desiree   아영이 준비해 올 거라고 믿어.
Molly   좋았어!

Prepare for

Brad   I heard that Mr. Provencher is preparing for the upcoming election.

Jessica   Is that a fact? Is his **approval rating[1]** high?

Brad	I suppose so. He's well-liked by pretty much everyone. I think it's because he's a **resourceful**[2] leader.
Jessica	By the way, are you preparing for your retirement?
Brad	I'm just going to rely on Social Security benefits. Unfortunately, there's no **backup plan**[3].

1. approval rating: 지지도
2. resourceful: 위기 대처 능력이 뛰어난
3. backup plan: 대체 계획

Brad	Provencher 씨가 다가오는 선거를 준비 중이라고 들었어.
Jessica	그게 사실이야? 그 사람 지지도는 높아?
Brad	그럴 거야. 거의 모든 사람들이 그를 좋아하니까. 난 그게 그가 위기 대처 능력이 뛰어난 리더라서 그런 것 같아.
Jessica	그건 그렇고, 넌 퇴직에 대비하고는 있어?
Brad	난 그냥 사회보장제도에 의지할 생각이야. 불행히도, 다른 대체 계획도 없고

결국, 해당 동사가 자동사인지 타동사인지 공부하는 이유는 문맥에 따라서 함께 뿌려 줘야 하는 문법 요소 토핑을 알아야 문장을 제대로 요리할 수 있기 때문이다. 그런데 솔직히 아선생은 이때 생기는 문제가 자동사인지 타동사인지를 몰라서라기보다는 어휘력 때문이라고 본다. 문제는 많은 한국 학생들이 이 '어휘력이 강하다'라는 말의 개념을 잘못 이해하고 있다는 데에 있다. 어휘력이 강하다는 것은 비단 많은 단어의 뜻을 알고 있는 것만을 의미하는 게 아니다. 그것은 **이미 알고 있는 단어라도 어떤 문맥에서 어떻게 쓰이는지 즉, 다양한 문맥에 따른 각기 다른 사용법까지도 알고 있는 것을 의미한다.**

영어 어휘의 상당 부분을 차지하는 동사의 사용법을 익히는 데 있어, 그것이 자동사냐 타동사냐를 알면 문법 구조를 이해하는 데 도움이 되는 것은 사실이다. 그러나 해당 동사를 어떻게 사용하는지 직감으로 알고 있으면, 솔직히 이런 문법 개념은 알아도 그만, 몰라도 그만인 그저 책 속의 용어일 뿐이다. 그럼, 그 직감은 어떻게 키우느냐? 결국 영어를 많이 읽고, 많이 듣고, 많이 사용하다 보면 자연스럽게 조금씩 키워지는 것이 바로 이 '직감'이라고 불리는 것의 실체다.

아선생은 왜 빠르고 쉬운 방법을 찾으려 하지 않고, 우리에게 이렇게 끊임없는 인내심을 요구하는 걸까? 그것은 이 문법 지식을 체화하는 것이 '습득'이고, '습득'이 되어야만 할 수 있는 것이 '말'이라는 건데, 이 습득의 과정에서 꼭 필요한 과정이 바로 많이 읽고, 많이 듣고, 많이 말하는 것이기 때문이다. '학문에는 왕도가 없다'는 격언이 영어 공부에서는 바로 이 경우에 통할 수 있는 말이다.

쉬어 가는 페이지 1

**아선생의
영어 공부에 도움이 되는
외국어 습득이론 1:**

모니터를 안 하면서 영어 공부를 하면 어떤 일이 벌어질까?
(화석화 현상: Fossilization)

이 시리즈의 1권에서 아선생은 정확한 문법 사용을 습관화하기 위해서 자신의 영어를 꾸준히 모니터 하는 것이 얼마나 중요한가에 대해 이야기했다. 그럼에도 불구하고, 단어나 표현만 외우고, 모니터는 죽어라고 안 하는 사람들이 여전히 종종 보인다. 사실 생각 없이 단순 무식하게 암기만 하면 되는 단어와 표현 외우기가 끊임없이 모니터하면서 자신의 영어를 갈고 닦아야 하는 Grammar-in-Use를 습득하는 과정보다 두뇌를 덜 피곤하게 하는 일이니, 골치 아픈 모니터는 집어 치우고, 편하게 영어 공부를 하고자 하는 그네들의 마음을 게으름의 대명사 이 아선생도 충분히 이해는 한다. 하지만, 영어를 자기 멋대로 암기 과목이라 정의하고 생각 없이 무작정 외우기만 하면 만사 오케이일 거라고 믿는다면, 그것은 경기도에 있는 오산! 모니터를 하면서 열심히 풀을 뜯는 99마리의 성실한 양보다는, 모니터를 안 하면서 독초만 뜯고 있는 바로 그 한 마리 양을 설득하러 다니는 것을 사명감으로 삼고 있는 이 아선생이, 이들에게 꼭 들려주고 싶은 이야기가 있다. 90년대 대한민국을 강타했던 만득이 시리즈 그 완결편!

제목: 모니터를 안 하면서 영어를 공부하면 어떤 일이 벌어질까?

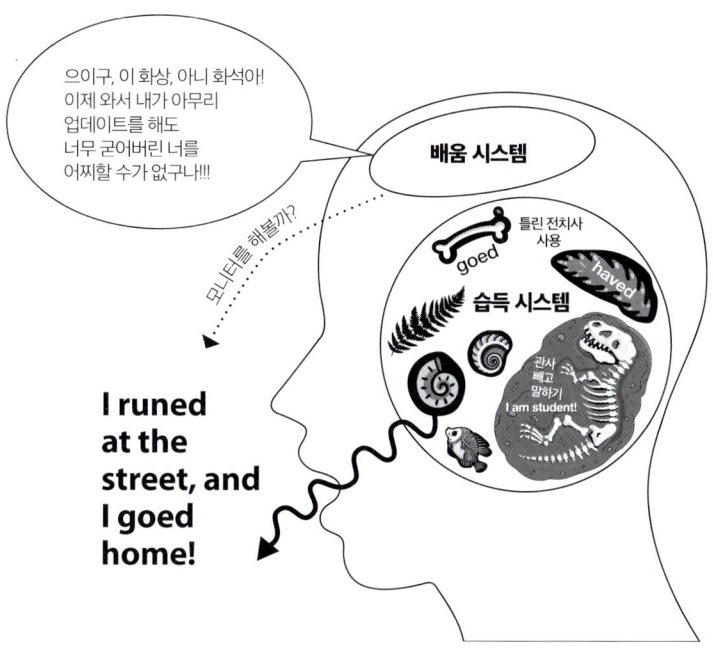

미군 부대가 있던 어느 마을에 영어를 공부하는 만득이가 살았다. 영어를 몇 달 공부하고 나서 그 한정된 영어로도 미군들과 어느 정도 말이 통하자, 하늘을 날 듯했던 우리의 만득이! 자신감 가득히 이 궁리 저 궁리를 해 보던 만득이는 '영어에서 동사의 과거형은 동사원형에다 -ed를 갖다 붙이면 된다'라는 것까지만 배운 뒤 그만 영어 공부를 접고, 미군부대 앞에 <또랑>이라는 레스토랑을 차리게 되는데…. 자신감이 충만하다 못해 풍만했던 우리의 만득이는 밥 아니 빵 먹으러 오는 미군들에게 그가 아는 한도 내에서 막 영어를 해댔다. 이를 테면, 불규칙 동사의 과거형을 배운 적이 없는 그는 어떤 동사든 간에 과거형으로 말할 때면 무조건 동사원형에다 -ed만 갖다 붙이는 그런 식으로! "I goed to school!" "Oh, I haved a beautiful girlfriend!!" "내 English 굿이에요, 굿!" 동사의 불규칙 변화 따위는 배운 적도 없거니와 영어는 막 써 대면서도 문법 공부는 절대 하지 않는 상태이니, 만득이의 배움 시스템이 모니터를 작동할 리 만무! 바쁜 미군들은 그의 잘못된 영어를 고쳐줄 생각은 않고 다들 밥 아니 빵만 먹고 가버렸다. 첫째로, 문법이 틀렸든 맞든 일단 대충 말이 통하니 굳이 고쳐줄 필요를 못 느꼈으며, 둘째로, 그들은 영어 강사도 아니요, TESOL 석·박사는커녕 자격증조차 없는 그저 국적이 미국인인 사람들일 뿐이었으니, 만득이의 broken English는 그야말로 none of their business!

세월은 흘러 흘러 그렇게 한 몇 년이 흐른 뒤, 미국에서 TESOL 박사 학위를 딴 후 코리안 드림을 안고 한국으로 온 친절한 타일러 씨. 바로 그가 go의 과거형은 goed가 아니라 went라며 만득이의 잘못된 문법을 고쳐주게 된다. 그 누구도, 아니 만득이 자신조차도 터치하지 않았던 만득이의 영어를! (그의 영어가 언터처블이었던 건 아닐까?) 어쨌거나 저쨌거나, 쇼크 받은 만득이는 그날 밤 집에 와서 그의 유일한 문법책인 <Saint Moon 기초 영문법>을 뒤져가며 동사의 과거형 편을 찾아보다 드디어 깨닫게 되는데…. 영어 동사의 과거형에는 had, went, ran, came 같

NO

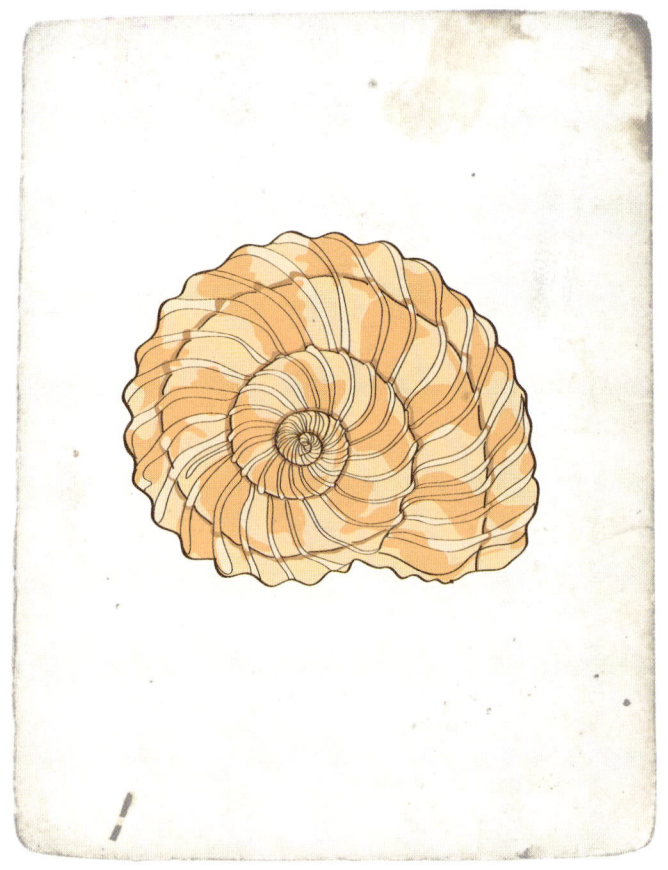

Fossilization

이 "불규칙" 변화도 있었다 아이가! 유레카! 허나 이를 어쩌나! 안타깝게도, '과거형은 무조건 동사원형 + ed'라고 외워서 몇 년씩이나 계속해서 쓰는 바람에 그 공식이 이미 그의 습득 시스템 속에 떡하니 자리를 잡아버린 것이다. 그뿐인가? 너무 오랫동안 그렇게 써 버릇해서 이제 와서는 아무리 고쳐 보려고 해도, 머리로는 틀린 걸 알지만 입으로는 자신도 모르게 I haved…, I goed… 하는 말들이 먼저 튀어나와 버렸던 것이다! 만득이를 놀래 주려고 화장실에서 기다리던 귀신은 물었다. "마안~드각! 마안~드각! 왜~ 울억?" 그러자, 만득이 왈, "어흑~ 입과 머리가 따로 놀아!!"

지금 만득이의 상태를 학계에서는 <화석화 현상: fossilization>, 혹은 <고정화 현상>이라고 부른다. 그리고 구체적으로, 현재 만득이의 습득 시스템 속에서 화석화된 아이템은 불규칙 동사의 과거형 부분!

Fossilization이라고라? Fossilize는 영어로 '화석화되다'라는 뜻인데, 외국어 습득 이론에서 Fossilization(화석화 현상/고정화 현상)이란 잘못된 영어 표현이나 문법 구조를 너무 오래도록 써 버려서 이미 학습자의 언어 시스템 안에서 굳어져 고치기 힘든 상태를 말한다.

그렇다면 만득이의 사례가 우리에게 시사하는 바는 무엇일까? 그것은 바로, 혹시라도 잘못된 영어가 우리의 언어 시스템 속에서 화석화(고정화) 되지 않게 하기 위해서는 영어가 영어다워질 때까지 배움과 모니터를 결코 게을리 해서는 안 된다는 사실이다. 특히, 영어가 좀 되기 시작하여 네이티브 스피커와 의사소통이 어느 정도 가능해진 순간, 즉 "입이 트인 바로 그 순간"부터 모니터를 더욱 더 부지런히 해야 한다. 미국 사람하고 말이 좀 통하기 시작했다고 해서 결코 방심해서는 안 된다는 말이다. 바로 이 시점부터 더욱 고삐를 바짝 당겨야 하는 이유는, 그렇지 않을 경우, 학습자가 그냥 막 써 버리는 영어가 학습자의 언어 시스템 안에서 고정되다 못해 화석화되어 버리기 때문이다. 이때 막 쓰는 영어가 정확한 문법이고 표현이면 물론 이보다 더 좋을 순 없지만, 만일 이것이 잘못된 문법이나 표현인데 굳어 버리면, 으악! 이건 정말 아니잖아! 그러니 모니터를 지속적으로 하면서 걸러낼 것은 걸러내자. 영어 학습자가 그 노력을 멈추는 바로 그 순간, 그의 영어 실력 향상도 함께 멈추게 되리니.

아선생이 말씀드리고 싶은 결론은, Grammar-in-Use를 담당하는 우리의 습득 시스템은 틀리든 맞든 우리가 막 쓰는 어법들을 그대로 곧이곧대로 새겨 넣을 것이라는 사실! 그러니 독자님들, 모니터 하세요!

CHAPTER 3

시간 그 이상을 말해 주는
시제 I
(단순현재 vs. 현재진행)

**SIMPLE PRESENT
VS.
PRESENT CONTINUOUS**

지금껏 동사를 이렇게도 나누어 보고 저렇게도 나누어 보았으니, 이제 그만 하산하고 시제의 산으로 올라가 보자. 영어 시제를 공부할 때, 많은 학생들이 그저 해당 동사가 일어나는 시간에만 집중하는 것을 아선생은 계속 목격해 왔다. 그러다 보니, "I'm eating lunch."(나 지금 점심 먹는 중이야. - 바로 지금 하고 있는 행동)라고 해야 할 상황에서, "I eat lunch."(나는 (매일) 점심을 (거르지 않고) 먹어. - 매일 하는 행동)라고 해 버리는 어색한 영어를 틀린 줄도 모르고 하게 된다. 비단 우리말만 '아' 다르고 '어' 다른 게 아니다. 그러니, 아선생과 함께 시제를 공부할 때에는 그 시제가 나타내는 절대적인 시간보다는 해당 시제가 어떤 상황과 문맥에서 쓰이는지 이해하는 데에 중점을 두도록 해보자.

시제-in-Context의 접근을 시도할 때, 아선생이 가장 많이 활용하는 방식은 학생들이 헷갈려서 잘 바꿔 쓰는 두 시제를 묶어서 그들이 쓰이는 문맥을 비교·대조해 주는 방법이다. 그럼, 만만한 현재부터 잡아 보자. 단순현재(The Simple Present Tense)와 현재진행(The Present Continuous Tense)의 차이는 무엇일까?

Habitual/Repeated Actions
vs.
Things happening right now

(습관적인/반복되는 행동 vs. 바로 지금 벌어지고 있는 일)

긴 말 필요 없고, 대화에서 이를 이해해 보자.

MP3-03_01

Mike What do you usually eat for breakfast?

Jimmy I eat cereal. You know, I'm on the go¹ all the time and don't have enough time to cook in the morning. What about you?

Mike Same here!² I usually eat pre-cooked³ or fast food.

1. be on the go: 끊임없이 바쁘다
2. Same here!: 나도 마찬가지야.
3. pre-cooked food: 미리 다 요리되어 전자레인지에 돌리기만 하면 되는 음식으로 주로 냉동식품을 가리킴

Mike 넌 아침 식사로 주로 뭘 먹어?
Jimmy 시리얼 먹어. 내가 항상 바빠서 아침에 요리할 시간이 충분히 없잖아. 넌 어때?
Mike 나도 마찬가지야. 난 보통 냉동식품이나 패스트푸드를 먹어.

대화에서 보고 들은 바와 같이 eat은 단순현재로 매일 매일 반복되는 습관적인 행동(매일 ~을 먹는다)을 나타내기 때문에 현재진행형(I am eating cereal.)이 아닌 단순현재시제가 쓰였다. 여기서 유의할 점은 꼭 매일 매일이 아니더라도 주기적으로 반복되는 행동이나 습관(예: 일주일에 한 번, 한 달에 두 번 등)에는 단순현재를 쓴다. 다음과 같이 말이다.

Julie   Desiree's **going away party**[1] is this weekend.
Avis   All right, I'll be there. I take swimming lessons every weekend, but other than that, I don't usually have any other plans on the weekend.
Julie   Is the swimming pool open on the weekend?
Avis   Yeah, it's open **24/7**[2]. Do you want to join us?
Julie   No, but thanks. I walk 10 miles twice a week, and that makes me tired enough.

1. going away party: 환송회
2. 24/7: twenty-four seven이라고 읽으며, '하루 24시간 일주일에 7일' 즉, '항상'이라는 말!

Julie   Desiree의 환송회가 이번 주말이야.
Avis   알았어, 나도 갈게. 내가 매주 주말 수영 수업이 있긴 하지만, 그것 말고는 보통 주말에는 다른 계획이 없거든.
Julie   그 수영장은 주말에도 열어?
Avis   응, 거긴 언제나(하루 24시간 일주일에 7일) 열려 있어. 너도 할래?
Julie   아니, 고맙지만 사양! 난 일주일에 두 번 10마일씩 걷는데, 그것만으로도 충분히 피곤하니까.

이렇게 단순현재가 매일이든 일주일이나 한 달에 한두 번이든 주기적으로 반복되는 행위를 나타내는 반면, 현재진행은 지금, 그러니까 롸잇 나우! 바로 눈앞에서 벌어지는 행동을 묘사할 때 쓰인다. 어떻게?

Molly (The phone is ringing.) Hello!

Andra Hey, Molly! It's Andra.

Molly Hi, Andra, how are you?

Andra Pretty good. Have I caught you at a bad moment? What are you doing now?

Molly Oh, no. I'm just nursing my baby.

Andra Oh, I'm sorry. Why don't you **ring me up**[1] when you're done?

Molly I can talk while nursing as I'm doing now.

Andra All right! Then, I'll make it very short! It's about the project. We finished a few days ahead of the deadline. The content seems pretty reliable, but I wanted to remind you that it still requires your **proofreading**[2] before we submit it.

Molly Thanks for the reminder! I'll get a move on it right now!

---

1. ring up: 전화하다
2. proofread: (글/문서/책 등의) 교정을 보다

Molly (전화가 울린다) 여보세요!
Andra 안녕, Molly! 나 Andra야.
Molly 안녕, Andra! 잘 지내?
Andra 잘 지내. 내가 바쁜 시간에 전화했니? 지금 뭐 하고 있는 중이야?
Molly 아니. 지금 그냥 아기 젖 먹이고 있어.
Andra 오우, 미안. 다 끝나고 나한테 전화 줄래?
Molly 지금 하는 것처럼 젖 먹이면서 전화할 수 있어.
Andra 알았어. 그럼, 짧게 끝낼게! 우리 프로젝트에 관한 거야. 우리가 마감일보다 며칠 앞에 끝냈잖아. 내용은 꽤 괜찮은 것 같은데, 여전히 제출하기 전에 네 교정이 좀 필요할 것 같다는 사실을 너한테 상기시키고 싶었어.
Molly 상기시켜 줘서 고마워. 지금 바로 진행할게!

역시 Molly와 Andra의 대화에서 빨간불이 들어온 동사들은 모두 말하고 있는 바로 그 순간에 진행 중인 동작들이다. 예를 들어, Andra의 두 번째 문장 "What **are** you **doing**?"은 바로 지금 무엇을 하고 있느냐고 묻는 질문이다. 하지만, 이때 똑같은 문장을 단순현재시제를 써서 "What **do** you **do**?"라고 해 버리면, '매일 하는 반복되는 행동이나 일'을 나타내므로 직업을 묻는 질문이 되어 버린다. 이렇게 어떠한 경우에는 시제에 따른 의미의 차이가 확연하다.

단! 여기에도 예외가 있으니, 주목! 지금 바로 눈앞에서 벌어지는 일을 단순현재시제로 쓰는 경우도 있는데, 바로 스포츠 중계를 할 때에는 그것이 용납된다는 사실! 물론 다음과 같은 생중계도 포함해서 그렇다.

Great pass! Michael throws the ball to Charles. Charles misses it. However, Rod catches the ball and dribbles it. Rod tosses it back to Michael. Nice pass! Michael throws a three-pointer – it's a goal!

멋진 패스네요! Michael이 Charles에게 공을 던집니다. Charles가 놓칩니다. 하지만, Rod가 공을 잡고 드리블을 하네요. Rod가 그 공을 Michael에게 다시 던집니다. 패스 좋네요! Michael이 3점짜리 슛을 던집니다. 골 들어가네요.

좀 더 멋지고 생생한 생중계를 해 드리고 싶지만, 아선생이 스포츠는 문외한이라 이쯤하고 넘어가 주시길! (뭐, 히딩크식 표현으로 여전히 '헝그리'하신 분들은 NBA 농구 중계 한 편을 자막 없이 보시는 걸 추천한다.) 어쨌든, 농구든 테니스든 축구든 이는 모두 다 해당되는 사항!

Permanent vs. Temporary

(영구적인 느낌 vs. 임시적인 느낌)

현재시제와 현재진행시제의 또 다른 차이로, 단순현재는 영구적인 느낌이 나는 반면, 현재진행형은 임시적이고 일시적인 느낌이 난다는 점이 있다. 열 마디 설명보다는 구체적인 예문을 콕 집어서 느껴 보자.

💬 I walk to school. 난 걸어서 학교에 가. (영구적인 느낌) **vs.**
I am walking to school. 나 걸어서 학교 가는 중이야. (임시적인 느낌)

이를 구체적인 문맥과 함께 제공해 드린다.

MP3-03_05

Patrick	Kyle! Do you need a ride?
Kyle	Oh, sure!
Patrick	Get in!
Kyle	Do you always drive to school[1]?
Patrick	Yup! I used to take the bus, but because of their inconsistent schedule, I bought this car last month. Even though it's a beat-up[2] old car, it takes me everywhere. What about you?
Kyle	I live nearby, and I walk to school[3] every day.
Patrick	Good for you! You know, walking is the best exercise.

1. drive to school/work: 차를 타고 학교/회사에 가다
2. beat-up: 낡아빠진; 닳아빠진
3. walk to school/work: 걸어서 학교/회사에 가다

Patrick	Kyle! 차 태워 줄까?
Kyle	오우, 그래!
Patrick	타!
Kyle	너 항상 학교에 차 몰고 가니?
Patrick	응. 원래 버스를 탔었는데, 버스 스케줄이 들쑥날쑥해서 지난달에 이 차 샀어. 비록 찌그러지고 오래된 낡은 차지만, 날 어디든 데려다 주지. 넌 어때?
Kyle	난 근처에 살아서 학교에 매일 걸어서 다녀.
Patrick	잘됐네! 걷는 게 가장 좋은 운동이잖아.

그러니까, 학교 가까이에 살아서 학교에 항상 걸어 다닌다는 말은 임시적이라기보다는 영구적이라는 느낌이 강하다. 그래서 단순현재시제를 썼다.

Dylan	Hey, Michael! Where are you running to?
Michael	Hi, Dylan! I'm late for school.
Dylan	I thought you drove to school.
Michael	Oh, I do. But something's wrong with my car, and it's in the auto repair shop now. The car mechanic said it's going to take about two weeks, so I'm walking to school these days.
Dylan	Alright, I'll let you go. Don't be tardy!

Dylan	이봐, Michael! 어딜 그렇게 달려가는 거야?
Michael	안녕, Dylan! 나 학교에 늦었어.
Dylan	난 네가 차 몰고 학교에 다니는 줄 알았는데.
Michael	어, 맞아. 그런데 내 차에 뭐 문제가 있어서 지금 카센터에 있어. 자동차 수리공이 2주 정도 걸린다고 해서, 요즘은 걸어서 학교에 다녀.
Dylan	알았어. 빨리 가. 지각하지 말고!

SIMPLE PRESENT VS. PRESENT CONTINUOUS

평소에는 차를 타고 학교에 다니지만, 차가 고장이 나서 잠시 2주 동안만 임시로 걸어서 학교에 다닌다는 말이니, 일시적/임시적 느낌이 나는 현재진행형을 쓰고 있다.

이렇게 단순현재시제가 가진 영구적인 느낌 때문에 보편적인 진리(Universal truths)나 사실(Facts)을 말할 때에도 단순현재시제가 쓰인다. 아선생은 나이가 들면 들수록 대체 이 세상에 보편적이고 절대적인 진리라는 게 있기는 한 건지 헷갈리는 사람이지만, 그 내용이 진리이고 아니고를 떠나서 화자(speaker: 말하는 사람)가 생각하기에 진리이고 사실이면 이 시제를 쓸 수 있다는 말이다. 어쨌든 아선생이 알고 있는 보편적인 진리는 대충 다음과 같다.

💬 **The earth is round.**
지구는 둥글다.

The sun rises in the east and sets in the west.
해는 동쪽에서 뜨고 서쪽으로 진다.

Sweet things are bad for teeth.
단 것은 치아에 나쁘다.

Sulfur dioxide and nitrogen dioxide are the biggest contributors to acid rain.
아황산가스와 이산화질소가 산성비의 가장 큰 원인이다.

아선생이 방금 한 이 말들이 진리이건 아니건 간에, 아선생이 사실이라고 생각해서 단순현재시제를 쓰면 문법적으로 맞는 말! 그 이상은 책임 안 짐! (이 책은 영어책이지 과학책이 아니지 않소?) 그러니, 독자님께서도 사실, 혹은 진리라고 여기는 것은 단순현재시제를 쓰시길. 다음 대화의 Eric과 John처럼.

Eric How's your grandma?

John She's all right. We thought it was something serious, but fortunately it's not a **killer disease**[1].
She just needs to pay more attention to her diet.

Eric What does she say?

John She thinks evil spirits have caused all the trouble, and she wants an exorcist to perform an exorcism.

Eric What? How come she believes in such a thing? Spirits or ghosts don't even exist.

John Well, I don't agree with my grandma completely, but I think spirits and souls do exist.

1. killer disease: 죽을병

Eric 너희 할머니는 좀 어떠셔?
John 괜찮으셔. 우린 그게 심각한 병인 줄 알았는데, 다행히 뭐 죽을병은 아니야. 할머니가 식단에 좀 더 신경을 쓰셔야 할 뿐이야.
Eric 할머니는 뭐라고 하셔?
John 할머니는 나쁜 잡귀들이 그런 문제를 일으켰다고 믿으셔. 그래서 무당이 굿이라도 했으면 하시네.
Eric 뭐? 어떻게 너희 할머니는 그런 걸 믿으시니? 영혼이나 귀신 같은 건 존재하지 않아.
John 글쎄, 내가 우리 할머니 말씀에 완전히 동의하지는 않지만, 영혼이랑 혼령은 존재한다고 생각해.

귀신이나 영혼이 존재하는지 아닌지, 무엇이 진리인지는 아무도 증명할 수 없지만, Eric과 John은 각자가 진리·사실이라고 여기는 것을 말하고 있다. 독자님께서도 이렇게 스스로 진리·사실이라고 생각하는 것은 단순현재시제로 표현하면 된다.

반면, 사진이나 그림 등을 묘사하는 데는 현재진행형이 쓰이기도 한다. 다음 대화가 딱 그렇다.

I think spirits and souls do exist.

Teacher Today, we're going to continue to cover the present continuous tense. Yesterday, we studied that the present continuous tense expresses an action or situation that is in progress at the moment of speaking. The present continuous tense is also used when we describe a picture. Please look at the picture and try to describe it, using the present continuous tense. Do-jun, do you want to try?

Student Sure. Lots of people are sitting on the bus. A few of them are looking at the camera, and one guy is pointing his finger at the camera. He's wearing a red jacket. The Latino guy right beside him is smiling at the camera. The girl who is holding a coffee cup is making a funny face toward the camera. The guy who's wearing a baseball cap has a beard.

Teacher What do you think they're doing?

Student I guess they're all waiting for the bus to leave.

선생님 오늘도 계속해서 현재진행형을 공부하겠습니다. 어제 우리는 현재진행형이 말하는 그 순간에 진행 중인 동작이나 상황을 표현한다는 사실을 공부했습니다. 현재진행형은 또 사진을 묘사할 때에도 쓰입니다. 사진을 보고, 현재진행형을 사용해서 묘사해 보세요. 도준, 해 보겠어요?

학생 네. 많은 사람들이 버스에 앉아 있습니다. 그 중 몇 명은 카메라를 보고 있고, 한 사람은 손가락으로 카메라 쪽을 가리킵니다. 그는 빨간 재킷을 입고 있습니다. 그 옆에 앉아 있는 라틴계 남자는 카메라를 보면서 웃고 있습니다. 커피를 들고 있는 여학생은 카메라를 보면서 우스꽝스러운 표정을 짓고 있어요. 야구 모자를 쓰고 있는 남자는 턱수염이 있네요.

선생님 이 사람들이 무엇을 하고 있는 것 같습니까?

학생 그들 모두 버스가 떠나기를 기다리는 것 같습니다.

그러나 사진을 묘사할 때와는 달리, 영화의 시놉시스나 소설의 줄거리를 묘사할 때에는 단순현재시제를 쓴다. 왜? 생각해 보자. 이 영화(또는 소설)를 어제 봤든, 오늘 보든, 내일 볼 것이든, 언제나 똑같은 스토리가 반복되어 또 나올 것이 아닌가? 이럴 경우, 단순현재시제 만한 적임자가 어디 있겠는가?

MP3-03_09

(At a video store)

Customer　Excuse me, but can you help me find a watchable movie over the weekend? I think I've watched pretty much all the recent movies.

Video store clerk　If that's the case, how does *Groundhog Day*▶ sound? It was released in 1993, but it's a great movie.

Customer　Does it have lots of **poignant**[1] scenes? **I'm in the mood for**[2] a sad movie.

Video store clerk　Well, it's not a sad movie. I **peg it as**[3] a romantic comedy, but it's such a great movie. You've definitely gotta watch it!

Customer　Can you **sketch me out**[4] the basic **plot**[5] of the movie?

Video store clerk　A **big-headed**[6] weatherman goes to a small town and finds himself living the same day again and again.

▶ Groundhog Day는 매년 2월 2일로, 두더지 비슷하게 생긴 grounhog라는 동물이 겨울잠에서 깨어난다는 날로, 이 날 해가 나서 자신의 그림자를 보면 다시 동면 상태로 돌아가므로 겨울이 6주 동안 더 계속된다고 하여, 미국 곳곳에서 이 날 행사가 벌어진다. 1993년도에 나온 이 영화는 바로 이날을 배경으로 하는 이야기이다.

He *tries* everything in order to get out of the town, but each time he *fails*. However, in the process, he *learns* a lesson about life. Basically, the movie shows us how the arrogant guy changes into a wonderful man.

Customer It sounds like a fun movie. I'll take it!

---

1. poignant: 가슴 저미는
2. be in the mood for ~: ~를 하고 싶다
3. peg ~ as… : ~를 …라고 생각하다
4. sketch out: 대략적인 개요를 간단히 설명하다
5. plot: 구성; 줄거리
6. big-headed: 거만한

(비디오 가게에서)

손님 실례지만, 주말에 볼 만한 영화를 찾고 있는데 좀 도와주시겠어요? 제 생각에 최근에 나온 영화는 거의 다 본 것 같아요.

비디오 가게 점원 그렇다면, Groundhog Day라는 영화는 어떠세요? 1993년도에 나온 영화인데, 정말 좋은 영화예요.

손님 가슴 저미는 장면이 많이 나오는 영화인가요? 제가 슬픈 영화를 보고 싶어서요.

비디오 가게 점원 슬픈 영화는 아니에요. 제가 보기에 이 영화는 로맨틱 코미디지만, 아주 좋은 영화예요. 꼭 보세요.

손님 그 영화의 대략적인 줄거리를 말씀해 주실래요?

비디오 가게 점원 아주 거만한 기상 캐스터가 작은 마을에 가서 똑같은 날을 계속해서 반복적으로 살게 됩니다. 그는 그 마을을 벗어나려고 모든 시도를 하지만, 매번 실패로 돌아가지요. 하지만, 그 과정에서 그는 삶에 대한 교훈 하나를 얻게 됩니다. 한마디로, 그 영화는 그 거만한 남자가 어떻게 멋진 남자로 변해 가는지를 보여줘요.

손님 재미있는 영화 같아요. 그거 빌려갈게요.

마지막으로 불평이나 불만을 강조하는 문맥에서도 현재진행형을 이용해 주면 된다. 이럴 때는 물론 부정적인 감정이 듬뿍 담겨 있는 뉘앙스로 봐 주셔야 하는데, 이게 얼마나 부정적인가를 다음 대화를 보며 확인해 보자.

Wife	You're **always** watching TV, <u>**shirking**¹</u> your fatherly duties.
Husband	And you're **always** complaining.
Wife	Honey, we really need to talk.
Husband	Yeah. We should get to the root of our problem.

1. shirk: (책임이나 의무를) 회피하다

아내	당신은 아버지로서의 의무는 회피하면서 항상 TV만 본다고.
남편	그리고 당신은 항상 불평만 해대지.
아내	여보, 우린 정말 대화가 필요해.
남편	그래, 문제의 근원을 알아야 해.

사태가 얼마나 심각한지 보여주기 위해, 아선생이 다소 오버하면서 긴장감 도는 대화를 제시해 보았으니, 그 느낌이 충분히 전달되었으리라 믿는다. 이 폭발 직전 부부의 대화처럼, 이러한 문맥에서는 현재진행형에 **always**나 **constantly** 등의 표현이 함께 하여 불만을 더욱 강조해 준다. 이런 경우, 굳이 지금 이 순간 해당 동작이 진행되고 있지 않더라도 현재진행형을 쓸 수가 있는데, 이게 그만큼 자신의 불만을 강조하기 위한 어법이기 때문이다. 그러니, 좀 더 강조하기 위해, always(항상)나 constantly(끊임없이) 같은 양념을 팍팍 뿌려 주어야, 부정적인 감정의 매운 느낌이 제대로 살아나지 않겠는가?

이렇게 영어에서 시제는 절대적인 시간만을 나타내는 것이 결코 아니다. 시간, 그 이상을 말해 줄 수 있는 것이 바로 시제이기 때문에, 시제 공부 또한 아선생이 Continuously 말해 온, Grammar-in-Use와 Grammar-in-Context 방식으로 접근해야 깊이 있는 이해가 가능하다. 해당 시제가 **어떤 느낌**으로 **어떤 상황**과 **어떤 문맥**에서 쓰이는지를 정확하게 아는 것이야 말로 회화를 잘할 수 있게 하는 시제 공부요, 문법 공부라는 말씀. 그럼, 시제 공부, 바로 이 방식으로 계속해서 Go Go!

CHAPTER 4

시간 그 이상을 말해 주는
시제 II
(현재완료 vs. 단순과거)

PRESENT PERFECT VS. SIMPLE PAST

영어 시제를 막 공부하기 시작한 한국 사람들에게 가장 애매모호하게 느껴지는 것이 바로 이 '현재완료'이다. 일단 한국어에는 이와 정확하게 딱 맞아떨어지는 시제가 없기 때문이고, 또 이 시제가 나타내는 시간 개념부터가 애매하다. 이를테면, 똑같이 과거에 일어난 일도 어떤 문맥에서는 현재완료를 써야 하고, 또 어떤 문맥에서는 단순과거를 써야 한다. 하지만 걱정하실 것 없다! 아선생과 함께 근심을 덜어놓고 이들이 쓰이는 문맥을 하나씩 구경하면서 다 함께 차차차 하다 보면 깔끔하게 정리될 터! 믿고 따라오시라.

일단 시간적으로 과거와 현재를 모두 다 포함한다는 이 현재완료시제의 시간적인 관점이 다소 명쾌하게 이해되는 문장부터 살펴보자.

💬 I have lived in Florida for seven years.
나는 플로리다에 7년 째 살고 있어요.

플로리다에 7년 전에 이사 와서 살기 시작해 지금까지 쭉~살고 있다는 말로, 이사 왔던 7년 전이란 과거 시점과 현재 이 순간을 잇는 그 모든 시간을 다 포함하고 있다.

I have studied French since I was 13.
난 13살 때부터 계속 불어 공부를 해 왔어요.

마찬가지로, 13살 때 불어 공부를 하기 시작하여 지금까지 쭉 하고 있다는 말로, '내가 13살 때'라는 과거의 시점과 현재 이 순간을 잇는 그 모든 시간을 다 포함하고 있다.

I've always said the politician would end up in prison since he became a senator.
그 정치인이 상원의원이 된 이후로 내가 그 사람 결국에는 감방 갈 거라고 항상 말해 왔잖아.

그가 상원의원이 된 과거의 시점에서 시작하여 지금까지 쭉 계속해서 그 말을 해 왔다는 의미로, 과거와 현재 이 순간을 잇는 그 모든 시간 속에서 반복되어 온 행동을 말하고 있다

It has been three years since my brother left for Kenya to study Swahili.
내 동생이 케냐로 스와힐리 공부를 하러 떠난 후 3년이 흘렀어.

남동생이 케냐로 떠난 3년 전 과거의 시점으로부터 지금 현재를 잇고

있는 그 모든 시간을 말하고 있다.

이렇게 문장만 찔끔찔끔 맛보면 2% 부족한 분을 위해 다이얼로그도 물론 준비되어 있다.

MP3-04_01

Tom How long has Sam been in the United States?
Graham If I'm not mistaken, he has lived here since 2005.
Tom Has he always been a student ever since he moved here?
Graham Yes, and that's why he has been struggling financially so far. I peg him as a strong-willed person. He has been working two part-time jobs to **keep body and soul together**[1], but he always strives for perfection as a student.
Tom Wow, I always praise people like him.

1. keep body and soul together: 간신히 연명하다

Tom Sam이 미국에서 얼마나 오래 살았지?
Graham 내가 틀리지 않았다면, 2005년부터 여기서 계속 살았어.
Tom 여기 온 후로 계속 학생이었어?
Graham 응. 그래서 Sam이 재정적으로 지금까지도 힘들지. 난 그가 의지가 강한 사람이라고 생각해. 먹고 살기 위해서 계속해서 아르바이트를 두 개씩 뛰고 있지만, 학생으로서도 항상 완벽하려고 고군분투해.
Tom 와우, 난 항상 그런 사람들이 존경스럽더라.

그런데 사실 이 같은 문맥 속 문장들은 현재완료의 정의에 맞게 시간적으로 과거와 현재를 모두 포함하고 있어서, 영어를 모국어로 쓰지 않는 우리네 입장에서도 충분히, 그것도 아주 명쾌하게, 그 시점을 이해할 수 있다. 이러한 문장들은 흔히 since 2002(2002년 이래로 쭉), for

MY CAR HAS BROKEN DOWN.

nine months(아홉 달 동안 쭉), so far(지금까지 쭉) 등의 시간 표현과 함께 쓰이기 때문에 시간 프레임을 더욱 더 명료하게 전달해 준다. 그런데 다음 문장들을 한번 살펴보자.

> My car has broken down. 내 차가 고장 났어.
> I've lost my wallet. 내가 지갑을 잃어 버렸어.
> His favorite toy has been broken. 걔가 좋아하는 장난감이 망가졌어.
> Have you seen the movie? 그 영화 본 적 있니?
> I've never been to Italy. 난 이탈리아에 한 번도 가 본 적이 없어.

차가 고장 난 것도, 지갑을 잃어 버린 것도, 장난감이 망가진 것도, 그 영화를 본 것도, 이탈리아에 안 간 것도, 모두 다 과거에 일어난 일이다. 그러다 보니, 우리 한국인 관점에서 볼 때 모두 과거와 현재를 아우르는 시점을 쓰기에는 솔직히 무리인 동작 혹은 사건들이다. 그런데 대체 왜 멀쩡한 과거시제를 두고서 현재완료를 쓴 걸까? 미국 사람들이 이때 단순과거 대신 현재완료를 쓰는 데에는 다 그만한 이유가 있으니, 그것은 바로 **현재완료는 과거의 사건을 현재로 연결해 주는 시제**라는 점 때문이다. 다시 말해, 어떤 사건이 **과거에 일어났다고 해도 그것이 지금 현재의 상황에도 깊게 영향을 미치고 있음을 나타낼 때는** 단순과거가 아닌 현재완료시제를 써야 한다. 반면, 현재와 관계 없는 과거의 행동이나 사건(one time action/event in the past)의 경우, 단순과거시제를 써야 한다.

이 정도만 확실히 이해하고, 이제 다이얼로그를 통해 이 시제가 쓰이는 구체적인 문맥과 상황을 살펴보자. 똑같은 내용을 현재완료와 단순과거 두 시제로 보여 드릴 테니, 두 시제가 쓰이는 문맥을 서로 비교, 분석해 보자.

1. (A) My car has broken down.
   (B) My car broke down.

(A)

Audrey　The bus drivers are on a strike again.
Alice　Aren't they getting paid more than any other job in town?
Audrey　That's what I'm saying, but it looks like they don't think so at all.
Alice　They're **probably in denial**[1].
Audrey　They are! Geez, greedy people make **my blood boil**[2]. Anyways, because of that, I need a ride home. Can you give me a ride?
Alice　I'd love to, but my car has broken down, and I was actually about to ask Jerry for a ride.

---

1. be in denial: (인정하기 싫은 사실을) 부인하다
2. my blood boils: 분통이 터지다 (피가 끓으니…)

Audrey　버스 기사들이 또 파업 중이야.
Alice　그 사람들이 이 도시의 어떤 다른 직업보다 월급을 더 많이 받지 않아?
Audrey　내 말이 그 말이야 하지만, 그들은 전혀 그렇게 생각하고 있지 않는 것 같아.
Alice　아마도 그 사실을 부인하고 있겠지.
Audrey　맞아! 어쩜, 탐욕스런 사람들 때문에 정말 피가 끓는다니까. 그것 때문에 내가 집에 가는 차편이 필요한데, 네가 차 좀 태워 줄 수 있어?
Alice　그러고는 싶은데, 실은 내 차가 고장 나서 나도 Jerry에게 차 태워달라고 부탁할 참이었어.

(B)

Andrew　Welcome back to Florida! How was your trip to New York?

Rick   All in all, it was great, but I have no interest in ever doing it again.

Andrew What was wrong with the trip?

Rick   On my way back home, my car **broke down** on the **freeway**[1] between Washington, D.C. and Atlanta, and I had a really hard time with it. Fortunately, I was able to get it fixed and got back to town yesterday.

Andrew I'm sorry to hear that. In any case, have a great first day back!

Rick   Thanks!

1. freeway: 고속도로

Andrew Florida로 돌아온 것 환영해! New York 여행은 어땠어?
Rick   대체적으로는 좋았지만, 두 번 다시 하고 싶지는 않아.
Andrew 뭐가 문제였는데?
Rick   집으로 돌아오는 길에 Washington, D.C.와 Atlanta 사이의 고속도로에서 차가 고장 났는데, 그것 때문에 얼마나 힘들었던지. 다행히, 차를 고칠 수 있어서 어제 집으로 돌아왔어.
Andrew 저런…. 어쨌든, 돌아온 첫날 잘 보내!
Rick   고마워!

대화 (A)의 경우, **차가 고장 났었다는 과거의 사건 자체보다는 그로 인해 자신도 오히려 Jerry에게 ride를 받으려고 한다는 지금의 상황**에 더 중점을 두는 말을 하고 있기 때문에, 과거의 사건을 현재의 상황까지로 연결해 주는 현재완료시제를 쓰고 있다. 물론, 이때 현재완료시제는 '**여전히 차를 고치지 않았다**'라는 의미 또한 내포하고 있다. 반면, 대화 (B)에서는 현재와는 상관없이 그저 여행할 당시 즉, **과거에 일어난 한 사건**을 이야기하고 있기 때문에 단순과거시제를 썼다. 물론 이 경우에는 현재완료시제와 달리 **고장 났던 차를 고쳤는지, 안 고쳤는지를 해당 문장만으로는 알 수가 없다.**

PRESENT PERFECT VS. SIMPLE PAST

2. (A) I've lost my wallet.
   (B) I lost my wallet.

(A)

John　　Hey, I told you it's on me. Eat as much as you want!

Barbara　Thanks to you, I ate enough. We've already **eaten up**[1] three pizzas!

John　　All righty. (to the waiter) Excuse me, can we get the **check**[2] please?

Barbara　Thanks for the pizza, John.

John　　Uh-oh. I hate to tell you this. I was going to pay, but I think I've lost my wallet.

1. eat up: 다 먹어 치우다
2. check: 여기 문맥에서 check은 '계산서'를 말한다.

John　　야, 내가 낸다고 했잖아. 먹고 싶은 만큼 먹어!
Barbara　네 덕분에 많이 먹었어. 우리 이미 피자 세 판이나 먹어 치웠잖아.
John　　알았어. (웨이터에게) 실례지만, 계산서 주실래요?
Barbara　피자 고마워, John.
John　　어, 이런 말 하기 정말 싫은데 말야. 내가 돈 내려고 했는데, 나 지갑을 잃어버린 것 같아.

(B)

Miranda　Guess what? While I was participating in the **candle light vigil**[1] last Sunday, I lost my wallet.

Janis　　So, did you find it?

Miranda   Yes, I did. Someone called me on Monday and said she had picked it up.

Janis   What a relief! By the way, how did the person find out your phone number?

Miranda   I always carry my business cards in my wallet.

Janis   In any case, there are more good people in the world than bad people.

Miranda   I hear you!

1. candle light vigil: 촛불 집회

Miranda   그거 알아? 내가 지난 일요일 촛불 집회에 참가하던 도중에 지갑을 잃어 버렸어.
Janis   그래서, 찾았어?
Miranda   응, 찾았어. 월요일에 누가 전화해서는 자기가 내 지갑을 주웠다고 했어.
Janis   다행이다! 그런데, 그 사람은 네 전화번호를 어떻게 찾았대?
Miranda   내가 항상 지갑에 명함을 넣어 가지고 다니거든.
Janis   어쨌든 세상에는 좋은 사람들이 나쁜 사람들보다 더 많아.
Miranda   나도 그렇게 생각해!

이번에도 마찬가지로 대화 (A)에서는 **과거에 지갑을 잃어 버린 사건으로 인해 지금 돈을 못 내겠다는 현재의 상황**을 중심으로 이해하면 되겠다. 물론, 이때 현재완료시제를 썼기 때문에, **지갑을 잃어 버리고 아직 찾지 못 했다는 현재의 상태**까지도 전한다. 반면, 대화 (B)에서 지갑을 잃어 버렸다는 사실은 **현재와는 전혀 상관이 없는 단순한 과거의 이야기**를 하고 있으니 단순과거시제를 쓰고 있다. 물론, 현재완료와 달리 단순과거시제는 **현재의 상황(지갑을 찾았는지 못 찾았는지)은 알려주지 않기 때문에** Janis가 "So, did you find it?"이라고 묻는 것이다.

3. (A) His favorite toy has been broken for a week.
   (B) His favorite toy was broken.

(A)

Husband   Jimmy has been crying for 30 minutes. Do something! Or bring him his favorite toy right now!

Wife   His favorite toy has been broken for a week, and he's been grouchy ever since.

남편   Jimmy가 30분 동안이나 울고 있어. 어떻게 좀 해 봐! 걔가 좋아하는 장난감이라도 당장 가져다 주든가!
아내   걔가 좋아하는 장난감 망가진 지가 한 일주일 되었는데 그 뒤로 계속 짜증을 내.

(B)

"He was grouchy all morning long because his favorite toy was broken, but his daddy mended it, and now he's a happy, smiling little boy."

"오늘 아침에 자기가 좋아하는 장난감이 망가져서 걔가 아침 내내 짜증냈었는데, 제 아빠가 고쳐 줘서 지금은 기분 좋고 잘 웃는 꼬마 녀석이 됐어."

상황 (A)에서 아내는 현재완료시제를 통해서 장난감이 망가졌고 아직 고쳐지지 않았으며 그래서 Jimmy가 가지고 놀 수 없는 현재의 상황까지 모두 전달하고 있다. 이번에도, 현재완료시제가 **과거의 사건(장난감이 망가짐)과 현재의 상황(장난감을 고치지 않은 상태 + 그래서 아이가 짜증난 상황)을 연결**해 주고 있다. 상황 (B)는 **현재 상황과는 전혀 상관없는 단순히 과거(오늘 아침)에 일어난 이야기**를 하는 것이니 단순과거시제를 쓰고 있다.

4. (A) Have you seen the movie?

   (B) Did you see the movie?

(A)

Tracy My favorite movie is <Father of the Bride>. Have you seen the movie?

Richard Yes, I have! Actually, I prefer the remake that was released in 1991.

Tracy 내가 좋아하는 영화는 <신부의 아버지>야. 그 영화 본 적 있니?
Richard 응, 봤어. 실은, 난 1991년도에 나온 리메이크 판이 더 좋아.

(B)

Meredith NBC showed <Father of the Bride> last night. Did you see the movie?

Mike No, I didn't because I had already watched the movie three times. Besides, I had a dinner appointment with my boss at that time. I had to **butter him up**[1] a little bit.

Meredith I didn't know that you were a **bootlicker**[2].

1. butter up ~: ~에게 아첨/아부하다
2. bootlicker: 아부쟁이 (=brownnoser)

Meredith 어젯밤 NBC에서 <신부의 아버지> 했어. 너 그 영화 봤어?
Mike 아니, 난 전에 이미 세 번이나 그 영화 봤기 때문에 안 봤어. 게다가, 그 시간에 우리 사장님과 저녁 약속이 있었어. 내가 그분한테 아첨할 일이 좀 있었거든.
Meredith 난 네가 아첨쟁이인 줄 몰랐다.

PRESENT PERFECT VS. SIMPLE PAST

Mike   I'm usually not, but it was necessary last night. What happened was I **dropped the ball on a very important project**[3], and I have to **redeem**[4] myself on the next one, but he wouldn't give me a chance.

Meredith   I feel your pain, but **flattery gets you nowhere**[5].

---

3. drop the ball on ~: ~를 망치다
4. redeem: (결점 등을) 보완하다; (실수를) 만회하다
5. Flattery gets you no where.: '아부로 얻을 수 있는 것은 아무 것도 없다.'라는 것을 말하는 표현

Mike   보통은 안 그런데 어젯밤에는 그랬어야만 했어. 무슨 일이 있었냐면, 아주 중요한 프로젝트를 내가 망쳤고, 그래서 다음 번에는 그걸 만회해야 하거든. 그런데 그분이 내게 기회를 안 줄 것 같아서.

Meredith   네 고통은 이해한다만, 아부는 아무것도 가져다 주지 않아.

(A) 상황은 현재완료시제를 통해 **태어나서 지금까지를 아우르는 시간 속에서의 경험**을 묻고 있다. 다시 말해, 〈신부의 아버지〉라는 영화를 본 경험이 있는지를 묻고 있다. 반면 (B)에서는 **어젯밤(last night)이라는 구체적인 과거의 시점에 그 영화를 보았는지** 묻고 있다.

5. (A) I've never been to Italy.

   (B) I didn't go to Italy.

(A)

Jen　This group tour package to Finland is awesome!

Kate　It looks fantastic, but I've already been there twice. Are there tour packages to Italy? I've never been there.

Jen　Really? I've never been to Italy either.

Kate　Oh, I found one here. It's a **promotional**[1] package, and it's extremely affordable.

Jen　Then, why don't we just make a reservation now?

Kate　Yeah, let's just do it!

Jen　Cool beans!

---

1. promotional: 홍보용의/광고용의

Jen　이 핀란드 단체 관광 상품 정말 좋다.
Kate　환상적이긴 한데, 난 이미 거기 두 번인가 가 봤거든. 이탈리아 관광 상품은 있어? 나 거기는 한 번도 안 가 봤거든.
Jen　정말? 나도 이탈리아에는 한 번도 안 가 봤어.
Kate　여기 하나 찾았는데, 이거 홍보용 상품이라 가격이 정말 저렴해.
Jen　그렇다면 우리 그냥 지금 예약할까?
Kate　그래, 그러자!
Jen　좋았어!

(B)

Vicky　I heard your whole family went to Italy last summer. Is that right?

Kevin　Actually, my parents and brother did, but I didn't go to Italy last summer 'cause I'd already been there three times before.

Vicky　너희 식구들 모두 지난여름에 이탈리아에 갔었다며? 그게 정말이야?
Kevin　사실, 부모님과 형은 갔는데, 난 작년 여름에 안 갔어. 왜냐하면, 전에 이미 세 번이나 갔다 왔거든.

PRESENT PERFECT VS. SIMPLE PAST

상황 (A)는 **태어나서 지금까지를 아우르는 시간 속에서 이탈리아에 다녀온 경험이 없음**을 말하고 있기 때문에 현재완료를 썼으며, 상황 (B)는 **작년 여름 (즉, 과거의 한 시점)에 일어난 이야기**를 하고 있기 때문에 단순과거를 썼다.

지금까지의 모든 대화에서 볼 수 있는 것처럼, 어떤 사건이나 동작이 비록 과거에 일어났다고 하더라도, 그것이 현재 상황에 깊이 영향을 미치고 있음을 나타낼 때는 현재완료를 쓸 수 있다. 반면, 단순과거는 현재와는 아무런 상관이 없이 '과거는 과거일 뿐'인 상황에서 쓰인다. 그러니, 다음과 같이 역사적 사실을 기술할 때에는 당연히 단순과거가 쓰인다.

"Dr. Jenks is a **professor emeritus**[1] at Florida State University. He designed and directed the first TESOL master's program delivered by an American university at Florida State University in 1982. He also founded the Center for Intensive English Studies in 1979 and directed it until 2002."

– extracted from <The Frederick L. Jenks Center for Intensive English Studies Naming Ceremony> Booklet

1. professor emeritus: 명예 교수

"Jenks 박사님은 플로리다 주립대 명예 교수입니다. 그분은 1982년 플로리다 주립대에 미국 대학으로서는 최초로 TESOL 석사 과정을 만들어 운영했습니다. 그분은 또 Center for Intensive English Studies(집중 영어 연구 센터)를 1979년에 창립해서 2002년까지 운영했습니다."

- <The Frederick L. Jenks Center for Intensive English Studies Naming Ceremony> 소책자에서 발췌

이제 똑같은 과거의 일이라도 어떤 상황에서 현재완료가 쓰이는지, 어떤 상황에서 단순과거가 쓰이는지, 문맥과 함께 Completely 이해하셨다고 믿고, 이번에는 단순과거와 현재완료를 함께 넣고 섞어찌개를 만들어 볼까?

Paul   How **was** your summer vacation?

John   It **was uneventful**[1]! I **was** busy preparing for my acting auditions because I **had** auditions scheduled through mid-August. I'm still waiting for the results.

Paul   **Have** you **applied** to any other places? I mean other than acting jobs?

John   No, I **haven't**. Acting is what I **went** to school for, and I want to develop my acting career. I know only a few people succeed in this field, but I**'ve decided** to **go out on a limb**[2].

Paul   I'm so proud of you, John! I**'ve** always **believed** that dreams come true, and someday your performance will **blow people away!**[3]

1. uneventful: 별일/사건 없는
2. go out on a limb: 남들이 잘 하지 않는 모험을 하다
3. blow ~ away: ~를 깜짝 놀라게 하다

Paul   여름 방학은 어땠어?

John   별일 없었어. 연기 오디션 준비하느라 바빴어. 왜냐하면 8월 중순까지 오디션이 잡혀 있었거든. 그 결과를 아직도 기다리고 있고.

Paul   다른 곳에는 지원해 봤어? 내 말은, 연기 말고 다른 일은?

John   아니, 지원 안 했어. 연기는 내가 학교에서 전공했던 것이고, 난 연기 쪽으로 커리어를 쌓고 싶어. 나도 몇몇 사람만이 이 분야에서 성공한다는 건 알지만, 그래도 모험을 해보기로 했어.

Paul   난 네가 참 자랑스러워, John! 난 언제나 꿈은 이루어진다고 믿어 왔어, 언젠가 네 연기가 모두를 놀라게 할 거야.

이 자리를 빌려, 아선생의 학생들이 (아시아, 아프리카, 중동, 유럽 할 것 없이) 현재완료와 과거시제 사용 시 가장 많이 하는 문법 실수를 하나만 소개해 드리면, have/has got과 그냥 got을 구별 없이 아무거나 막 쓰는 것이다. 전자는 현재까지 커버하는 현재완료이고, 후자는 그냥 단순과거! 즉, 둘이 서로 엄연히 태생이 다른 시제인 것. 예를 들어, "I've got a cold."는 감기에 걸려서 지금 현재도 아픈 상황을 말하고, "I got a cold."는 감기 걸려서 아팠던 과거의 상황을 말하니, 이거 달라도 한참 다르지 않은가? 이러한 문맥에서 have/has got은 have와 같다고 보고, 그냥 got은 had와 같다고 보면 그 차이점이 깔끔하게 보일런지. 이를 대화에서 확인해 보자.

Teacher Abdul! Is Abdul present today?
Student No, sir. He's absent again.
Teacher Has he come down with a cold again? I thought he was getting used to the weather here.
Student No, he's got the swine flu.
Teacher Oh, no! Is there anybody who knows his phone number? Does he even have a phone?
Student He's got a cell phone, and this is his number.
Teacher Thanks. I'll try to reach him.

선생님 압둘! 오늘 압둘 출석했어요?
학생   아니요, 선생님. 오늘도 결석했어요.
선생님 압둘이 또 감기에 걸렸어요? 난 압둘이 이곳 날씨에 적응해 가고 있다고 생각했는데.
학생   아니요, 걔 돼지독감(신종플루)에 걸렸어요.
선생님 오우! 누구 압둘 전화번호 아는 사람 있어요? 전화가 있긴 해요?
학생   걔 휴대폰 있고요, 여기 걔 번호예요.
선생님 고마워요. 압둘에게 연락해 봐야겠네요.

아선생님, 질문이요!
앞의 대화에서 Get의 과거분사형으로
계속 Got이 쓰이고 있는데요,
Got은 Get의 과거형이고,
Gotten이 과거분사형 아닌가요?

대화에서 보셨다시피, got은 get의 과거형 외에 과거분사형(p.p)으로도 쓰인다. 왜 노래도 있지 않은가? ♬She's got it! Yeah, baby~♪ she's got it! 사실, 우리 한국인들에게 get의 과거분사로 더 익숙한 것이 gotten이긴 하지만, gotten은 실제 회화에서는 거의 쓰이지 않는 편이며, 과거분사로 오히려 got이 대세다. 그것은 아선생이 살고 있는 동네 사람한테만 그런 게 아니라, 영국 신사 숙녀 여러분도 매한가지라고 한다. 게다가, 미국 영어에서 드물게 gotten이 쓰이는 경우에도 got을 썼을 때와는 그 의미가 다르기 때문에 주의해야 한다. 아선생이 이 got과 gotten의 차이점을 알아내려고 수단과 방법을 가리지 않았는데, 그 중 크리스털처럼 명확하게(He made it crystal clear!) 설명해 준 사람이 David Crystal이라는 남자였다. 이 선생님의 말씀을 인용해 보면,

… 'have gotten' is not simply an alternative for 'have got'. 'Gotten' is used in such contexts as

They've gotten a new boat. (= obtain)

They've gotten interested. (= become)

…

But it is not used in the sense of possession (have). Thus, American English does not allow:

I*'ve gotten* the answer. (X)

I*'ve gotten* plenty. (X)

– extracted from <The Cambridge Encyclopedia of the English Language>

크리스털 씨가 하신 말씀은,

> … have gotten은 단순히 have got의 대용어가 아니란 말일세. gotten은 다음과 같은 문맥에서 쓰인다네.
> 그들은 새 보트를 얻었다. (획득의 의미)
> 그들은 흥미를 갖게 되었다. (~ 되다)
> …중략
>
> 하지만, gotten은 (got과는 달리) 소유의 의미(have)로는 쓰이지 않는다네. 그리하여, 미국 영어에서 다음 문장들은 쓰면 말이 안 되는 말일세.
>
> I*'ve gotten* the answer. (X)
> I*'ve gotten* plenty. (X)
> - <The Cambridge Encyclopedia of the English Language>에서 발췌

마지막 두 문장은 말이 안 되는 말이라 굳이 해석을 안 했다. 이 문장을 말이 되게 고쳐보면, 각각 "I've got the answer." 와 "I've got plenty." 가 된다. 왜냐하면, 문맥에서 이들은 have(소유의 의미)의 대용어로 쓰였기 때문이다.

결론을 아선생이 크리스털 선생보다 더 투명하게 정리해 드리면, have got은 소유의 의미로 상태동사(have)의 카테고리로 봐 주고, have gotten은 become과 obtain(획득)의 의미를 가진 동작 동사 카테고리로 봐 주면 되겠다.

다음 장으로 넘어가기 전에, 이런 문법책에서 현재완료시제를 만날 때마다 꼽사리 껴서 함께 등장하는 현재완료진행형도 잊지 말고 한번 봐주자. have been -ing의 형태를 띤 이 시제는, 시간적으로는 현재완료처럼 과거와 현재를 동시에 커버하지만, 나름 이름값을 하느라 동작·상태의 진행을 강조하는 시제이다. 그래서 **현재완료가 과거의 동작·사건으로 인한 현재의 결과에 무게 중심을 두는 데 반해, 현재완료진행은 해당 동작·사건의 진행 자체나 진행된 시간에 무게 중심이 실려 있다.** 그러다 보니, 각각의 시제를 쓰는 화자의 의도가 다를 수밖에. 화자야! 제발 말해 줘, 네 의도를!

💬 I have cleaned this classroom. (Is it clean now?)
내가 이 교실을 청소했어. (진짜 하고 싶은 말: 그래서 지금 이 교실 깨끗하지?)

I have been cleaning this classroom for 2 hours! (for 2 hours! – It's a long time!! And I haven't finished it yet.)
난 지금 이 교실을 두 시간째 청소 중이야. (진짜 하고 싶은 말: 두 시간씩이나 청소를 하고 있다고, 짜증나게! 그리고 아직 끝내지도 못했어.)

화자가 누군들 그의 속마음을 정확하게 알고 싶다면, 이렇게 문법 공부를 해서 화자의 의도를 파악해 보자. 어쨌든, 현재완료진행형이 동작의 진행, 그리고 진행된 시간을 강조하는 시제라고 했는데, 오랜만에 질문 하나 해보겠다. 이 현재완료진행형을 쓸 수 있는 시나리오가 뭐가 있을까?

약속 장소에 두 시간이나 늦게 나온 친구에게 불평을 할 때, 이때는 살짝 짜증을 내며 이렇게 말한다. "I've been waiting for you for two hours!(야, 나 너 두 시간이나 기다리고 있었다고!)" 하루 종일 열심히 일했는데 누군가가 내가 일한 결과물을 보고는 게으름을 피웠다고 매도하며 핀잔을 주네. 이럴 땐, 당연히 나 자신을 방어해야 한다. 이렇게 말이다. "I've been working on it all day long!"(저 하루 종일 그거 하고 있었거든요!) 공부는 하지 않고 세 시간 넘게 컴퓨터 게임만 하고 있는 아들 녀석에게는 요렇게 말한다. "You've been playing this computer game for over three hours!"(너 지금 세 시간 넘게 컴퓨터 게임하고 있네.) 보시다시피, 현재완료진행형은 생소한 이름과는 달리, 일상 생활에서 흔히 활용할 수 있는 시제인 것이었다! 그러니, 지금부터는 마구 활용해 주자. 다음과 같이.

(At a drug store)

Customer: Excuse me, sir. I've been suffering from this headache for over a week. It's killing me, and I haven't been able to work because of it. Can you please recommend the most effective headache medicine for me?

Pharmacist: Why don't you try this one? It works like magic[1]!

Customer: I'm sorry, but I've been taking that medicine for the last four days, and it doesn't seem to work for me.

Pharmacist: Oh, well, then, what about this one?

Customer: Since I've never tried that one, I'll take it.

Pharmacist: Here you go. Please note that[2] all medicines have side effects. You can find more detailed information on the packet, so make sure you read everything from A to Z[3] before taking the medicine.

Customer: I will. Thanks for your tip.

Pharmacist: No problem!

1. like magic: 거짓말처럼 순식간에
2. note that ~: ~에 주목/주의하다
3. everything from A to Z: 하나에서 열까지 전부 다

(약국에서)

손님   저기요, 약사님. 제가 일주일 넘게 이 두통으로 고생하고 있거든요. 아파 죽겠는데다가, 그것 때문에 일도 못하고 있어요. 저한테 가장 효과적인 두통약 좀 추천해 주시겠어요?
약사   이 약 한번 드셔 보세요. 순식간에 듣는다니까요.
손님   죄송하지만, 제가 그 약을 4일 동안 복용해 왔지만, 저한테는 듣지 않는 것 같아요.
약사   그렇다면, 이건 어떨까요?
손님   그건 제가 한 번도 안 먹어 봤으니, 그걸로 할게요.
약사   여기 있습니다. 모든 약은 부작용이 있다는 점 유의하세요. 약 상자에 더 자세한 정보가 있으니, 약 드시기 전에 하나에서 열까지 전부 다 읽으셔야 합니다.
손님   알겠습니다. 조언 감사합니다.
약사   천만에요!

현재완료와 현재완료진행이 가지고 있는 또 다른 차이점이라면, 현재완료는 동작의 완료를 나타내는 반면, 현재완료진행은 동작이 아직 진행 중이니, 완료된 상태는 아니라는 것 또한 의미한다. 즉, "**I've done** my homework!"는 숙제를 다 했다는 말로, 동작의 완료를 말하는 반면, "**I've been doing** my homework!"는 숙제를 아직 하고 있으니 다 못했다는 의미 또한 가지고 있다. 이는 바로 다음 장에서 다룰 단순과거시제와 과거진행시제의 차이와도 일맥상통하는 내용으로, **진행시제가 전반적으로 가지고 있는 미완의 느낌**을 이해하시면 되겠다.

쉬어 가는 페이지 2

**아선생의
영어 공부에 도움이 되는
외국어 습득이론 2:
스미스는 왜
동막골의 영어 선생과
말이 안 통한 걸까?**

영화 <웰컴투 동막골>을 보면 이런 장면이 나온다. 동막골에 폭격기와 함께 추락한 미군 장교 스미스에게 마을에서 영어를 가르치는 서당 선생이 와서 묻는다. "하우 아~ 유?" 부상까지 당한 채 묶여 있는 스미스에게는 아무 일 없었다는 듯이 태연하게 "How are you?"라며 인사를 건네는 서당 선생이 얼마나 황당했을까? 그래서 스미스는 짜증 섞인 목소리로 이렇게 말한다. "How do you think I am? Look at me! How do you think I am?" (대체 지금 내가 어떻다고 생각하시오? 날 봐요. 지금 내가 어떤 것 같소?) 조금의 침묵이 흐른 후, 대체 저 코 큰 사람이 뭐라고 하는지를 묻는 마을 이장에게 서당 선생이 자신의 영어 책을 넌지시 보여주면서 하는 말. "여기 보시다시피, 제가 '하우 아~ 유?'라고 하면, 저쪽에서는 '파인, 앤드 유~?' 라고 해야 하는데…." 스미스와의 대화는 거기까지! 이 영화에서 서당 선생과 스미스 사이에 더 이상의 잉글리시는 없다.

영화 설정상, 나름대로 영어를 공부하고 또 가르치는 선생님에게 왜 이런 일이 벌어진 걸까? 아선생은 그것이 서당 선생이 영어를 배운 방식이 철저하게 Behaviorism(행동주의)에 기초한 영어 교육이었기 때문이라고 생각한다. 영화의 이 장면은 행동주의에 기초한 영어 교육이 가진 한계의 한 단면을 보여주는 좋은 예라고 볼 수 있다. 그렇다면, 21세기에 접어든지 꽤 시간이 흐른 지금까지도 여전히 한국 영어 교육의 주류를 지배하고 있는 이 행동주의란 무엇이고, 행동주의자(behaviorist)들이 주장하는 언어 교육 방식은 어떤 것일까?

행동주의 심리학은 우리가 학창 시절 때 배운 그 유명한 파블로프의 실험에서 비롯되었다. 개에게 종소리를 울린 후에 먹이를 주는 행동을 반복적으로 했더니 나중에는 먹이를 주지 않고 종소리만 울려도 침을 흘리더라는 그 유명한 실험 말이다. 이 실험에서 보이듯이, 행동주의란 '자극(stimulus)과 반응(response)의 연합'이라는 한 마디로 표현될 수 있다. 파블로프가 개에게 가한 모든 행위(반복적으로 종소리를 울려주면서 먹이를 주었던)는 '자극'이라고 볼 수 있으며, 그러한 자극을 반복적으로 받은 개가 나중에는 먹이를 주지 않고 종소리만 울려도 침을 흘리는 현상은 그 자극에 대한 개의 '반응'이라고 볼 수 있다. 파블로프가 발견한, 어찌 보면 간단한 이 원리를 교육학에 접목시킨 것이 바로 행동주의 학습 이론이다.

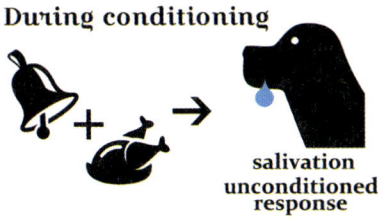
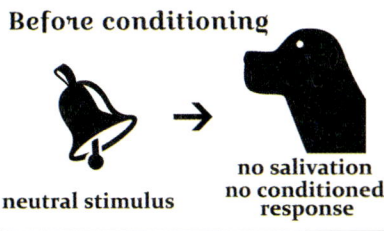
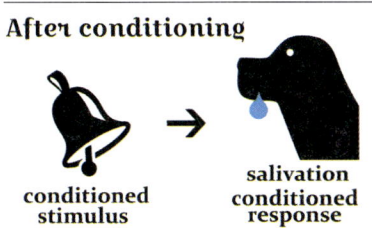

그렇다면 이 행동주의 학습 이론이 영어 교육에서는 어떻게 응용될까? 몇 해 전 한국의 한 초등학교 영어 교사가 어느 신문사와의 인터뷰에서 영어 실력 향상의 비결을 묻는 기자의 질문에 "아유~ 비결 같은 건 없어요. 무조건 많이 듣고 따라 하면 되게 돼 있어요."라고 했다는데, 그가 바로 전형적인 행동주의식 영어 교육자라고 보면 된다. 이렇게 행동주의자(behaviorist)들은 언어 습득 과정의 핵심을 '모방(imitation)'과 '연습(practice)'으로 본다. 외국어 습득 이론을 공부할 때 등장하는 대표적인 행동주의자인 Robert Lado는 언어를 배우는 걸 "모방과 연습을 통한 정확한 습관 형성의 과정"이라고 정의했다. 쉽게 말해, 독자님이 한국어를 유창하게 하는 이유는 한국어를 말할 때 필요한 "한 세트의 습관"(A set of habits)을 이미 형성했기 때문이라는 게 Lado의 주장이다. 그리고 이 습관을 형성한 과정은 "모방과 연습"을 통해서라고 한다. 마찬가지로, 영어 또한 학습자에게 무조건 반복해서 들려주고 따라 하게 하면, 결국은 정확한 영어 사용 습관(A new set of habits)이 몸에 배이게 되어 유창하게 영어를 구사할 수 있게 된다는 것이 그를 비롯한 행동주의자들의 주장이다.

그럼, 여기서 행동주의식 영어 수업의 구체적인 예를 하나 살펴보자. 대한민국에서 중학교를 다닌 사람이라면 누구나 제인과 민호의 다음 대화를 기억할 것이다.

Jane: How are you?
Min-ho: Fine, thank you. And you?
Jane: I'm fine, too.

우리가 이 인사말을 어떻게 배웠는지 기억을 한번 더듬어 보자. 카세트에서 흘러 나오는 네이티브 스피커를 따라서, 혹은 영어 선생님을 따라서 마르고 닳도록 반복해서 이 문장들을 따라 했던 기억이 생생하지 않으신가? 그 결과, 우리는 "How are you?"라는 말을 들으면 생각할 것도 없이 반사적으로 "Fine, thank you! And you?"라는 말이 튀어나온다. 그야말로, 모방을 통해 "습관을 형성"해 버린 것이다! 마치 종소리를 들으면 곧바로 침을 흘리는 파블로프의 견공처럼! 아선생이 일하고 있는 대학의 미국인 영어 강사들이 "How are you?"라고 했을 때 "Fine, thank you. And you?"라고 즉각 대답하면 십중팔구(9 out of 10) 한국 사람이라며 우스갯소리를 할 정도다. 이것이 바로 대표적인 행동주의식 영어 교육 방식이다.

행동주의식 영어 교육의 또 다른 접근 방식은 비교 대조 분석 이론(Contrastive Analysis Hypothesis)인데, 이는 모국어와 해당 외국어의 차이점을 분석해서 집중 공략하는 방식의 수업이다. 쉬운 예로, 한국어의 'ㄹ'과 영어의 'R'/'L' 발음의 차이 때문에 대부분의 한국인들이 영어를 할 때 이 발음을 유독 힘들어 한다. 그래서 한국인을 대상으로 하는 발음 수업에서는 항상 'R'과 'L' 발음이 집중 공략의 대상이 된다. 예를 들어, rice/lice 같은 류의 단어 그룹을 만들어서 집중적으로 연습시킨다. 이는 학습자의 몸에 이미 밴 "모국어를 발음하던 그 습관"이 새로운 언어 습관을 형성하는 데 방해가 되기 때문에 두 언어의 차이점을 특히 주시해야 한다고 주장하는 행동주의자들이 고안해 낸 교수법이다.

그런데 이 행동주의식 언어 교육 방식에 대체 무슨 문제점이 있기에, 철저하게 행동주의식 교수법을 따르던 한국의 영어 교육이 지금과 같이 위기에 처하게 된 것일까? 언어 교육학에서 이 행동주의 이론의 문제점을 이해하기 위해서 반드시 알아야 하는 분이 한 분 계시는데, 바로 Noam Chomsky다. 사실 이분, 언어 교육학뿐만 아니라 언어와 관계되는 모든 학문에 반드시 행차하시는 어르신이다. Chomsky는 행동주의 이론이 설명하는 언어 습득의 과정을 도저히 납득할 수가 없다면서 이에 완전히 반하는 내용의 논문을 썼다. 그는 인간이 언어를 습득하는 과정은 동물들의 "자극과 반응에 따른 행동"(조건 반사)처럼 결코 "모방과 연습"에 기인하는 것이 아니라고 강력하게 반발하고 나섰다. 또한, 인간은 "백지상태"(tabula rasa)▶로 태어나는 것이 아니라 모든 언어에 적용되는 "보편적인 문법 체계"(Universal Grammar)를 가지고 있는 언어 습득 장치(Language Acquisition Device)●를 이미 두뇌 속에 가지고 태어난다고 주장했다. 바로 이 장치가 특정 언어의 몇 가지 샘플을 받아들이게 되면, 그것들을 알아서 분석하면서 해당 언어가 가진 문법 체계를 성장시켜 나가는데, 이 과정이 바로 언어 습득의 과정이라고 Chomsky는 주장했다. 다시 말해, 언어 습득 과정은 행동주의자의 말처럼 "모방과 연습"을 통해서 이루어지는 것이 아니라, 태어날 때부터 가지고 있는 이 언어 습득 장치가 해당 언어의 다양한 샘플을 받아들여 분석하고 또 시행착오를 거치면서 해당 언어의 문법 체계를 차츰차츰 성장시켜가는 과정이라는데…. 혹시, Chomsky 이 양반의 말이 맞는지 틀리는지 긴가민가하시는 독자분은 막 한국어를 배워서 말을 하기

▶ '백지'라는 뜻의 라틴어로 행동주의자들이 인간은 백지 상태로 태어난다면서 썼던 표현.
● 사실 현대 언어 교육학에서는 언어 습득 장치(Language Acquisition Device)라는 표현 대신 대부분 보편문법(Universal Grammar)이라는 용어를 쓰지만, 독자님께서 좀 더 쉽게 이해할 수 있도록, 아선생은 그냥 '언어 습득 장치'라는 말을 쓰기로 하겠다.

시작하는 어린아이를 한번 관찰해 보시라. 아이가 어른의 입에서는 결코 나오지 않을 법한 말을 한다든가, 혹은 정상적인 어른이라면 결코 하지 않을 문법 실수를 한다든가 하는 것들은 행동주의자의 말처럼 모방을 통해서만 언어를 습득한다면 절대로 불가능한 현상들이다. 즉, 어린아이들이 어른이 하는 말만 모방해서 언어를 배운다면 그들이 말하는 문장이 짧으나마 어른들의 문장만큼 완벽해야 하는데, 그게 어디 그런가 말이다. 아선생말, 아니 Chomsky 선생님 말 맞지? Chomsky의 이 이론은 당시의 언어학계를 빈대떡 뒤집듯이 확 뒤집어 놓았고, 이에 따라 외국어 교육학 분야에서도 덩달아 신선한 새 바람이 일게 된다. 이 새 바람이 곧 돌풍을 일으키면서 행동주의식 영어 교육의 문제점이 속속들이 지적되기 시작한다.

첫째, 행동주의식 영어 교육의 가장 큰 문제는 바로 그들의 교수법이 '모방'에 지나치게 의존한다는 사실이다. 우리가 언어를 배우는 이유는 의사소통을 하기 위해서인데, 모방만 주야장천 해서는 해당 언어로 자기 생각을 자기 말로 나타내는 것이 불가능해진다.

둘째, 행동주의자들의 주장과 달리, 실제 영어 학습자가 만들어 내는 모든 실수가 모국어 습관 때문만은 아니더라는 것이다. 그것은 극히 일부일 뿐, 외국어를 습득하는 과정에서 벌어지는 모든 현상을 설명해 주지는 못하더라는 말이다. 외국어를 배울 때 나타나는 그 수많은 현상들이 단지 모국어 습관 때문만이라고 단정짓기에는 외국어 습득의 과정이 너무도 복잡다단하더라는 사실은 이 분야의 많은 학자들이 다양한 연구를 통해서 이미 증명해 왔다.

셋째, Ellis◆를 비롯한 많은 학자들은 행동주의자들이 애용하는 비교 대조 분석 이론(Contrastive Analysis Hypothesis)의 수업 방식이, 두 언어를 지나치게 "단순화"(too simplistic)하거나 너무 "한정짓게"(restrictive) 되는 우를 범할 가능성이 크다고도 지적한다.

그럼에도 불구하고, 행동주의식 영어 교수법이 잘못된 헌 교육 방식이라고 헌신짝 버리듯이 버리지는 마시길…. 새 신을 신고 뛰다가도 간혹 헌신이 필요한 순간도 있더라는 게 이 아선생이 40년 조금 넘게 살면서 터득한 지혜다. 미국 교실에서도 행동주의식 교수법을 일부 채택하여 응용하는 영어 강사들이 여전히 있으며, 아선생도 발음 교육에 한해서는 비교 대조 분석 이론(Contrastive Analysis Hypothesis)을 기반으로 한 접근 방식으로 상당한 효과를 봤던 편이다. 그러니까 결론은, 행동주의식 영어 교수법이 가진 한계를 인정하고 거기에만 지나치게 의존하지 말자는 것이지, 그것을 깡그리 무시해 버리자는 뜻은 아니라는 말씀!

◆ 언어 습득 이론 분야의 터줏대감이신 Rod Ellis라는 분이시다.

CHAPTER 5

동시간 그 이상을 말해 주는
시제 III
(단순과거 vs. 과거진행)

**SIMPLE PAST
VS.
PAST CONTINUOUS**

<Chapter 4>에서 단순과거시제와 현재완료시제를 비교 분석해 보았는데, 단순과거는 one time action/event in the past를 나타내기 때문에 현재와는 아무런 상관이 없다는 사실을 알 수 있었다. 과거진행형 또한 마찬가지로 현재에는 아무런 영향을 끼치지 않는 과거시제일 뿐이다. 이 장에서는 이렇게 둘 다 과거지사일 뿐인 단순과거와 과거진행을 아선생과 함께 이리저리 요리해 보자.

단순과거나 과거진행이나 둘 다 똑같이 과거를 나타내는 시제들이니, 시간이 똑같은 이 둘을 비교·대조해 보려면 시간보다는 이 둘의 aspect를 이해하는 것이 필수이리라. 이 둘이 가진 가장 큰 차이점은 이렇다.

> **One time Actions / Events in the past**
>
> **vs.**
>
> **Actions or Situations that were in progress in the past**
>
> (과거에 일어난 한 번의 동작이나 사건 vs. 과거의 한 시점에 진행되고 있던 동작이나 상태)

즉, 단순과거가 주로 one time action in the past를 나타내는데 반해, 과거진행은 과거의 한 시점에서 진행되고 있었던(ongoing) 일을 말한다. 그래서 '(과거에) ~하고 있던 도중에 일어난 한 번의 사건/동작'을 나타낼 때, 과거진행과 단순과거가 함께 쓰인다. 이러한 문맥에서 이 두 시제가 함께 쓰인 대화를 들어보기 전에, 일단 appetizer로 예문 몇 가지만 시식해 보자.

💬 When Dr. Jenks was giving a lecture on the civil rights movement in the United States, two Caucasian students left the classroom.

Jenks 교수님이 미국의 민권 운동에 대해 강의하고 있던 도중에, 두 백인 학생이 강의실을 나갔다.

While Obama was giving a speech about human rights, Trump received a phone call.

Obama가 인권에 대한 연설을 하는 도중에, Trump가 전화를 받았다.

appetizer를 맛보셨으니, 이젠 main dish를 즐겨 보자.

Husband Honey, I saw a big cockroach in the kitchen when I was packing a lunch▸ this morning. I think we've gotta call the pest control guy again.

Wife Hey, Mr. Clean-freak![1] Let's not make a big fuss over one cockroach[2].

Husband Listen! If you see one cockroach inside the house, it definitely means there are more… and even if there are no more, it's always safe to nip things in the bud[3].

---

1. clean freak: 결벽증 환자 (= neat freak)
2. make a fuss over ~: ~로 야단법석을 떨다
3. nip ~ in the bud: ~의 싹을 자르다; 미연에 방지하다 (nip: 꼬집다; 자르다 bud: 싹)

▸ breakfast/lunch/dinner의 경우, 이들을 먹는다는 의미의 context에서는 불가산명사로 주로 관사 없이 쓰이지만 (예: I had breakfast./I'm eating lunch.), 이렇게 도시락을 싸다라는 의미를 가진 context에서는 가산명사로 관사 a가 필요하다. 즉, '아침을 먹다', '점심을 먹다'라는 의미의 문맥에서는 셀 수 없는 개념으로, 도시락은 하나, 둘 셀 수 있는 개체로 이해하면 된다.

남편 여보, 내가 오늘 아침에 점심 도시락 싸던 중에 큰 바퀴벌레를 한 마리 봤어요. 우리 해충 처리 전문가를 또 불러야겠어요.

아내 이봐요, 결벽증 환자 씨! 바퀴벌레 한 마리 가지고 야단법석 떨지 말자고요.

남편 들어봐요! 집 안에서 바퀴벌레 한 마리를 본다는 건 그게 더 있다는 뜻이기도 해요. 그리고 설사 더 없다고 해도, 무슨 일이든 싹을 잘라버리는 게 안전하다고요.

Boss	Why don't we **go on to**[1] the next item on the agenda?
Subordinate	Yes, sir. While we **were focusing** on developing new products, we **fell behind**[2] our competitors in marketing. This can put us out of business. We really need to **come up with**[3] a solution as quickly as possible.
Boss	Have you talked to Mr. Lee about that?
Subordinate	I have, but he just **heaved a sigh**[4] while I **was briefing** him on that matter. He didn't seem to have any solution to the problem either.
Boss	Then, why don't we discuss this with Mr. Chang? He's sharp as a tack. Plus, I've never seen such a **resourceful**[5] manager.
Subordinate	That sounds like a plan.

1. go on to ~: (다음 항목으로) 넘어가다
2. fall behind: 뒤떨어지다
3. come up with ~: (아이디어나 해답 등을) 내놓다
4. heave a sigh: 한숨을 쉬다
5. resourceful: 위기 대처 능력이 뛰어난

상사	아젠다의 다음 안건으로 넘어갈까요?
부하직원	네. 우리가 신제품 개발에 전념하던 사이에, 우리 경쟁사들보다 마케팅에서 뒤처졌습니다. 이건 우리 사업을 망하게 할 수도 있습니다. 우리는 이 문제에 대한 해결책을 가능한 한 빨리 꼭 찾아내야 합니다.
상사	Lee 선생님께 이야기해 봤어요?
부하직원	했지만, 제가 이 사항에 대해 보고할 때, 한숨만 쉬었어요. 그분도 이 문제에 대한 해결책은 없는 것 같았습니다.
상사	그렇다면, Chang 선생님과 이 문제를 의논해 보면 어떨까요? 그분은 아주 예리하시고, 게다가 전 그렇게 위기 대처 능력이 뛰어난 매니저를 본 적이 없습니다.
부하직원	그거 나쁘지 않은 생각이네요.

단순과거시제와 과거진행시제가 가진 또 다른 차이는 바로 이것이다.

Complete action vs. Incomplete action
완성된 동작의 느낌 vs. 미완의 느낌

이 느낌을 예문으로 느껴 보자.

I wrote a letter to him.
나는 그에게 편지를 썼어요.
(편지 쓰는 동작이 완성됨.
대부분의 문맥에서 편지를
이미 보냈다는 의미로 해석됨.)

vs.

I was writing a letter to him.
나는 그에게 편지를 쓰고 있었어요.
(완성되었는지 아닌지는 모르나,
미완성의 느낌이 강함.)

설명만으로는 2% 부족하다는 독자님들이 꼭 계셔서, 이번에도 역시 구체적인 문맥과 함께 대화에서 확인해 보자.

MP3-05_03

Abby Some people just **dabble in this job**[1]. They're not as serious as they should be, and my work is suffering because of them.

Steve Instead of complaining about it, why don't you have a discussion with your boss? Just talk it out.

Abby Actually, I wrote a letter to him, but nothing has been changed.

1. dabble in ~: ~를 취미 삼아 하다

Abby 어떤 사람들은 이 일을 그냥 취미로 해. 그들이 해야 하는 만큼 열심히 일하지도 않고, 그들 때문에 내 일까지도 지장을 받아.
Steve 그것에 대해 불평하는 대신 네 상사하고 이야기를 해 보는 게 어때? 대화로 해결하라고.
Abby 사실, 상사한테 편지를 썼지만, 아무것도 달라지지 않았어.

SIMPLE PAST VS. PAST CONTINUOUS

Steve   If you've already written a letter to him, I'm sure he will **take action**[2] sometime very soon.

2. take action: 조치를 취하다

Steve   네가 그분에게 이미 편지를 썼다면, 틀림없이 머지않아 조치를 취하실 거야.

보시다시피, 앞의 대화에서 "I **wrote** a letter to him."은 편지를 써서 이미 보냈다는 의미로 쓰이고 있으므로 완성된 동작을 말하고 있다.

Boss   Have you come up with any idea?
Employee   Kind of. I'm positive Mr. Chang will be able to help us.
Boss   We can't afford to waste any more time on this, so let's not wait until the last minute.
Employee   I was actually writing a letter to him when you arrived here.
Boss   Then, why don't we just finish the letter and mail it today? I mean, let's **get the ball rolling**[1]. Okie Dokie?
Employee   Okie Dokie!

1. get the ball rolling: (본격적으로) 일을 시작하다

사장   아이디어가 떠올랐어요?
직원   거의요. Chang 선생님께서 우릴 도와줄 수 있을 것이라고 확신합니다.
사장   우리 이 일에 더 이상 시간 낭비할 처지가 못 돼요. 그러니까 마지막 순간까지 미루지 말자고요.
직원   실은 사장님께서 여기 도착하셨을 때, 제가 그분께 편지를 쓰고 있었습니다.
사장   그렇다면, 우리 그 편지를 끝내고 오늘 부치는 게 어때요? 내 말은, 본격적으로 일을 시작하자고요. 알았어요?
직원   알겠습니다!

이번 대화에서는 아까와 달리 과거진행형(I **was** actually **writing** a letter to him.)을 썼기 때문에 편지를 쓰는 동작이 미완성된 느낌이다. 그래서 사장의 바로 다음 대사인 편지를 끝내서 동작을 완성시키자는 말이 가능한 것이다.

Permanent vs. Temporary
(영구적인 느낌 vs. 임시적인 느낌)

독자님께서는 위의 단어들이 왠지 친근하면서 낯익은 이유를 아시는가? 그렇다! 이 차이점은 바로 〈Chapter 3〉에서 단순현재시제와 현재진행형의 차이점을 배울 때 보았던 바로 그 표현들이다. 이는 현재시제뿐만 아니라 과거시제에서도 해당되는 차이점! 그러니 과거의 영구적인 즉, 비교적 오래도록 지속된 사실이나 동작을 말할 때에는 단순과거를, 과거에 임시적이었던 사실이나 동작을 말할 때에는 과거진행형을 이용하자. 예문을 살짝 들여다 볼까?

💬 I **worked** for Chanel for ten years.

난 샤넬에서 10년 동안 일했어요.
(다소 오랜 기간 동안 일했고, 당시에는 영구적이고 안정적인 직장이었다는 인상을 주는 문장)

vs.

I **was working** for Chanel last year.

작년에는 샤넬에서 일하고 있었죠.
(다소 임시적인 직장이었다는 인상을 주는 문장)

똑같은 내용을 하나는 단순과거, 하나는 과거진행을 썼을 뿐인데, 이렇게 느낌이 다르다.

아선생님, 질문이요!
대체 어느 정도의 기간을 임시적으로,
또 어느 정도의 기간을 영구적으로 봐야 하나요?

이런 질문에 대해서 "10년을 기준점으로 잡으세요! 10년 이상 하지 않은 일에 대해서는 단순과거시제는 명함도 못 내밀어요"라고 말씀드리면 좋겠지만, 실상은 절대 그렇지가 않다. Again, 우리는 지금 언어를 공부하고 있지 수학이나 과학을 공부하는 것이 아니다. 그저, 말하는 사람이 그것이 영구적인 느낌인지 임시적인 느낌인지를 결정하는 것일 뿐. 그러니, 복잡하게 생각하지 말고, 똑같은 과거라도 단순과거를 썼을 때와 과거진행을 썼을 때 그 느낌이 다르다는 사실만 알면 된다. 이제 이 정도 하셨으니, 선수들끼리 더 이상 무슨 말이 필요하겠는가? 예문이 듬뿍 담긴 대화를 보면서 각각의 시제가 뿜어내는 향기를 느껴보자.

Amy   While I was living in London last year, I got love handles. You know, all those stereotypical British foods are so fatty.
Mandy You were living in London? What for?
Amy   Oh, didn't I tell you? I was working for a British company for two months there.
Mandy You flew all the way to London just to work for two months? You must have received a **fat check**[1] there.

Amy **Moneywise**[2], it wasn't worth it, but it was such a good opportunity for me. It widened my horizons as well as my belly.

1. fat check: 고액 수표
2. moneywise: 돈에 관해서는

Amy 작년에 내가 런던에서 잠시 사는 동안에 허리 군살이 붙었어. 너도 알다시피, 전형적인 영국 음식이 다 아주 기름지잖아.
Mandy 네가 런던에 살았었어? 무슨 일로?
Amy 내가 말 안 했어? 두 달 동안 거기서 한 영국 회사에서 일했었어.
Mandy 겨우 두 달 일하려고 런던까지나 날아갔었단 말이야? 거기서 월급을 많이 받았나 보구나.
Amy 돈만 생각하면, 그럴 만한 가치는 없었지만, 내게는 좋은 기회였어. 내 뱃살뿐만 아니라 내 시야까지도 넓혀 주었거든.

위의 대화에서 런던에서 살았던 것도, 그곳의 영국 회사에서 일했던 것도 모두 잠시 있었던 임시적인 일이었기 때문에 과거진행형을 쓰고 있다. 반면, 같은 영국에 살았더라도 다음의 대화는 사뭇 다르다.

While I was living in London, I watched a lot of musicals.

Sandy Do you believe in **reincarnation**[1]?

Tracy Well, I'm not a Buddhist or anything, but it kind of makes sense to me. Do you?

Sandy I really can't tell, but I met a Hindu monk the other day, and you know, the concept of reincarnation is the central belief in Hinduism. In any case, **he was like**[2], "You lived in England in your past life. You were the Queen there and worked very hard for the British **subjects**[3]."

Tracy Ah-ha, I got it! That's probably why you're teaching English as a subject now. Your mother tongue in your past life!

Sandy Stop pulling my leg! I don't believe what he said. Not in the least! I just thought it was absurd.

Tracy Then, do you think it's a **flat-out lie**[4]?

---

1. reincarnation: 환생
2. he was like: 뒤에 직접 인용문을 말할 때 '~가 이렇게 말했어'의 의미로 미국 학생들이 끝도 없이 써대는 문구임. she was like, Jack was like처럼 활용됨.
3. subjects: 백성들
4. flat-out lie: 새빨간 거짓말

Sandy 넌 환생을 믿어?
Tracy 글쎄, 난 불교신자도 뭣도 아니지만, 그게 말은 되는 것 같아. 넌?
Sandy 난 정말 모르겠는데, 며칠 전에 힌두교 승려를 만났거든. 너도 알다시피 환생 개념이 힌두교의 중심 교리잖아. 어쨌든, 그 사람이 "당신은 전생에 영국에 살았군요. 그곳의 여왕이었고 영국 백성들을 위해 매우 열심히 일했군요."라는 거야.
Tracy 아하, 이제 알겠다! 그래서 네가 지금 영어 과목을 가르치는 건가 봐. 네 전생의 모국어!
Sandy 놀리지 마! 난 그 사람 말 믿지 않아. 전혀! 그냥 터무니 없다고 생각했어.
Tracy 그렇다면, 넌 그게 새빨간 거짓말이라고 생각해?

Sandy   It could be. However, even though I didn't believe so, it made me feel good about myself. Do you think I should believe it?
Tracy   Suit yourself!

Sandy   그럴지도 모르지. 하지만, 내가 그렇게 믿지는 않는데도, 그 말 들으니까 나 자신에 대해서 좋은 느낌이 들더라고. 내가 그걸 믿어야 하는 걸까?
Tracy   네 마음대로 하세요!

아까 Amy와 Mandy의 대화와 달리 이번 대화에서는 영국에 '잠시' 살았다기보다는 전생이나마 한 생애에 걸쳐서 살았으니 임시적인 느낌의 과거진행형보다는 영구적인 느낌의 단순과거가 더 적합하다고 볼 수 있겠다.

단순현재시제가 현재의 습관(repeated actions/habitual actions in the present)을 나타내듯이 단순과거시제는 과거의 습관(repeated actions/habitual actions in the past)을 나타낼 때도 쓰인다. 어려울 것 하나도 없으니, 대화에서 살짝 엿보고 다음으로 넘어가자.

Jimmy   I drank two bottles of wine every day until I gave it up.
Patrick   Are you serious? So when did you quit drinking?
Jimmy   I didn't quit drinking. I just gave up drinking wine. These days, I drink two bottles of soju each day.

Jimmy   난 와인을 하루에 두 병씩 끊을 때까지 마셨어.
Patrick   정말이야? 그래서 언제 술을 끊었어?
Jimmy   술을 끊지는 않았어. 와인을 끊었을 뿐이지. 요즘은 매일 소주를 두 병씩 마셔.

Patrick   Man, you'd better watch out for liver problems. I **drank** three bottles of beer a day for many years, and I've suffered from **liver trouble**[1] recently.

1. liver trouble: 간장병

Patrick   간에 문제 생기지 않게 조심하는 게 좋을 거야. 내가 몇 년 동안 맥주를 하루에 세 병씩 마셨는데, 요즘 간장병으로 고생이야.

마지막으로, 과거시제를 가르칠 때 아선생이 빼먹지 않고 학생들에게 하는 조언이 있다. 바로 영어로도 얼마든지 예의 바를 수 있다, 과거형을 쓸 수만 있다면! 독자님께서는 영어에서 **과거형이 현재형보다 더 공손하게 들린다**는 사실을 아시는가? 그러니까, "I **wonder** if you **can** help me."보다는 "I **was wondering** if you **could** help me."가 more polite한 표현이라는 말씀! 다른 예로는, "**Do** you want me to close the door?"보다는 "**Did** you want me to close the door?"가 더 격식을 갖춘 표현이라 할 수 있겠다. 같은 이유로, **Will** you ~?보다는 **Would** you ~?가, **Can** you ~?보다는 **Could** you ~?가 더 공손하게 들린다. 이러한 뉘앙스의 차이를 하나하나 알아가는 것이 바로 독자님의 영어를 명품으로 만드는 길이다. 가방이나 구두만 명품이 있는 게 아니다! 어쨌든, 이건 그리 어려운 내용은 아니니 Sample 하나만 봐도 바로 알 수 있다.

Student Excuse me, Dr. Kennell. I'm applying to the master's program at FSU and was wondering if you could write a recommendation letter for me.

Professor When do you need it by?

Student The application deadline is November 1st, so please take your time.

Professor Okay! I'm going to state the facts just as they are, which means I am not going to **stretch the truth**[1].

Student Oh, absolutely, sir! I was also wondering if you could give me some advice on how to write this research paper.

Professor Oh, sure! Let's see where to start...

Student I was hoping that you could recommend some articles that might be helpful first. Could you do that for me?

Professor Good idea!

---

1. stretch the truth: 사실을 부풀려서 말하다.

학생	죄송한데, Kennell 교수님. 제가 FSU (Florida State University)의 석사 과정에 지원할 건데요, 교수님께서 추천서를 써 주실 수 있을까 해서요.
교수	언제까지 필요하죠?
학생	지원 서류 마감일이 11월 1일이니, 천천히 하셔도 됩니다.
교수	알았어요. 나는 사실을 있는 그대로만 적을 거예요. 다시 말해, 사실을 부풀려 말하지는 않을 거라는 말이에요.
학생	물론이죠, 교수님! 그리고 교수님께서 이 리서치 페이퍼를 어떻게 써야 하는지 조언도 좀 주실 수 있으신지요.
교수	오우, 물론이죠! 어디서부터 시작하지….
학생	우선 도움이 될 만한 글들을 추천해 주셨으면 합니다. 그렇게 해 주실 수 있으세요?
교수	좋은 생각이에요!

정말 샘플만 봐도 느낌이 팍 오지 않는가? 대화에서 이 학생이 지금 현재 궁금하고, 원하는 것에 대해 모두 과거형 동사를 쓴 것은 의도적인 결정이다. 왜냐? 한국 교수든, 미국 교수든, polite한 student를 좋아하니까! 이렇게 단순과거든, 과거진행이든 상관없이 앞에 나온 것 같은 문맥에서 과거시제는 해당 표현을 좀 더 공손하게 만드는 데에 일조한다는 사실, 꼭 기억하시라.

CHAPTER 6

과거의 과거(had p.p)와
과거의 미래(was going to)

**PAST PERFECT
VS.
FUTURE IN THE PAST**

이 장을 본격적으로 시작하기 전에 퀴즈 하나! 독자님께서 미국인 친구에게 다음과 같은 문장을 들었다. "Young-gu was going to jump off the building."(영구는 그 빌딩에서 뛰어내리려고 했어요.) 이때 영구는 어떻게 되었을까요? 정답은 영구 있~다! 아선생이 장담하건대, 영구는 멀쩡하게 살아 있다. 그 이유는 이 문장이 시사하는 바는 영구가 100% 그 빌딩에서 안 뛰어내렸다는 게 사실이기 때문! 왜냐하면, 문법적으로 이런 경우 뛰어내렸을 수가 없다. was/were going to는 실제로 일어나지 않은 '과거의 미래'를 나타내는 시제니까!

am/are/is going to가 현재의 미래를 나타내므로, was/were going to는 당연히 과거의 미래를 나타낸다. 이 '과거의 미래'라는 말이 애매모호해서 좀 더 명확하게 짚어 드리면, "과거에는 그렇게 계획했는데, 막상 현재가 되고 보니 그렇게 뜻대로 계획대로 일어나지 않은 일"을 나타낸다. 사실 우리네 인생 살다 보면 얼마나 이런 일들이 많은가? 이럴 땐, 가끔 어디 혼자서 훌쩍 떠났으면 좋겠네 하지 마시고 was/were going to를 써서 이렇게 저렇게 계획했는데, 그렇게 되지 않았다 하고 세계의 모든 친구들에게 영어로 하소연해 보자. 그러면, 한국이든, 미국이든, 북극이든, 남극이든, 사람 사는 곳이라면 어디나 다 그렇다는 것을 깨닫고 조금이나마 위로를 받으실 테니. 어쨌든 과거에 계획은 했지만, 그렇게 하지 못한 일을 말할 때 쓰이는 was/were going to를 이제 대화에서 조우해 볼까?

Mary　Where were you? I thought you **were going to** be there with me.

Erica　I **was going to**, but **something came up**[1] unexpectedly, and I couldn't make it. Did the interview go well?

Mary　Well, I **was going to** answer all his questions, but I had to **dodge some of them**[2].

Erica　Why? Did he **make a personal attack against you**[3]?

Mary　Oh, no. It's just that there were some sensitive questions, such as my views on hot political issues or my religious beliefs.

Erica　**You're justified in not answering**[4] such questions, and it's not like you shirked your responsibilities or something.

Mary   Thanks for understanding me.

Erica   Sure, I'm always on your side. Besides, it's **black and white**[5] to me.

1. something came up: 일이 생겼다
2. dodge a question: 질문에 대답을 회피하다
3. make a personal attack against ~: ~에게 인신공격을 하다
4. be justified in -ing: ~하는 건 당연한 처사다(정당한 이유가 있다)
5. black and white: 뭐가 옳고 그른지 뚜렷하게 보이는

Mary   어디 있었어? 난 네가 거기 나와 함께 있어 줄 줄 알았지.
Erica   그러려고 했는데, 갑자기 일이 생겨서 갈 수가 없었어. 인터뷰는 괜찮았어?
Mary   그 사람의 모든 질문에 대답할 생각이었는데, 몇몇 질문은 답변을 회피해야 했어.
Erica   왜? 너한테 그 사람이 인신공격이라도 했니?
Mary   아니, 그냥 예민한 질문이 좀 있었어. 민감한 정치적인 사안에 대한 내 의견이나 내 종교적 신념 같은 것들에 대해서 말이지.
Erica   네가 그런 질문에 대답을 회피하는 건 당연한 처사이고, 그건 책임을 회피하거나 하는 것도 아니야.
Mary   이해해 줘서 고마워.
Erica   당연히 그래야지! 난 언제나 네 편이야. 게다가, 이건 뭐가 옳고 그른지 분명한 사안이고.

독자님께서도 이미 아시다시피, Mary와 Erica의 대화에서 was/were going to를 쓴 모든 문장은 과거의 생각이나 계획일 뿐이지, 실제로 일어나지 않은 일들이다. 그래서 '과거 속의 미래'일 뿐인 것이다.

지금까지 과거의 미래를 공부했으니, 이제 과거의 과거도 파헤쳐 보자. 유식한 말로 '대과거'라고 불리는 "had + p.p"는 과거의 한 시점보다 더 과거에 일어난 일을 나타낸다. 쉽게 말해, 대과거는 과거에 일어난 두 가지 사건이나 행동에 관한 시간 관계를 명확히 해주는 시제라고 보면 된다. 그래서 이 시제는 혼자만 달랑 등장하지 않고, **주로 단순과거 시제와 함께 쓰여 두 가지 사건의 시간 관계를 이해할 수 있도록 도와준다.** 대화의 바다에 빠지기 전에, 우선 예문으로 준비 운동부터 해보자.

💬 Mozart **had** already **composed** plenty of piano pieces when he **turned** seven.

모차르트는 일곱 살이 되었을 때, 이미 많은 피아노 곡을 작곡한 상태였다고 해.

My great grandfather **had suffered** from lung cancer when he **passed** away.

내 증조부께서는 돌아가시기 전에 폐암으로 많이 고생하셨지.

I **realized** that I **had** already **bought** three Coach bags.

나는 이미 코치 가방을 세 개나 샀었다는 사실을 깨달았어.

모든 예문에서 두 가지 사건은 각각 단순과거(-ed)와 과거완료(had p.p)를 써서 그 둘의 시간 관계를 명확하게 보여 준다. 즉, 모차르트가 많은 피아노 곡을 작곡한 일은 그가 7살이 되기 전에 일어난 일이며, 증조부가 폐암으로 고생하신 사건은 당신께서 돌아가시기 전에 일어난 일! 그리고 코치 가방을 세 개나 산 것은 그 사실을 깨닫기 전에 한 일이다. 이제 대화의 바다로 빠져 보자.

Father　**I am so hungry that I could eat a horse!**[1]

Son　I thought you went to the pizza place with Tim.

Father　We did, but when we **arrived** there, it **had closed**. By the way, did you apply for the job you were constantly talking about?

Son　When I **tried** to apply online, the deadline **had** already **passed**.

Father　Wasn't the application deadline today? What did you do all day?

Son　I was just **surfing the Internet**[2].

Father　Bryan!

1. I am so hungry that I could eat a horse!: 배가 아주 고플 때 쓸 수 있는 표현으로 진짜로 말을 한 마리 먹겠다는 뜻은 아님.
2. surf the Internet: 인터넷 서핑을 하다

아버지   배가 고파서 죽겠다!
아들   저는 아버지가 Tim하고 그 피자 가게에 가신 줄 알았어요.
아버지   갔었지. 근데 우리가 도착했을 때 이미 문을 닫았더라고. 그건 그렇고, 네가 끊임없이 말해 왔던 그 일자리에 지원은 했니?
아들   제가 온라인으로 지원하려고 했을 때, 이미 마감시간이 지났더라고요.
아버지   지원 마감일이 오늘 아니었니? 하루 종일 뭐 했니?
아들   그냥 인터넷 서핑했어요.
아버지   Bryan!

대화가 너무 짧은 감이 없잖아 있고, 또 한국인에게는 다소 생경한 과거완료시제에 좀 더 익숙해지자는 의미에서 아선생이 보너스로 대화를 딱 하나만 더 제시해 드리겠다. 우선 보고 듣기 전에, 과거완료는 과거의 과거(past in the past/earlier past)를 나타내는 시제라는 사실을 다시 한번 상기하기 바란다.

Librarian 1 What's the matter with you? You look **ashen-faced**[1]!

Librarian 2 There was a theft in this library last night.

Librarian 1 Yup, I am aware of that. Someone came in through the window and took the most expensive computer here. When I first heard the news, I wondered who in the world had left the window open.

Librarian 2 That was me.

Librarian 1 Really? You must be kidding!

Librarian 2 I was the last person to leave the library last night and was supposed to close all the windows. However, I couldn't reach one of them. I was going to use the ladder in the closet, but it looked kind of **precarious**[2].

Librarian 1 I don't blame you. It's a **beaten-up**[3] old one.

Librarian 2 In any case, I thought I had already set the security alarm as I was leaving.

Librarian 1 Is it possible to set the alarm without closing all the windows?

Librarian 2 Of course not! Gosh, what was I thinking? And when I finally realized I hadn't done it, it was too late.

Librarian 1 Have you told your supervisor all about this?

Librarian 2 Not yet. I just couldn't. I know honesty is the best policy, but now I fear that it's too late.

Librarian 1 **Better late than never**[4].

1. ashen-faced: 얼굴이 사색인(잿빛 얼굴이니)
2. precarious: 위태로운
3. beaten-up: 낡아빠진; 닳아빠진 (= beat-up)
4. Better late than never.: 늦게라도 하는 것이 안 하는 것보다 낫다.

도서관 사서 1	대체 무슨 일이야? 너 얼굴이 사색이야.
도서관 사서 2	어젯밤 도서관에서 도난 사건이 있었어.
도서관 사서 1	그래, 나도 알고 있어. 누가 창문을 통해 안에 들어와서는 여기서 제일 비싼 컴퓨터를 가지고 갔다지. 난 처음에 그 소식 들었을 때, 대체 누가 창문을 열어 놓고 갔었는지 궁금했어.
도서관 사서 2	그게 바로 나야.
도서관 사서 1	정말? 너 지금 농담하는 거지?
도서관 사서 2	내가 어젯밤 도서관을 떠난 마지막 사람이었고 그래서 창문을 모두 닫아야 했어. 하지만, 창문 중 하나는 손이 닿지 않았어. 창고에 있는 사다리를 쓰려고 했는데, 사다리가 좀 위태로워 보이더라고.
도서관 사서 1	당연히 그럴 만 해. 그거 정말 낡아빠진 사다리야.
도서관 사서 2	어쨌든, 내가 도서관에서 나갈 때 경보 알람을 이미 작동시켜 놨다고 생각했어.
도서관 사서 1	창문을 모두 닫지 않은 상태에서 알람을 작동시키는 것이 가능해?
도서관 사서 2	물론 가능하지 않지! 대체 내가 뭘 생각하고 있었는지. 내가 결국 알람 작동시켜 놓지 않았다는 사실을 깨달았을 때에는 이미 너무 늦었어.
도서관 사서 1	네 상사한테 이거 다 이야기했어?
도서관 사서 2	아직 안 했어. 할 수가 없었어. 나도 정직이 최선의 방책이라는 걸 알지만, 너무 늦었을까 봐 겁이 나.
도서관 사서 1	늦게라도 하는 것이 안 하는 것보다는 낫겠지.

보시다시피, 대화에서 **날씬한 붉은색 동사**들은 단순과거, **통통한 붉은색 동사**들은 과거완료인데, 이 둘 중 어느 행동이나 사건이 먼저 일어난 일인가를 문맥에서 파악하는 일은 사실 어렵지 않다. It's really a no-brainer! 다만 독자님께서 생활 회화를 하면서 순간순간 구체적으로 주어진 문맥에서 자신만의 문장으로 말할 때, 정확한 과거완료형 동사구를 만들어 내는 것은 다소 까다로울 수 있다. 하지만, 이렇게 꼼꼼하게 짚어가면서 공부한 내용은 조금만 조심하면 지켜질 수 있는 문법 사항이니 어렵다고 생각 말고, 연습하여 광명 찾자!

잠깐, 그런데 여기서 주의할 점은 설사 과거의 과거에 일어난 일이라 하더라도, 다시 말해 과거 할아비가 와도 after, as soon as 등의 접속사가 함께 할 때에는 과거완료를 쓸 필요가 없다는 사실이다. 그것은 after와 as soon as가 과거의 두 사건 중 어떤 일이 먼저 일어났는지 그 시간 관계를 명확히 해주기 때문에 굳이 과거완료를 쓸 필요가 없기 때문이다. 아 선생말이 이해가 안 가는 독자님은 더 이상 깊게 생각하지 말고, (Don't think too much about it!) 그냥 예문에서 느껴 보자. (Just feel it!)

💬 I arrived there after she left.

나는 그녀가 떠난 후에 그곳에 도착했어요.

She realized she was mistaken about the time as soon as she got there.

그녀는 그곳에 도착하자마자 자신이 시간을 잘못 알고 있었다는 사실을 깨달았죠.

첫 번째 문장에서 she left가 먼저 일어난 일인지, I arrived there가 먼저 일어난 일인지는 하늘이 알고 땅이 알고 독자님도 아는 사실! 이렇게 after가 버젓이 나서서 이 두 사건의 시간 관계를 명확히 해주는데, 오버해서 굳이 after she had left라고 말할 필요가 없다는 말씀! 두 번째 문장도 마찬가지로 as soon as가 나서서 she got there가 She realized she was mistaken about the time보다 먼저 일어난 일임을 확실하게 보여주고 있기 때문에 굳이 과거완료를 쓰지 않아도 된다. 대화에서 살아 있는 문맥과 함께 이를 확인해 보자.

MP3-06_04

Aaron   Hey, how's it going? My name is Aaron.
Dylan   Hello, I'm Dylan. The groom's friend.
Aaron   Nice to meet you! So, how do you know the groom?
Dylan   Oh, we went to college together.
Aaron   Then, did you also go to the University of Hawaii?
Dylan   Yes, I did. I studied archeology there.
Aaron   What a coincidence![1] I happen to be an archeology major at UH[2] now.
Dylan   How cool! Is Dr. Nakamura still there? She was my supervisor when I was a Master's student.
Aaron   No, she retired as soon as I started the program. My supervisor is Dr. Do-jun Kim.
Dylan   Dr. Kim? There was no Korean professor at that

time. I suppose he got hired after I graduated.

Aaron　Yes, he started teaching in 2005, and now he's a tenured professor. He published a book last year, and it was a howling success!³

Dylan　I don't remember the title of the book, but are you talking about the archeology book that was written for both professionals and laymen⁴?

Aaron　Yes, that might be it. The title is "I Went There After They Died!"

Dylan　Right! That's it! Uh-oh, I should get going now. They seem to need my help. In any case, nice meeting you!

Aaron　Nice to meet you, too.

1. What a coincidence!: 이런 우연의 일치가!
2. UH: University of Hawaii
3. howling success: 엄청난 성공
4. layman: (특정 분야에 대한) 비전문가; (종교) 평신도 (복수형: laymen)

Aaron　저기, 안녕하세요? 전 Aaron입니다.
Dylan　안녕하세요, 저는 Dylan입니다. 신랑 친구예요.
Aaron　만나서 반갑습니다. 신랑이랑은 어떻게 아세요?
Dylan　대학을 같이 다녔어요.
Aaron　그렇다면, 그쪽도 하와이 주립대에 다녔어요?
Dylan　네, 거기서 고고학을 공부했어요.
Aaron　이런 우연이! 저도 하와이 주립대에서 지금 고고학을 전공하고 있거든요.
Dylan　좋네요! 나카무라 교수님 아직도 거기 계세요? 그분이 저 석사 과정 학생일 때 제 담당 교수님이셨거든요.
Aaron　아뇨, 제가 그 과정 시작하자마자 그분은 퇴직하셨죠. 제 담당 교수님은 김도준 교수님이세요.
Dylan　김 교수님이시라? 그때는 한국인 교수님이 안 계셨는데. 제가 졸업한 후에 그분이 임용되셨나 봐요.
Aaron　네, 그분이 2005년에 가르치기 시작하셨는데, 지금은 종신 교수님이세요. 작년에 책을 한 권 내셨는데, 엄청난 성공이었죠.
Dylan　제가 그 책 제목은 생각이 안 나는데, 전문가와 비전문가 모두를 위해 쓰인 고고학 책 맞지요?
Aaron　네, 아마 그 책이 맞을 거예요. 제목은 "나는 그들이 죽은 후에 거기에 갔다!"예요.
Dylan　맞아요. 그 책이에요! 그런데 제가 지금 가 봐야겠어요. 사람들이 제 도움이 필요한 것 같아요. 어쨌든, 만나서 반가웠어요!
Aaron　저도요!

PAST PERFECT VS. FUTURE IN THE PAST

> 아선생님, 질문이요!
> 방금 들은 대화에서 Dylan이 처음에는
> "Nice to meet you."라고 했다가
> 나중에 헤어질 때에는 "Nice meeting you."라고 하는데,
> 이 둘은 똑같은 건가요?
> 혹시 차이점이 있다면 무엇인가요?

이 장의 주제인 과거완료시제와는 전혀 상관없는 질문이지만, 그래도 좋은 질문이다. 이 질문에 대한 답은 이 책 1권 〈Chapter 9. 'To be' or 'Being', that's the question!(부정사와 동명사)〉에서 배운 공식을 적용해 보면 쉽게 알 수 있다. 그때 배웠던 공식을 한 마디로 요약해 보면, 부정사는 미래의 의미를, 동명사는 과거 혹은 현재의 의미를 나타낸다는 사실인데, 그리하여 대부분의 미국인들이 처음에 보자마자는, "Nice to meet you!"(만나 뵙게 되어서 반갑습니다!), 나중에 헤어질 때에는 "Nice meeting you."(만나서 반가웠습니다!)라고 하는 것이다. 그런데 사실 "Nice to meet you."는 이 두 경우 모두 다 써도 무방하므로, 정 헷갈리시는 분들은 앞으로 "Nice to meet you."만 쓰기를.

그나저나 과거완료시제가 나온 김에 과거완료진행형(had been -ing)도 함께 곁들여 보자. 과거완료진행형은 시간상으로는 과거완료와 똑같지만 aspect(相: 동작의 완료나 진행 등을 보여주는 동사의 상)에서 차이를 보인다. 이거 이거, 문법의 지식적인 측면보다 Grammar-in-Use를 언제나 강조해 왔던 아선생이 중국 글자까지 등장시키면서 문법 용어 해설을 하다니, 팬스레 막장 드라마 작가가 된 기분이 든다. 그렇지만, 막장도 막장 나름! 영어의 시제를 공부할 때 이 aspect의 개념을 이해하는 것은 '시제-in-Context'를 이해하는 지름길이다. 고급 영문

법 클래스에서 영어의 시제를 가르칠 때, 미국 강사들은 그 시제가 나타내는 절대적인 시간(time)보다는 바로 이 aspect에 더 중점을 둔다. aspect는 쉽게 말해, 그 동작의 상태를 말한다. 이를 테면, 동작이 완료가 된 상태인지, 여전히 진행되고 있는 상태인지, 이미 시작조차 되지 않은 상태인지 등을 칭하는 용어라는 말이다. 그래서 해당 시제의 aspect를 이해하면 전체적인 문맥을 이해하는 데에 아주 큰 도움이 된다. 결론은, 과거완료진행형은 과거완료와 시간적으로는 똑같다고 볼 수 있지만, 그 다음 사건·동작이 일어났을 때까지도 계속 진행·지속되고 있었다는 aspect를 가지고 있는 시제다. 그러니, **해당 동작의 '지속성'을 강조하고 싶을 때, 과거완료진행형을 쓰면 된다.** Aspect니, 相이니 하는 문법 용어도 싫고, 주저리주저리 긴 문법 설명은 더 싫은 분들은 더 이상 스트레스 받을 필요 없다. 그저 다음의 예문을 보면서, "아, 그 말이 이 말이었어?"하고 넘어가면 된다.

💬 I **had been waiting** for my mom in front of the house for five hours when she finally **appeared** with the keys▸.
마침내 엄마가 열쇠 들고 나타나실 때까지 난 다섯 시간 동안 집 앞에서 엄마를 계속 기다리고 있었다.

일단 과거완료와 마찬가지로 과거완료진행형도 "과거의 과거"를 나타내므로 여기서 "I **had been waiting** for my mom"이 "she finally **appeared**"보다 먼저 일어난 동작이라는 사실부터 주지해 주자. 그런 다음, 왜 이 사람이 과거완료 대신에 군이 과거완료진행형을 썼는지 생각해 보면 (힌트: 정답은 〈Chapter 4〉에서 이미 다루었던 현재완료와 현재완료진행의 차이에 나와 있다.) 그렇다! 바로 내가 5시간 동안이나 쭉 기다린 사실 즉, 해당 동작이 오래도록 지속되었다는 사실을 강조하기 위해 군이 과거완료진행형을 선택한 것이다! 솔직히 열쇠도 없는데 사람

▸ 대부분의 경우 네이티브 스피커들은 key를 복수형(keys)으로 쓴다. 그 이유는 보통 열쇠를 하나만 가지고 다니기보다는 집 열쇠, 사무실 열쇠, 자동차 열쇠 등을 열쇠고리로 연결한 꾸러미로 함께 들고 다니기 때문이 아닐까 하고 아선생은 추론해 본다.

을 5시간 동안 기다리게 한 엄마가 얄미우니까, 그 5시간 동안 지속된 기다림을 강조하고 또 강조하고 싶은 마음, 겪어본 사람은 알 것이다. 이럴 땐, 과거완료진행형을 쓰며 마음을 달래 보자! 그럼, 그 이름부터 우리를 압도했던 과거완료진행형을 이제 대화에서 만나 볼까?

Alexandra	Your pronunciation is beautiful! How long have you lived in the United States?
Eun-young	Oh, thanks. It's been about two and a half years.
Alexandra	Is that it? How long **had** you **been studying** English before you **came** here?
Eun-young	I started taking English classes at the age of 14, so about 13 years… and I **had been working** with American people in my country before I **moved** here.
Alexandra	Still, it **blows me away**[1]. In any case, no matter how good your English is, it must have been a life-changing decision to study abroad.
Eun-young	Yes, it surely was a life-changing decision. Besides, I **had been dating** my Prince Charming for three years when I **got** admitted to this school. Since he didn't want me to leave the country, I **was torn between getting married to him and studying**[2] in the U.S.
Alexandra	You made the right decision. I believe it's very important for a woman to **be her own person**[3] before getting married.

1. blow someone away: ~에게 깊은 인상을 주다
2. be torn between A and B: A와 B 사이에서 망설이다
3. be one's own person: 다른 어떤 사람의 영향도 받지 않는 독립적인 인격체가 되다

Alexandra 너 발음이 정말 좋다! 미국에 산지 얼마나 됐어?
은영 고마워. 한 2년 반쯤 됐어.
Alexandra 그게 다야? 여기 오기 전에 얼마나 오랫동안 영어를 공부했었니?
은영 내 나이 14살에 영어 수업을 듣기 시작했으니까, 아마 13년쯤? 그리고 여기 오기 까지 우리나라에서 미국인들이랑 계속 함께 일했어.
Alexandra 그래도 여전히 인상적이야. 어쨌든, 아무리 네가 영어를 잘한다고 해도, 외국에서 공부한다는 건 틀림없이 아주 큰 결정이었을 것 같은데?
은영 맞아, 그건 정말 인생을 바꿀 만한 결정이었어. 게다가, 내가 이 학교 입학 허가를 받았을 당시에 완벽한 남자친구와 3년째 사귀던 중이었거든. 그 사람은 내가 외국에 가기를 원치 않았기 때문에, 난 그와 결혼을 할지, 미국으로 유학을 와야 할지 사이에서 심하게 갈등했어.
Alexandra 넌 옳은 결정을 한 거야. 난 여성이 결혼하기 전에 먼저 자기 자신을 찾아야 하는 게 중요하다고 생각해.

이렇게 과거완료든 과거완료진행형이든 단순과거와 함께 쓰여 '과거의 과거'(past in the past/earlier past)를 나타내기 때문에, 대화에서 보셨다시피 when, before, already 등의 시간 표현과 자주 함께 쓴다. 이밖에도 과거완료시제와 함께 쓰이는 시간 표현에는 still, yet, already, never 등이 있다. 단순과거, 과거진행, 과거완료, 과거완료진행, 과거의 미래, 휴~ 이제 더 이상 과거는 묻지 마세요.

쉬어 가는 페이지 3

아선생의
영어 공부에 도움이 되는
외국어 습득이론 3:

지하철을 갈아타는 건 쉬운데, 언어를 갈아타는 건 어려워요.

행동주의가 저물고 언어 교육계에 새로운 이론들이 새바람을 일으킴에도 불구하고 여전히 많은 관심의 대상이 되는 것은 학습자의 모국어가 외국어 습득에 미치는 영향이다. 행동주의와는 별개로, 학습자가 외국어를 습득할 때 그의 모국어가 영향을 끼친다는 사실은 아무리 부정하려야 부정할 수가 없다. 우리나라에서는 한국어가 영어를 할 때 미치는 모든 영향을 주로 "콩글리시"라고 표현하며 부정적인 관점에서만 보려 하지만, 어떤 학자들은 모국어가 외국어 공부에 미치는 영향이 항상 부정적이기만 한 것은 아니라고 주장한다. 왜, 요즘 한국에서도 국어를 잘해야 영어도 잘한다고 주장하는 분들이 많이 계시지 않은가?

어쨌거나, 부정적이든 긍정적이든 학습자의 모국어가 외국어 공부에 미치는 영향들을 모두 통틀어 이 바닥에서는 transfer라고 부른다. 지하철 환승역에서 자주 듣는 단어인 동사 transfer는 '갈아타다'라는 뜻인데, 학계에서 이는 "한 언어에서 다른 언어로 여과 없이 말 그대로 직역하는 현상"을 통칭하는 용어다. 예를 들어, 한국어가 우리가 말하는 영어에 미치는 영향을 모두 통틀어 지칭하는 표현이 바로 transfer이다. 많은 학자들이 이 transfer 현상을 이렇게도 저렇게도 분류했는데, 아선생이 보기에 Ellis(1994)가 가장 깔끔, 명료하게 크게 네 타입으로 정리했다. PositiveTransfer(모국어의 긍정적인 영향), Errors(모국어의 부정적인 영향), Over-use(한 가지 표현의 과도한 사용), Avoidance(사용의 회피). 지금부터는 이들을 하나씩 파헤쳐 보면서 우리의 한국어가 영어를 할 때 어떤 영향을 끼치는지 살펴보자.

Positive Transfer(모국어의 긍정적인 영향)란 말 그대로 우리의 모국어 실력이 영어 공부에 긍정적인 영향을 끼치는 현상을 말한다. 우리가 한국어를 영어로 여과없이 직역을 해도 완벽한 영어가 될 때, 그것이 바로 positive transfer! 그런데 과연 우리의 한국어 실력이 이렇게 영어에 도움이 될 때도 있는 것일까? 물론 있다! 쉬운 예로, 한국어에서는 언제나 수식어를 피수식어 앞에 둔다. 예를 들어, 무시무시한 선생님, 아름다운 여자, 맛있는 피자처럼 말이다. 그런데 다행히 영어에서도 형용사와 명사가 결합할 경우, 이 점은 우리와 똑같아서 이들을 그대로 직역해도 정확한 영어 표현이 된다. scary teacher, beautiful woman, delicious pizza! 와우, 영어가 된다! 심봤다! 이거 한국어에서 살짝 transfer만 했을 뿐인데도 이렇게 영어다운 영어가 탄생된다. 혹자는 물을 것이다. "영어! 이렇게만 된다면, 바다에 빠지지 않고도 잘할 수 있을 것 같아요! 그런데, 형용사가 명사를 뒤에서 수식하는 언어도 있나요?" 그 대답은, Yes! 스페인어의 경우가 그러하여, 아선생이 가르쳤던 많은 라틴계 학생들이 이 부분에서 명사와 형용사의 순서를 바꾸어 말하곤 한다. 그리하여 스페인어를 모국어로 쓰는 학생을 대상으로 형용사 관련 수업을 할 때면, 아선생은 이 부분을 집중 공략해야 한다. 어쨌거나 한국어와 영어를 비교하여 구조적으로 이렇게 일치하는 부분이 있으면 알아두는 것 또한 도움이 될 것이다. 최소한 이 부분에 있어서 만큼은 마음 놓고 편하게 직역을 해도 문제가 없다는 사실을 안다는 건, 밥 안 먹어도 든든한 일이다.

하지만 안타깝게도, 이러한 현상은 우리가 일본어를 배울 때에는 두드러지지만, 영어를 배울 때는 가뭄에 콩 나듯 한다. 1975년도에 행해진 하버드 대학의 연구 결과 (Cancino, Rosansky, & Schumann, 1975) 또한 외국어 학습 시 모국어의 긍정적인 효과는 결국 해당 외국어와 모국어가 얼마나 근접해 있느냐와 깊은 관계가 있음을 명백하게 보여준다. 혹시나 했지만, 역시나 이 Positive Transfer 효과에 의존하기에는 영어와 한국어가 서로 가까이 하기엔 너무 먼 당신인 듯하다.

Positive Transfer와 반대로 Negative Transfer ▶ (모국어의 부정적인 영향)란 우리가 영어를 공부할 때, 우리의 모국어가 영어에 부정적인 영향을 미치는 현상들을 통칭해서 말한다. 한국어를 영어로 그대로 직역해서 썼을 때 말이 안 되는 것들이 그 대표적인 예니, "영어로 말했는데도 미국 사람이 못 알아듣더라. 알고 보니 콩글리시였네?" 하는 것들은 전부 다 부정적인 영향(에러)이라고 보면 된다. 뭐, 콩글리시의 예는 아선생이 굳이 언급하지 않아도 독자님이 많이 알고 계시겠으나, 그래도 예의상 몇 가지만 언급하고 넘어가자면 다음과 같다. 한국 학생들이 '수업을 듣다'라는 표현을 쓸 때, 동사 listen을 쓰는 경우가 종종 있는데, 이 경우, 영어에서는 일반적으로 take를 써야 옳다. 즉, "I listen to his class."가 아니라, "I take his class."가 맞다.● 당연히, 한국어의 '수업을 듣다'라는 말을 직역해서 생긴 에러다. 마찬가지로, 약을 먹다라는 표현 또한 eat medicine이 아니라 동사 take를 써서 take medicine, take a pill, take vitamins 등이 맞는 표현이다. 이 또한

▶ 학계에서는 주로 이를 "Errors: 에러"라고 부른다.
● "listen to his class"는 라디오에서 나오는 수업을 말 그대로 '듣는다'라는 문맥에 한해서만 사용 가능한 표현이다.

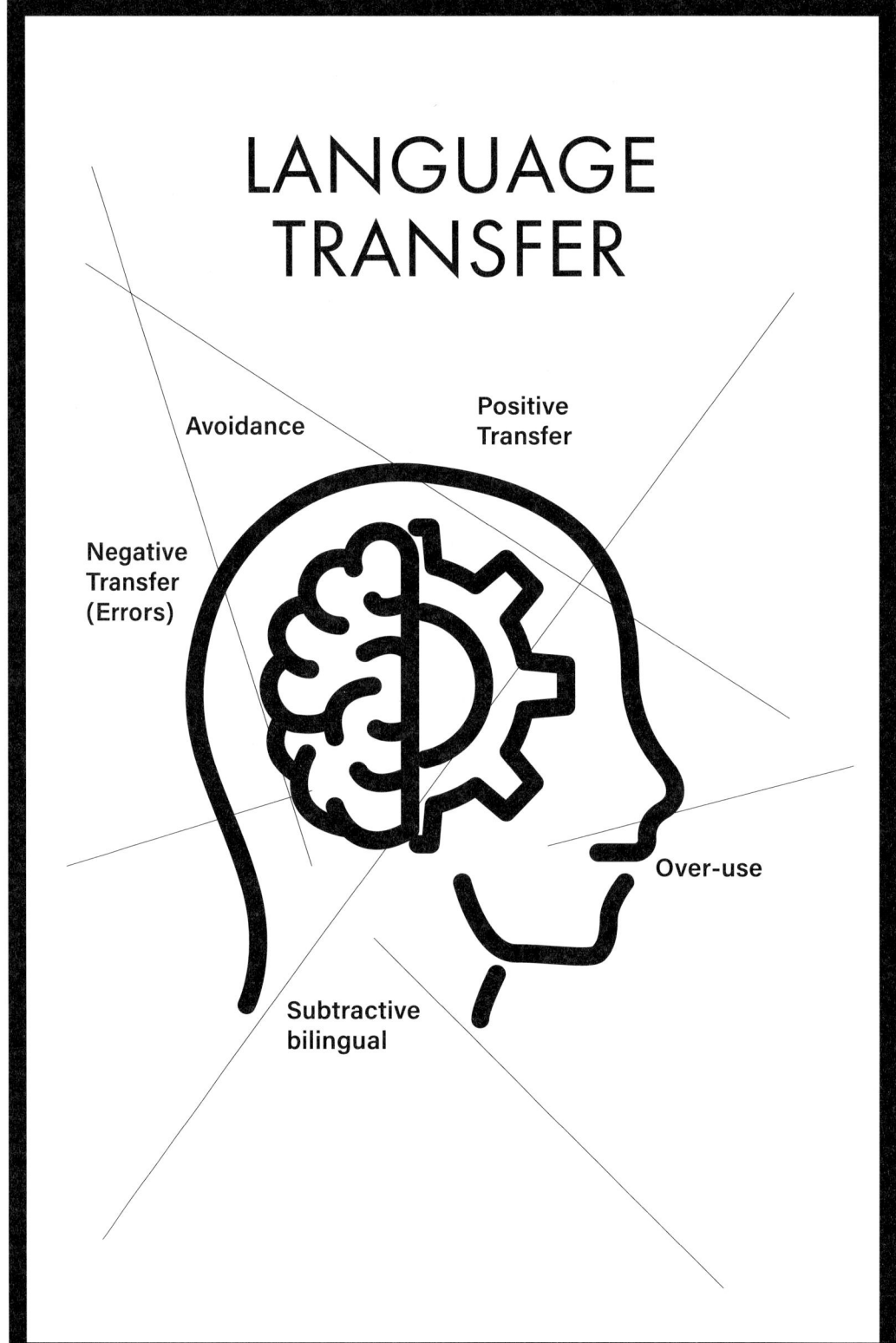

한국어를 여과 없이 바로 직역하여 생긴 에러다. 좀 더 극단적인 케이스를 보여 드리면, 한 한국 유학생이 미국 교수님께 "My grandmother is doing today tomorrow today tomorrow."(우리 할머니께서 오늘 내일 오늘 내일 하세요)라고 했다는데 맹세코, 아선생이 오버하는 게 아니다. 아선생이 인터넷에서 읽은 실화다.

이거 한국 사람의 에러만 지적하다 보니, 괜스레 우리만 손해 보는 느낌이 들어, 거꾸로 미국인이 한국어를 사용할 때 생길 수 있는 Negative Transfer(부정적인 영향 - 에러)의 예도 살펴보자. 아선생의 남편은 재미교포 1.5세인데 5살이라는 어린 나이에 미국에 와서(혹은 내 남편의 경우를 1.7세라고 칭하더라) 그의 외국어(영어) 실력이 그의 모국어(한국어) 실력을 한껏 따라 잡은 Subtractive bilingual의 전형이다. Subtractive bilingual이란 외국어 실력(second language ability)이 모국어 실력(first language ability)을 따라 잡다 못해 모국어 능력까지 부분적으로 잃어버리게 되는 케이스인데, 그러다 보니 남편의 경우, 우리와는 반대로 영어가 그가 쓰는 한국어에 영향을 준다. 일례로, 어느 날 비행기를 타고 가던 중 남편이 "(스튜어디스에게) 물을 물어볼까?"라는 말을 했다. 오잉? 물을 물어보다니? 이는 영어의 ask for water를 직역해서 생긴 에러인데, 이때 자연스러운 한국어 표현은 물론 "물을 달라고 할까?"가 된다. <Chapter 2>에서 배운 바와 같이, 영어의 ask라는 동사는 '질문을 물어보다'라는 뜻 외에 '~을 청하거나 요구하다'라는 의미로도 사용되는데, 남편이 한국어의 동사 '물어보다'를 영어의 ask와 똑같은 기능으로 보고 여과 없이 바로 직역해서 생긴 에러라고 볼 수 있다. 이처럼 영어와 한국어는 둘이 서로 너무나 다른 언어이기 때문에, 우리는 이러한 에러를 우리의 언어 시스템 속에 키우지 않도록 영어 공부할 때 표현 하나 하나에 좀 더 민감해질 필요가 있다.

결국, Negative Transfer(에러) 현상을 통해 아선생이 하고픈 말은, 한국어를 영어로 바로 직역하는 습관이 얼마나 위험한가 하는 사실이다. 바로 이러한 이유 때문에, 미국 대학의 영어(ESL) 강사들은 가장 초급반을 제외한 모든 학생들에게 영영사전을 사용할 것을 강력히 권한다. 영어를 할 때면 영어로 생각하고 영어로 사고하는 습관을 가지도록 하는 것이 Negative Transfer(에러)를 방지하기 위한 제일의 방법이라는 동료들의 주장에 아선생도 100% 동의한다.

이렇게 모국어가 외국어 학습에 미치는 영향이 활발하게 연구되면서 이 분야의 학자들은 Positive Transfer(긍정적인 영향)와 Negative Transfer(Errors-에러) 외에도 두 가지 새로운 개념을 추가했는데, 바로 Over-use(과도한 사용)와 Avoidance(사용 기피)이다. 이 두 개념의 이해를 돕기 위해 이 분야를 집중 연구했던 학자들의 말을 잠시 들어보자.

… when two languages share rules that are at least superficially similar, the learner will assume congruence and attempt to use that structure more frequently than a learner who recognizes superficial differences and thus in her terms "avoids" the structure… (Dechert & Raupauch, 1989, p.22)

… 외국어 학습자는 자신의 모국어와 표면상 비슷한 구조를 가진 외국어 표현의 경우, 모국어와 일치한다고 가정하여 그 표현을 좀 더 자주 쓰는 경향을 보이게 된다. 반면, 학습자가 모국어와 표면상 다른 구조를 가진 표현의 경우, 사용을 기피하는 현상을 보이게 된다…. (Dechert & Raupauch, 1989, p.22)

결론은 우리의 경우를 보자면, 한국어와 크게 다르지 않은 구조를 가진 영어 표현이나 문법은 지나치게 많이 쓰게 되고, 한국어와 전혀 다른 구조를 가진 영어 표현이나 문법은 기피하게 된다는 말이다. 한국인의 경우, 한국어에 없는 완료시제나(특히 과거완료) 수동태 등을 무척이나 기피하며 잘 쓰지 않는 경향이 그 대표적인 예라고 볼 수 있다. 그러한 시제나 형태를 꼭 써야 하는 상황에서조차도 기피하고 안 써 버리니, 이거 심각한 사회 문제 아니 영어 문제다.

그렇다면 이 모든 language transfer 이론을 우리가 영어 공부를 할 때 어떻게 적용해야 할까? 영어가 우리의 외국어인 이상, 영어 실력은 절대로 그냥, 저절로 향상되는 게 아니다. 미국에 오래 살아도 영어가 안 되는 수많은 사람들은 바보라서 그런 게 아니다. 대부분의 사람들이 자신의 영어 실력이 일정 수준 이상이 되면 더 이상 노력을 하지 않기 때문에 그렇다. 그리고 많은 사람들이 생각하는 그 일정 수준이 '의사소통이 가능한 시점'을 말하는 것 같은데, 솔직히 이 시점까지는 미국에서 살면 크게 노력하지 않아도 누구나 어느 정도 가능해진다. 그러나 발음은 둘째 치고라도 문법이나 표현상 고급영어까지 도달하기 힘든 이유는, 그 수준에서 만족하고 더 이상 자신이 쓰는 영어에 신경을 쓰지 않기 때문이다. 그런데 아선생이 '노력'하라는 말을 하면 많은 학생들은 이 말의 의미를 오해해서 받아들이는 것 같다. 책만 보고 새로운 단어만 외우는 것이 그 노력의 전부가 아니다. 어느 정도 유창함(Fluency)이 갖추어졌을 때, 그리고 미국인과의 의사소통이 가능해졌을 때, 그때부터는 더욱 더 열심히 자신의 영어를 모니터 해야 한다.▶ 왜냐하면, 이때부터야말로 잘못된 영어 표현이 당신의 언어 체계에서 화석화되기 더 쉽기 때문이다.● 그리고 모니터를 할 때 반드시 점검해야 하는 사항 중 하나가 바로 학습자 자신의 Language Transfer 현상들이다. 모니터할 때, Language Transfer 현상과 관련해서 학습자 스스로에게 질문해야 하는 구체적인 사항을 친절한 아선생이 체크리스트로 정리해 보았다.

▶ 이 책 시리즈 1권 <아선생의 영어 공부에 도움이 되는 외국어 습득이론 4: 정확한 문법 사용의 비결은 바로 모니터!> 참고.
● 이 책의 <아선생의 영어 공부에 도움이 되는 외국어 습득이론 1: 모니터를 안 하면서 영어 공부를 하면 어떤 일이 벌어질까? (화석화 현상: Fossilization)> 참고.

1. Positive Transfer(모국어의 긍정적인 영향) & Errors(모국어의 부정적인 영향)

- 내가 쓰는 표현이 영어다운 표현일까?
- 혹시 한국어를 직역한 데서 온 에러는 아닐까?
- 만일 에러라면 이에 해당하는 적절한 영어 표현은 무엇일까?

2. Over-use(한 가지 표현이나 문법의 과도한 사용)

- 내가 혹시 한 가지 표현 혹은 문법 구조만을 지나치게 사용하는 건 아닐까?
- 그렇다면, 같은 (혹은 비슷한) 의미를 가진 다른 표현에는 어떤 것들이 있을까?

3. Avoidance(사용의 회피)

- 특정 시제나 문법 구조(예: 완료시제, 수동태)는 까다로워서 내가 일부러 말하기를 기피하는 것은 아닐까?
- 그렇다면 이러한 문법 구조를 꼭 써야 하는 상황에는 어떤 것들이 있을까?

귀찮아도 이러한 것을 끊임없이 체크해 나가려는 하나 하나의 노력이 결국 학습자의 영어를 고급으로 만들어주느냐, 아니면 그저 의사소통이 가능한 수준에만 머물러있게 하느냐를 결정짓는 것이다. 아선생 왈, "영어 잘하는 사람은 영어 잘하는 사람으로 태어나는 것이 아니라, 영어 잘하는 사람으로 만들어지는 것이다!"◆

◆ 시몬느 드 보부아르가 한 말 "여자는 여자로 태어나는 것이 아니라, 여자로 만들어지는 것이다."를 아선생이 응용해 봤다. 비록 어설픈 패러디지만, 쑥덕같이 말해도 찰떡같이 알아듣는 우리 독자님을 믿어 본다.

CHAPTER 7

WILL 대 BE GOING TO

WILL VS. BE GOING TO

이제 더 이상 과거에만 얽매이지 말고, 이번 장부터는 미래지향적으로 생각해 보자. 그런데 영어로는 미래지향적인 사람이 되는 것조차도 쉬운 일이 아니다. 영어에 미래시제가 어디 한둘이어야 말이지. 게다가 단순현재나 현재진행형 같이 미래대용시제(태생은 미래시제가 아니지만, 미래시제로 쓰이는 시제)까지. 휴… 이렇게 시작부터 어깨가 무거워지고 한숨만 나올 때에는 이 모든 미래를 말하는 시제를 문법으로 만나지 말고, 회화에서 하나씩 차례로 만나 보자. 그러다 보면 문맥과 함께 자연스레 그 사용법이 습득된다는 말씀! 그럼, 일단 만만한 단순미래시제부터 접수해 보자.

다짜고짜 만만하다고 단순미래부터 보자고 했더니, 두 녀석이 나왔다. Will 그리고 Be going to. 이 둘을 심심풀이 오징어와 땅콩처럼 막 섞어서 기분 내키는 대로 언제 어디에서고 아무거나 집어 먹을 수 있다면 참으로 좋으련만, 그럴 수 없는 경우가 여기저기 함정처럼 도사리고 있으니 이것도 쉬운 일이 아니다. 그나마 불행 중 다행은, 이 둘 중 아무거나 써도 상관없는 경우가 훨씬 더 많으니 일단 그것부터 처리해서 85% 정도의 안전망이라도 확보해 놓자. 다음의 Isabel과 Zion의 대화에서 모든 will과 be going to는 아무거나 써도 그 밥에 그 나물이다.

Isabel   Have you heard about the news?
Zion   What news?
Isabel   According to CNN, the Arizona state government has banned ethnic studies in public schools because it causes resentment towards white people.
Zion   What? Have they lost their minds? So they're **not going to** teach African American history including the civil rights movement?
Isabel   Yeah, that's what I understand.
Zion   I have to do some research before forming my opinion, but their claims don't add up to me. Not in the least!
Isabel   We're on the same page… but you know what? I don't think the federal government **will** just **sit back and watch**.[1] They're **going to** take action about it sometime very soon.
Zion   Oh, absolutely! What Arizona is doing right now

	is totally against the American Spirit.
Isabel	I couldn't agree with you more about that. By the way, isn't Arizona the state where John McCain used to be a senator?
Zion	Yup.
Isabel	(**heaving a sigh of relief**[2]) Whew~
Zion	Are you giving a sigh of relief now?

1. sit back and watch: 좌시하다
2. give/heave a sigh of relief: 안도의 한숨을 쉬다

Isabel	그 뉴스 들었어?
Zion	무슨 뉴스?
Isabel	CNN에 따르면, 애리조나 주 정부가 공립학교에서 민족학 수업을 금지시켰다네. 그게 백인들에 대한 증오감을 불러일으킨다는 이유로 말이지.
Zion	뭐라고? 그 사람들 지금 제정신이야? 그래서 민권 운동을 포함한 미국 흑인들의 역사도 안 가르치겠네?
Isabel	그래, 내가 이해하기로는 그래.
Zion	내 의견을 수립하기 전에 좀 더 공부를 해 봐야 하겠지만, 그 사람들의 주장이 내게는 말이 안 돼. 전혀!
Isabel	나도 동의해. 그런데 그거 아니? 내 생각에는 연방정부가 그냥 좌시하지는 않을 거야. 거기에 대해서 빠른 시일 내에 뭔가 조치를 취할 거야.
Zion	당연히 그래야지! 애리조나가 지금 하고 있는 일은 미국 정신에 반하는 거야.
Isabel	거기에 대해서 완전 동의해! 그건 그렇고, 애리조나가 John McCain이 상원의원으로 있었던 주 아냐?
Zion	맞아.
Isabel	(안도의 한숨을 내쉬며) 휴~
Zion	너 지금 안도의 한숨을 내쉬는 거니?

예리하신 분들은 눈치채셨겠지만, Isabel과 Zion의 대화에서 will과 be going to가 쓰인 모든 문장은 이들의 예상일 뿐이다. 이렇게 미래에 어떤 일이 일어날지에 대해서 **화자가 예측/예상할 때(make a prediction)** 에는 will과 be going to는 interchangeable(아무거나 쓰세)! 그리고 다행히도 생활 회화에서 단순미래시제가 쓰이는 대부분의 문맥이 이처럼 화자의 예측, 예상을 말하는 것이기 때문에, will이든 be going to든 아

무 손님이나 받는 경우가 많다. 그래서 일기예보를 들어보면 will과 be going to가 사이좋게 골고루 등장해 주신다.

그럼, 이와는 달리 will만 받겠다거나, 혹은 be going to만 받겠다는 까다로운 문맥에는 대체 어떤 것들이 있을까? 이 두 그룹(will만 받는 문맥 vs. be going to만 받는 문맥)의 미묘한 차이는 말로 설명하는 것보다 직접 느껴 보는 것이 즉효가 있다. 백문이 불여일견! 독자님께서 문법 설명을 읽기 전에 먼저 느껴 보시라고 아선생이 이들에 대한 구체적인 문맥 하나 하나를 시나리오로 그려보았다. 지금부터 독자님께서는 몇 편의 옴니버스 영화를 보게 되시겠다.

시나리오 1. 사무실에서

모두가 바쁘게 일하고 있다. 한 여자는 책상 위에 산더미처럼 쌓여 있는 서류를 정리하고 있고, 또 다른 여자는 몇 가지 서류를 손 빠른 동작으로 복사하고 있다. 그 사무실의 유일한 남자는 컴퓨터 모니터를 노려보며 무서운 기세로 자판을 두드리고 있다. 모두가 정신없는 그때, 전화벨이 울린다. 아무도 전화 받을 생각을 하지 않자, 복사를 하고 있던 여자가 말한다.

💬 I'll get it! 내가 받을게!

→ 이때, "I'm going to get it."은 틀린 어법이다. 왜냐하면, 이와 같이 **자발적인 행동(voluntary action)을 나타내는 문맥에서는 will만 쓸 수 있기 때문**이다.

시나리오 2. 학교에서

무거운 책상을 낑낑대며 힘겹게 옮기고 있는 한 여학생. 한 남학생이 그 곁을 지나가다 쳐다본다. 곧 시작될 강의에 늦어 다소 불안한 마음도 있지만, 그래도 기사도 정신을 발휘해서 말한다.

💬 I'll help you! 제가 도와줄게요.

→ 이때, "I'm going to help you."는 틀린 말! 시나리오 1과 마찬가지로 자발적인 행동을 나타내는 문맥이기 때문에 여기서도 will만 등장할 수 있다.

시나리오 3. 대한민국의 한 중학교 조회 시간

오전 시간인데도 한여름이라 그런지 햇볕이 부담스럽다. 아침부터 컨디션이 좋지 않던 미진은 30분이나 운동장 한가운데 서서 교장의 지루한 훈화를 듣고 있자니 현기증마저 난다. 빈혈기로 어지럽기까지 한 그녀, 옆의 친구에게 말한다.

💬 I'm not feeling very well. I feel like I'm going to faint.
나 지금 몸이 많이 안 좋아. 이러다가 곧 쓰러질 것 같아.

→ 이때, "I will faint."라고 하면 틀린 말! 이와 같이 현재 상황에 대한 결과나 완성으로서의 미래(a fulfillment of the present: 즉, **현재의 상황이 원인이 되며, 그 결과가 미래가 되는 경우**)를 표현하는 문맥에서는 **be going to**만 쓸 수 있다.

시나리오 4. 차 안에서

한가로운 휴일 오후, 9개월 된 아이를 데리고 여행을 떠나는 지영과 영수. 따사로운 햇살 아래서 국도를 달리다 쏟아지는 졸음을 이기지 못하고 깜빡 졸다가 중앙선을 살짝 넘는 영수. 그 순간 반대편에서 달려오는 차! 아슬아슬한 이 상황을 보며 사색이 된 지영이 말한다.

💬 Watch out! We're going to crash! 조심해! 사고 나겠어!

→ 이때, "We will crash!"는 매우 어색하다. 시나리오 3과 마찬가지로 현재의 상황이 원인이 된 결과가 미래가 되는 경우에는 be going to만 쓰이기 때문!

이 모든 시나리오를 한 마디로 요약하면, **자발적인 행동(voluntary action)에는 will만 쓰이고, 현재의 상황이 원인이 되는 가까운 미래의 결과(a fulfillment of the present)를 나타낼 때에는 be going to만 쓸 수 있다는 것!** 이를 미국산 다이얼로그에서 확인해 보자.

Monica: The sky is covered with black clouds; it's going to rain soon.

Lacey: Tell me about it! It looks like we're going to have a **soaking downpour**[1], not just a drizzle.

Monica: Did you bring your umbrella with you?

Lacey: Nope. I never carry an umbrella with me.

Monica: Me, neither.▶ Why don't we just wrap it up right away and take off so that we don't get **drenched**[2] on our way home?

Lacey: Sounds like a plan!

Monica: All righty, this is the very last item on the agenda. Somebody e-mailed me from the United Arab Emirates, and it's all written in Arabic, but this person seems to be our prospective buyer. Do you know anyone who speaks Arabic?

Lacey: I'll translate the e-mail for you. My minor was actually the Arabic language in college.

Monica: Sweet! I'm out of here. See you tomorrow.

---

1. soaking downpour: 폭우 (cf. drizzle: 가랑비)
2. drench: 흠뻑 적시다

▶ 중학교 때 배운 내용을 다시 한번 복습해 보자. 긍정문에 대해서 "나도!"라고 말할 때는, "Me, too." 부정문에 대해서 "나도!"라고 말할 때는 "Me, neither."
예: "I love Tom Hanks!" "Me, too." vs. "I don't like Brad Pitt!" "Me, neither."

Monica: 하늘이 먹구름으로 뒤덮였네. 곧 비 오겠다.
Lacey: 그러게 말이야. 이거 그냥 가랑비가 아니라 완전 폭우가 올 것 같은 걸.
Monica: 너 우산 가져왔니?
Lacey: 아니! 난 절대 우산 안 가지고 다녀.
Monica: 나도 그래. 집에 가는 길에 흠뻑 젖지 않게 바로 마무리 짓고 뜨자.

Lacey	좋은 생각!
Monica	오케이. 이게 바로 그 마지막 안건이야. 아랍 에미리트에서 누군가가 나한테 이메일을 보냈거든. 다 아랍어로 쓰여 있긴 하지만, 난 이 사람이 우리 잠재 고객인 것 같아. 혹시 아랍어 하는 사람 아니?
Lacey	내가 그 이메일 번역해 줄게. 대학 시절 부전공이 아랍어였거든.
Monica	잘됐다! 나 갈게. 내일 봐!

이제 어떤 때 will을, 어떤 때 be going to를 써야 하는지 느낌이 팍 오시는지? 어느 샤프하신 독자분께서 이 시리즈 1권에 대해, "영어는 암기가 아니라 이해와 느낌으로 해야 한다는 걸 가르쳐 주는 책"이라는 서평을 남겨 주셨는데, 아선생이 이 책을 통해서 하고자 하는 말이 바로 그 한마디였다! You took the words right out of my mouth! 이렇게 마음이 통하는 독자님을 만날 때마다 그래도 우리네 삶이 참으로 살 만하다고 느껴지는 아선생. Life is beautiful! 이 느낌으로 계속 한번 가 보자!

잠깐! 그런데 will과 be going to 사이에서 고군분투하던 사이, 나를 잊지 말아요 하며 슬며시 고개를 들며 나오는 또 하나의 미래형 조동사가 있으니, 이름하여 shall! 아선생이 꽃다운 이팔청춘이던 그때 그 시절의 잉글리시 클래스에서는 미래형을 배울 때 will과 be going to의 이러한 차이들은 깡그리 무시하고, will과 shall의 차이점에만 유독 주목했었다. 그리하여, 단순미래·의지미래, 1·2·3인칭과 평서문과 의문문 이 모든 것을 조합한 도표를 그려 놓고, 외우고 또 외운 바로 그 문장! 순이의(shall/will/will) 새 신은(shall/shall/will) 울산서(will/shall/shall) 사왔소(shall/will/shall)! 혹시나 그때 그 아선생이 애 엄마가 된 지금까지도 이렇게 영어를 가르치시는 선생님들은 설마 안 계시리라 믿는다. 아니, 믿고 싶다! 인간의 두뇌는 그런 식으로 무조건 입력시킨다고 작동되는 컴퓨터가 아니다. 즉, 언어 습득을 담당하는 우리의 두뇌는 그렇게 앞 글자만 따서 도표를 외운다고 영어로 말할 때나 글을 쓸 때 자유자재로 이들을 사용할 수 있게 되는 그런 시스템이 결코 아니라는 말씀! 게다가, 대부분의 미국인 강사들은 미래시제를 가르칠 때, 이 shall이란 녀석을 거의 취급조차 안 해 준다. 별다른 이유가 있어서라기보다는, 그만큼 미국에 살면서 미래형 조동사 shall을 만나는 건 드문 일이기 때문이다. 그렇다면, 미국에서는 대체 어떤 문맥에서 shall과 상봉할 수 있을까?

명배우 데보라 카와 율 브리너가 주연한 〈왕과 나(The King and I)〉의 주제곡 Shall we dance?를 들어보면 이 Shall we dance?나 Shall we로 시작하는 곳이 무려 여덟 군데나 나온다. 노래 속의 Shall we ~?는 모두 '우리 ~할까요?'(Why don't we ~?)의 의미로 쓰이고 있는데, 이러한 문맥이 바로 미국 영어에서 shall을 만나는 가장 보편적인 경우다. 왠지 노래만으로는 공부했다는 느낌이 안 나는 분들을 위해서 서비스 다이얼로그 하나 더!

Student	Excuse me, Dr. Jenks. I'm having a hard time writing the term paper. Could you please make some time for me during the week?
Professor	Sure, any time after 3 is fine with me.
Student	Then, shall we meet at 3 o'clock tomorrow?
Professor	Oh, sorry. Unfortunately, tomorrow is the only day I'm not available. Why don't we meet the day after tomorrow? Around 3?
Student	Okay, sir. I'll meet you in your office at 3 o'clock sharp[1] that day.

1. sharp: 시간 표현 뒤에 쓰여 '정각'이라는 의미를 가짐

학생 실례하지만, Jenks 교수님. 제가 기말 페이퍼를 쓰는 데 어려움이 있어서요. 주중에 저한테 시간 좀 내주실 수 있으세요?

교수	물론이죠. 언제든 3시 이후면 난 괜찮아요.
학생	그럼, 내일 3시에 만나 뵐까요?
교수	오우, 미안해요. 공교롭게도, 내일이 내가 시간이 안 되는 유일한 날이네요. 내일 모레는 어때요? 한 3시쯤?
학생	알겠습니다, 교수님. 그럼, 그날 3시 정각에 교수님 연구실에서 뵙겠습니다.

한 가지 알아두어야 할 사실은 위의 대화에서 보는 것처럼 shall은 이렇게 아주 격식을 차려야 하는 대화, 예를 들어 교수님과의 대화에서나 들을 수 있는 조동사라는 점!

Will에다, Be going to에다, 하다못해 순이의 새 신까지 나왔으니, 단순미래는 이제 그만. 다음은 미래진행형! 미래에다 진행형이 갖다 붙은 시제이니, will be -ing! (물론, 이때 will을 be going to로 바꾸어서 be going to be -ing라고 해도 말이 되는 말!) 미래진행형은 말 그대로, 미래의 어느 시점에서 진행 중인 일을 표현한다. will과의 차이점이라면, **will이 말하는 사람의 계획이나 의지(~할 것이다)를 강조하는데 반해, will be -ing는 미래의 한 시점에서 진행 중에 있을 동작(~하고 있는 중일 것이다)을 강조**한다. 이들이 쓰이는 각각의 예문을 보면, 이 차이는 더욱 확연히 드러난다.

💬 I will swim at Waikiki beach when I go to Hawaii.
하와이에 가면, 나는 Waikiki 해변에서 수영을 할 거야! (나의 계획/의지)

At this time tomorrow, I will be swimming at Waikiki beach.
내일 이 시간이면, 난 Waikiki 해변에서 수영하고 있는 중일 거야.
(그때 하고 있을 내 동작을 강조)

여전히 will과 will be -ing의 차이점이 알쏭달쏭한 분들을 위해, 이 예문이 좀 더 빛을 발할 수 있도록 아선생이 구체적인 문맥이라는 멍석을 깔아드리겠다.

Vicky **Whoopee!**[1] Three days left till summer vacation!

Rebecca Do you have any special plans for this summer?

Vicky I'm going to Honolulu, Hawaii for the first time in my life!

Rebecca Fantastic! What will you do first when you get there?

Vicky I will swim at Waikiki beach, and I will eat plenty of coconuts. Oh, I will also dance the hula. What are you going to do on vacation?

Rebecca I'll just watch lots of **mushy**[2] romantic movies. I know they're all **cookie-cutter**[3] films, but watching them relieves my stress.

Vicky I used to **be wild about**[4] romantic movies, but I've **outgrown**[5] them.

1. whoopee: (신이 날 때) 야호!
2. mushy: 매우 (혹은 지나치게) 감상적인
3. cookie-cutter: 판에 박은 듯이 비슷비슷한
4. be wild about: ~에 열광하다
5. outgrow: 자라서 옷 등이 맞지 않게 되다; 나이가 들면서 ~에 흥미를 잃다

Vicky	야호! 여름 방학까지 3일 남았다!
Rebecca	이번 여름에 뭐 특별한 계획이라도 있어?
Vicky	나, 하와이 Honolulu에 난생 처음으로 가.
Rebecca	잘됐다! 거기 처음 도착해서 뭐 할 거니?
Vicky	와이키키 해변에서 수영할 거고, 코코넛도 많이 먹을 거야. 훌라 춤도 출 거야. 넌 방학 때 뭐 할 거니?
Rebecca	난 매우 감상적이고 로맨틱한 영화를 많이 볼 거야. 나도 그런 것들이 다 비슷비슷한 영화들인 건 알지만, 그래도 그런 영화를 보면 내 스트레스가 풀리거든.
Vicky	나도 로맨틱한 영화를 정말 좋아했었는데, 나이가 들면서 흥미를 잃게 됐어.

Vicky와 Rebecca의 대화에서 will이 들어간 모든 문장은 Vicky와

WILL VS. BE GOING TO

Rebecca의 계획/의도/의지를 나타내고 있다. 이를 마음에 새기고, will be -ing가 들어간 다음의 대화를 들어보자.

Grace I know **life is not all fun and games**[1], but this is just too much work.

Isabella Grace, at this time tomorrow, you **will be swimming** at Waikiki beach, so why don't you just get this thing done as soon as possible and get out of here?

Grace Thanks for reminding me of my holiday plan. What **will** you **be doing** at this time tomorrow?

Isabella Good question! While you are swimming at the beach, **I'll be working** on another project right here.

Grace There's no summer vacation for you?

Isabella I had to **forfeit**[2] my vacation in order to take over this new project.

Grace That's ridiculous! How come you've never even complained about it?

Isabella Well, it's not my style.

Grace **For crying out loud**[3], express your opinion. **As the saying goes**[4], **the squeaky wheel gets the grease**[5].

---

1. Life is not all fun and games.: 재미있는 일만 하고 살 순 없다.
2. forfeit: 박탈당하다; 빼앗기다.
3. for crying out loud: 제발인데
4. as the saying goes: 옛말 그대로, 속담에도 있듯이
5. The squeaky wheel gets the grease.: 우는 아이한테 젖 준다.

Grace	인생에서 재미있는 일만 하고 살 수 없는 건 알지만, 그래도 이건 일이 정말 너무 많아.
Isabella	Grace, 내일 이 시간이면 넌 Waikiki 해변에서 수영하고 있을 거야. 그러니까, 그냥 최대한 빨리 이것 마치고 여길 뜨는 게 어때?
Grace	내 휴가 계획을 상기시켜 줘서 고마워. 내일 이 시간에 넌 뭘 하고 있을 건데?
Isabella	좋은 질문! 네가 해변에서 수영하고 있는 동안 난 바로 여기서 또 다른 프로젝트에 임하고 있을 거야.
Grace	넌 여름 휴가 없어?
Isabella	이 새 프로젝트를 맡기 위해서 나 휴가 반납해야 했어.
Grace	말도 안 돼! 그런데 넌 어쩜 한 번도 불평조차 하지 않니?
Isabella	글쎄, 그건 내 스타일이 아니니까.
Grace	제발인데, 네 의견을 좀 당당히 말해. 속담에도 있듯이, 우는 아이에게 젖을 주는 법이야.

미래진행형이 말하는 이의 의도/계획보다는 동작을 강조하다 보니, 이 시제는 Grace와 Isabella의 대화에서처럼 다른 동작과의 대비를 보여주는 문맥에서 많이 애용된다. 그래서 Isabella가 첫 번째 문장에서는 Grace를 위로하기 위해 현재 열심히 일하는 동작과 내일 이 시간에 Waikiki 해변에서 수영하고 있을 동작을 대조시키고 있으며, 두 번째 문장에서는 내일 이 시간에 수영하고 있을 상대방의 동작과 일하고 있을 나의 동작을 대조하여 극적인 요소를 부각시키고 있다. 이렇게 느낌이 스멀스멀 다가올 때, 대화를 하나 더 들어보면, the icing on the cake! (금상첨화: icing은 케이크의 장식용으로 쓰이는 설탕으로 만든 크림. 즉, 케이크로도 충분히 좋은데, 거기에 icing으로 장식까지 되어 있으니 금상첨화!)

(on the phone)

Wife   Honey, are you still at work?

Husband   Yeah, I'm in the middle of something here, but I'll be leaving in a few minutes and arriving home about a quarter to eight.

Wife   Okie Dokie! When you arrive, I'll be cooking some Italian food.

Husband   If that's the case, I'll stop by Publix and select a bottle of fine wine.

Wife   Great! That'll be the icing on the cake!

Husband   Do you need anything else from the grocery store?

Wife   That's pretty much it.

Husband   Ok, then I'll see you in a little while.

(전화로)

아내: 여보, 아직 사무실이에요?
남편: 네, 지금 뭐 좀 하던 중인데 몇 분 있다 출발하면, 집에 8시 15분 전쯤에 도착할 거예요.
아내: 좋아요! 당신이 집에 도착할 때면, 내가 이탈리아 요리를 하는 중일 거예요.
남편: 그렇다면, 내가 Publix(플로리다의 유명한 식료품 가게 이름)에 들러서 좋은 와인을 하나 골라볼게요.
아내: 좋죠! 그럼 금상첨화일 거예요!
남편: 식료품 가게에서 뭐 다른 것 필요한 것 있어요?
아내: 그거면 대충 된 것 같아요.
남편: 그럼, 좀 있다 봐요.

> 아샘선생님, 질문이요!
> 아까 Grace와 Isabella, Vicky와 Rebecca의
> 대화와 달리, 이번 대화의 경우 몇 문장은
> will be -ing를 will로 바꾸어도 의미상 별 차이가
> 없어 보이거든요. 이런 경우, 단순미래형(will)을 쓰지 않고,
> 굳이 미래진행형(will be -ing)을
> 쓰는 이유가 있을까요?

사실 네이티브 스피커들은 어떤 경우에는 단순미래와 미래진행을 interchangeably 쓴다. 다시 말해, 이 둘을 별 차이 없이 이것도 쓸 수 있고, 또 저것도 쓸 수 있는 경우도 있다는 말이다. 하지만, 그러한 경우에도 분명 이 둘은 서로 뉘앙스가 달라서 좀 배운 사람들, 혹은 언어적 감각이 있는 사람들은 이 둘의 차이를 안다. 암, 알고말고! 단순미래시제(will/be going to)는 주로 미래를 cold and dry fact(차갑고 건조하게 사실 그대로)로 전달하는 뉘앙스를 가지는 반면, 미래진행형은 좀 더 soft하게 즉, 부드럽게 들린다는 사실을 인지하자. 예를 들어, 사장이 비서에게 "I'll be having lunch in my office from 12 to 1."이라고 했을 때와 "I'll have lunch from 12 to 1."이라고 했을 때, 분명한 뉘앙스 차이가 있다. 전자는 부드럽게 자신의 계획을 전달하므로, '12시에서 1시까지는 그냥 내 방에서 밥 먹고 있을 테니 그 사이에 볼 일이 있으면 봐도 된다' 정도의 의미로 해석하면 되고, 후자는 좀 더 차갑고 건조하게 들리는 문장으로, '12에서 1시까지는 밥을 먹을 거야. 즉, 그 시간에는 방해받고 싶지 않다'라는 느낌이 강하다. 물론, 이 뉘앙스의 차이를 모르는 눈치 없는 사람은 한국에도 미국에도 세상 어디에도 존재하지만, 우리 독자님께서는 이 차이를 알고 부디 미국에 오더라도 눈칫빵은 드시지 말기를.

어쨌든, 이러한 이유로 비서가 사장에게 오늘의 스케줄을 알려줄 때, 관광가이드가 관광객(고객)에게 관광 스케줄을 알려줄 때 미래진행형

을 쓰면 훨씬 더 부드럽고 professional하게 들린다는 말씀! 이를 확인하실 분들은 미국에 관광을 한번 오시든지, 미국이란 나라가 관광지로 별로 안 끌리는 분들은 다음 관광 가이드의 말을 들어보시라.

The travel itinerary for today is as follows:

You'll be leaving Destin, FL at 6 a.m. and arriving in New Orleans at 10 a.m. You'll be visiting the Louis Armstrong Park for two and a half hours, and then, you'll be having lunch at 12:30 p.m. After lunch, you'll be touring the historic French Quarter until 5:30 p.m. You'll be having dinner and watching a Jazz gig at an outdoor Jazz Café from 6 to 9 p.m. Finally, you'll be clubbing▶ on Bourbon St. from 9 to 11:30 p.m.

오늘의 여행 일정표는 다음과 같습니다.
플로리다 Destin을 오전 6시에 떠나서 New Orleans에 오전 10시에 도착하실 겁니다. 두 시간 반 정도 Louis Armstrong Park를 방문하시고, 오후 12시 30분에 점심 식사를 하실 겁니다. 점심 식사 후에는, 오후 5시 30분까지 역사적인 French Quarter를 관광하실 것입니다. 저녁 6시에서 9시까지 한 야외 재즈 카페에서 저녁 식사를 하시고 재즈 공연을 보실 것입니다. 마지막으로, 저녁 9시에서 11시 30분까지는 Bourbon 거리에서 클럽에 가실 겁니다.

▶ 이렇게 'tour'이나 'club' 같이 우리가 흔히 명사로만 알고 있는 영어의 많은 단어들이 실제 동사로 쓰이기도 한다.

사실, 아선생이 미국서 살아 보니 가까운 미래에 일어날 일을 이야기할 때, 네이티브 스피커가 가장 즐겨 쓰는 시제는 will도 아니요, be going to도 아니요, will be -ing도 아니더라이다. 놀랍게도 그것은 바로 현재진행형이었다! 그뿐인가? 때론 단순현재형까지도 쓴다. 이들이 바로 그 전설적인 '현재시제의 미래 대용'이라는 녀석들인데, 사실 이들은 이름처럼 무시무시한 상대는 아니니, 걱정 붙들어 매시고 편안한 마음으로 대화에서 어떤 녀석들인지 만나나 보자.

Won-sang	I'm seeing Do-jun tonight. Do you want to join us?
Dong-eun	I'd love to, but I'm taking the TOEFL this Friday, which means only three days left!
Won-sang	You're going to be fine. You speak English better than anybody in this class, and I believe hard work always **pays off**[1].
Dong-eun	Thanks, but what I'm concerned about is my reading skills.
Won-sang	Remember, skimming and scanning skills are the most critical reading skills. Also, always try to see the big picture.
Dong-eun	I got it! Thanks for your tips. By the way, when are you leaving for Seoul?
Won-sang	Next month. I'm taking a short trip to Orlando, and then I'm going back to Seoul.
Dong-eun	Then, I'll see you at your going away party! In case I don't, have a safe trip back home!
Won-sang	Thanks, man!

1. pay off: 성공하다, 성과가 있다

원상	나 오늘 밤에 도준이 만나는데, 너도 낄래?
동은	나도 그러고 싶은데, 이번 금요일에 토플 시험을 봐. 그러니까 3일 밖에 안 남았어.
원상	넌 잘할 거야. 네가 이 클래스에서 영어를 가장 잘하고, 또 난 열심히 공부하면 반드시 성과가 있다고 믿어.
동은	고마워. 그래도 걱정되는 건 내 독해 실력이야.
원상	기억해, skimming(글의 요지를 찾기 위해 대충 훑어보는 것)과 scanning(눈동자를 빨리 굴려서 글 속의 특정 정보를 찾아내는 것)이 가장 중요한 독해 기술이야. 그리고 항상 큰 그림을 보고. (나무를 보지 말고, 숲을 봐.)
동은	알았어. 조언 고마워! 그건 그렇고, 넌 서울로 언제 떠나?
원상	다음 달. Orlando로 먼저 짧게 여행 다녀온 후에 서울로 돌아갈 거야.
동은	그럼, 네 환송회에서 보자. 만약에 널 못 보게 될지도 모르니, 집까지 잘 가라!
원상	고마워, 친구!

원상과 동은의 대화에서 모든 현재진행형은 내용상 가까운 미래를 의미한다. 이뿐인가? 단순현재는 또 어떻고?

(on the train)

Julia   You look pretty exhausted.

Susan   I've been busy packing things up and preparing for the new semester throughout the entire week.

Julia   When does the spring semester start at FSU?

Susan   It starts on January 9th this year.

Julia   Why don't you get some **shuteye**[1]? I'll wake you up when we get to Tallahassee.

Susan   What time does the train arrive there?

Julia   The train arrives there at 5 o'clock.

Susan   Thanks, I'll have a **siesta**[2], then.

---

1. shuteye: 잠 (눈(eye)을 닫으니(shut))
2. siesta: 낮잠

(기차에서)

Julia   너 정말 피곤해 보인다.
Susan   일주일 내내 짐 싸고, 새 학기 준비하느라 바빴거든.
Julia   FSU (Florida State University: 플로리다 주립대)는 봄학기가 언제 시작하지?
Susan   올해는 1월 9일에 시작해.
Julia   눈 좀 붙이는 게 어때? Tallahassee에 도착하면 깨워 줄게.
Susan   기차가 거기 몇 시에 도착하지?
Julia   5시에 도착해.
Susan   고마워. 난 그럼 낮잠 좀 잘게.

Julia와 Susan의 대화에서도 마찬가지로 모든 단순현재형이 미래를 나타내고 있다. 독자님께서 잘 관찰해 보면, 한국어에서도 일상 회화에서 가까운 미래를 말할 때 의외로 현재형을 많이 쓴다는 사실을 쉽게 알 수 있을 것이다. "나 내일 부산에 갈 거야."라는 말을 "나 내일 부산에 가."라고 하거나, "이 기차는 3시에 광주에 도착할 것입니다."라는 말을 "이 기차는 3시에 광주에 도착합니다."라고도 하니까 말이다. 이런 경우는 영어도 마찬가지라고 이해하면 된다.

**아선생님, 질문이요!
단순현재와 현재진행형이 모두
미래시제 대용으로 쓰인다고 하셨는데,
이 경우 둘이 서로 용례가 똑같은가요?
아니면, 혹시
우리가 알아야 하는 차이점 같은 것이 있을까요?**

물론 미묘한 차이가 있다! Again, '아' 다르고 '어' 다른 건 비단 한국말뿐만이 아니라는 말씀! 일반적으로 **미국인의 일상 회화에서 가까운 미래에 가장 많이 애용되는 시제는 현재진행형**이며, 앞의 원상과 동은의 대화가 그 전형적인 예이다. 그런데 단순현재형을 쓰는 경우는 현재진행형에 비해 드물다. 그 이유는 그 쓰임새가 다소 한정되어 있기 때문이다. **단순현재는 막연한 가까운 미래보다는 '확실한 미래'에 쓰인다.** "아선생, 인생사에 대체 확실한 미래가 어디 있단 말이오?"라고 물으신다면 드릴 말씀은 없사오나 그래도 살다 보면, '비교적' 확실한 미래는 있지 않은가? 열차나 버스의 운행 시간표, 비행기의 탑승·출발 시각, 초·중·고·대학의 학사 일정이나 수업·강의 시간표 등이 그렇다. 이런 것들은 친구와의 저녁 약속이나 주말의 쇼핑 계획 등과는 비교도 안 되게 확실하고도 확고

한 미래라고 볼 수 있지 않을까? 그리고 이러한 경우에 한해서 미래 대용으로 단순현재를 쓸 수 있다. 미래 대용으로서의 단순현재시제가 가진 이러한 확실성을 Geoffrey Leech 선생은 자신의 저서에서 다음 두 문장으로 요약해서 보여준다.

> When do we get there? (e.g. according to the train timetable)
> 우리 거기 언제 도착해? (예를 들어 기차 시간표에 따르면 말이야.)
>
> When will we get there? (e.g. if we travel by car)
> 우리 거기 언제 도착할 거지? (예를 들어 우리가 차로 이동하면 말이야.)

이렇게 명쾌할 수가! 다시 말해, 열차나 비행기 여행처럼 정확한 도착 시간이 예상되는 경우에는 단순현재시제를, 자동차나 도보 여행처럼 도착 시간이 비교적 불확실할 때에는 will을 쓴단다. 조동사 하나로 달라지는 이런 뉘앙스의 차이를 알아가는 것이 바로 아선생이 언제나 강조하는 Grammar-in-Context(문맥에 따른 정확한 문법 사용)의 진수!

CHAPTER 8

조동사야 도와줘!

HELPING VERBS ▶

▶ 우리말 '조동사'에 해당하는 문법 용어로 미국에서는 Modals, Auxiliary Verbs, Helping Verbs 등이 쓰이는데, 아선생은 그중에서 독자님이 가장 쉽게 이해할 만한 용어인 Helping verbs로 쓰도록 하겠다.

'조동사'는 영어의 helping verbs를 그대로 직역한 것으로, helping을 한자의 助(도울 '조')로 번역하여 탄생된 단어다. 오호 통재라! 나랏말이 중국과 달라 고통받던 어린 백성을 위해 한글을 만드셨던 세종대왕님께서 무덤에서 벌떡 일어나실 일이다. 도대체 왜 이렇게 문법 용어는 좋은 우리말을 두고 모두 한자어로 번역하여 만들었을까? 한자를 모르는 어린 백성들은 영어 공부도 하지 말라는 말인가? 어쨌든 좋다. 이 장에서는 동사를 도와 그 의미를 더해 준다는 조동사의 도움을 한번 받아보자.

자, 맨 먼저 만나 볼 조동사는 동사를 도와서 충고의 의미를 더해 주는 should!

Angela   I hate to say this, but I think you should know it.
Caitlin   Know what?
Angela   I mean, I don't mean to hurt you or anything, but….
Caitlin   Just **spit it out!**[1] What is it?
Angela   Okay, rumor has it that you got promoted due to favoritism. They think you've known the **proprietor**[2] of this hotel personally for a long time.
Caitlin   That's such an **unfair rumor**[3]. I had never even met him before I got hired here.
Angela   I feel your pain, but that's the nature of any rumor.
Caitlin   I can't just **smile away the rumor**[4]. What am I supposed to do?
Angela   Unfortunately, there's no way to figure out who has spread the rumor, which means you should just ignore it. In the meantime, however, you should show them you are capable and deserve this position.
Caitlin   Basically, you're saying that I should work harder.
Angela   Exactly!

1. Spit it out!: 그냥 말해!
2. proprietor: (호텔·사업체·신문사 등의) 소유주
3. unfair rumor: 억울한 소문
4. smile away ~: ~을 웃어 넘기다

Angela	이런 말 정말 하기 싫은데, 네가 알아야 한다고 생각해서.
Caitlin	뭘 알아야 한다고?
Angela	내 말은, 너한테 상처 주거나 하려는 의도는 없지만 말이야.
Caitlin	그냥 말해! 대체 뭐야?
Angela	그래. 네가 편파적으로 승진됐다는 소문이 있어. 사람들이 네가 이 호텔 소유주랑 오랫동안 개인적으로 알고 지냈다고 생각해.
Caitlin	그건 정말로 억울한 소문이야! 난 이곳에 고용되기 전에는 그 사람을 만난 적조차 없어.
Angela	네 심정은 이해하는데, 그게 모든 소문의 본질이지.
Caitlin	난 그 소문을 그냥 웃어 넘길 수가 없어. 내가 어떻게 해야 할까?
Angela	불행히도, 누가 그 소문을 퍼뜨렸는지 알아낼 방법이 없으니, 넌 그냥 무시해 버려. 그렇지만, 동시에 그들에게 네가 능력이 있고 그 자리에 있을 만한 사람이라는 걸 보여줘.
Caitlin	그러니까, 넌 나한테 더 열심히 일하라고 충고하는 거구나.
Angela	그렇지!

should란 녀석은 이 대화처럼 친구들 사이에서 가벼운 충고를 할 때도 쓰이지만, 높은 사람이 아랫사람에게 좀 더 센 강도의 충고를 할 때에도 쓰인다. 그래서 선생님과 학생의 대화에서 자주 들리는 조동사가 바로 이 should다.

Teacher Sung-min, you're 40 minutes late. You should arrive here before the class starts.

Student Let me explain. I commute by car, and my car broke down in the middle of the road this morning. But fortunately, it happened right in front of a car repair shop. After they fixed my car, I tried my best not to be too late. However, because of the road resurfacing project on Tennessee Street, some roads were closed, and I couldn't take the shortcut[1] to school today.

Teacher Okay, you seem to have a legitimate[2] reason. Oh, and there's one more thing I want to reiterate[3]. You should be aware of the fact that most American schools are very strict about plagiarism.

Student I am aware of that.

Teacher I'm talking about the homework assignment you handed in last Friday.

Student Oh, I'll explain that too. Since I had studied very hard, I thoroughly understood the subject matter. However, writing in English is still difficult for me. As you know, English is my second language. So I copied just a few sentences from the article, but I swear[4] I didn't mean to plagiarize the whole thing.

Teacher It's still plagiarism even if you copy only one sentence. You could be kicked out of school for that reason here in America, and my job is to get you prepared for American college.

Student　I'm so sorry. I will keep that in mind.

1. take a shortcut: 지름길로 가다
2. legitimate: 정당한, 합법적인
3. reiterate: (말을) 반복해서 하다
4. I swear: 맹세코

선생님　성민아, 너 40분 지각이다. 수업 시작하기 전에 여기 와야지.
학생　제가 설명드릴게요. 제가 차로 통학하는데, 제 차가 오늘 아침 길 한복판에서 고장 났어요. 하지만, 다행히도 그게 카센터 바로 앞에서 일어났어요. 차를 고친 다음에, 너무 많이는 지각하지 않으려고 최선을 다했습니다. 그런데 Tennessee Street의 도로 포장공사 때문에 몇몇 도로가 폐쇄되어 있었고, 오늘은 학교로 오는 지름길로 갈 수가 없었어요.
선생님　그래, 뭐 타당한 이유가 있는 것 같구나. 그런데 반복해서 언급하고 싶은 말이 또 한 가지 있구나. 너 대부분의 미국 학교가 표절에 대해서 아주 엄격하다는 사실을 알아야 해.
학생　저도 알고 있어요.
선생님　나 지금, 네가 지난 금요일에 제출한 숙제에 대해 말하고 있는 거야.
학생　그것도 제가 설명드릴게요. 제가 공부를 굉장히 열심히 했기 때문에 우리가 공부하는 내용에 대해서는 철저하게 이해했어요. 하지만, 영어로 작문하는 게 제겐 여전히 어려워요. 선생님도 아시다시피, 영어는 제게 외국어잖아요. 그래서 그 기사에서 딱 몇 문장만 가져다 썼어요. 하지만 맹세코 그걸 전부 다 베껴 쓸 의도는 없었어요.
선생님　단 한 문장만 베껴 써도 그건 표절이란다. 여기 미국에서는 그런 이유로 학교에서 쫓겨날 수도 있고, 내가 할 일은 널 미국 대학에 갈 수 있도록 준비시키는 것이야.
학생　죄송합니다. 그 사실 명심하겠습니다.

미국인의 일상 대화에서 should만큼 자주 듣는 또 다른 충고의 조동사는 had better! 우리말로 했을 때, should가 '~해야 한다'라고 해석된다면, had better는 '~하는 게 나을 걸' 정도로 해석될 수 있다. 이 둘은 해석에서만 차이를 보이는 것이 아니라, 이들이 쓰이는 문맥에서도 확연한 차이를 보인다. should가 주로 일반적인 충고의 의미로 쓰인다면 had better는 이 충고를 따르지 않았을 때 겪게 되는 고초까지 포함한다고나 할까. (or you're gonna be in trouble! – 내가 하는 말 안 들으면 곤란해질 걸!) 이렇게 한국말 설명이 아리송할 때는 직접 영어 문맥에서 부딪혀 보는 수밖에.

💬 You should **buckle up**[1] when you drive.

운전할 때에는 항상 안전벨트를 해야 해.

Hey, my father **is very anal about**[2] fastening seat belts; you'd better buckle up before he gets in the car.

우리 아빠는 안전벨트 하는 것에 대해 지나치게 까다로우셔. 너 아빠가 차 타기 전에 벨트 하는 게 좋을 걸.

1. buckle up: 안전벨트를 하다
2. be anal about ~: ~에 대해 지나치게 까다롭다

첫 번째 문장은 너나 할 것 없이 언제 어디서나, 운전할 때에는 안전벨트를 합시다 라며 캠페인조의 일반적인 충고를 하는 반면, 두 번째 문장은 내 아버지가 안전벨트 하는 것에 무척 까다로우신 분이니 하는 게 좋을 걸 이라며, 일반적인 충고라기보다는 다소 특수한 상황에서의 충고라고 볼 수 있다. 쉽게 말해, "안 하면 우리 아버지가 어찌 나올지 장담 못 함!"이라는 단서(내 말을 듣지 않았을 때 네가 겪을 수 있는 고충)까지도 포함한 충고라고 보면 된다. had better가 쓰인 또 다른 특수 상황을 엿보자.

Maggie: Hey, Ted. Jill's **eyes were puffy from crying**[1]. She thinks you don't care about her in the least.

Ted: That doesn't make any sense! I do care about her.

Maggie: Did you know yesterday was her birthday?

Ted: Yikes! I completely forgot about it!

Maggie: She's even thinking about breaking up because of that. You'd better do something to **make up for missing her birthday**[2].

| Ted | I would do anything! But I'm afraid it's too late now. |
| Maggie | Better late than never! |

1. eyes are puffy from crying: 울어서 눈이 붓다 (puffy: 눈, 얼굴 등이 부은)
2. make up for ~: (잘못된 상황을 바로 잡으려고) 만회하다

Maggie	이 봐, Ted. Jill이 너무 울어서 눈이 퉁퉁 부었어. Jill은 네가 자기에 대해서 전혀 신경 안 쓴다고 생각해.
Ted	말도 안 돼! 내가 그녀를 얼마나 생각하는데.
Maggie	어제가 Jill 생일이었다는 건 알고 있었어?
Ted	에구머니나! 그걸 완전히 잊고 있었네.
Maggie	Jill이 그것 때문에 헤어지는 것까지도 생각하고 있어. 생일 잊어버린 것 만회하기 위해서 뭐든 하는 게 좋을 거야. (아님, 그녀가 떠날지도 몰라!)
Ted	뭐든 할 거야! 그런데 너무 늦지 않았을까 걱정이야.
Maggie	안 하는 것보다는 늦게라도 뭔가 하는 게 좋지.

아선생님, 질문이요!

충고의 조동사 should를 한국말로 하면, '~해야 한다'가 되잖아요. 우리말로 '~해야 한다'라고 똑같이 해석되는 조동사 must와의 차이점은 무엇인가요?

일단 질문에 대한 대답부터 드리면, 똑같이 '~해야 한다'라는 의미이지만 should를 쓰면 충고로 들리고, must를 쓰면 명령으로 들린다는 사실이다. 대부분의 한국 학생들이 처음 미국에 도착해서 가장 흔히 하는 조동사 실수가 상대방에게 '~해야 해'라고 말해야 하는 문맥에서

YOU MUST NOT

use this microwave!

should와 must를 구분 없이 무지막지하게 아무거나 막 쓴다는 점이다. 독자님께서는 아선생이 쓴 이 "무지막지하게"라는 수식어에 주목하시기 바란다. 왜냐하면, should 정도를 써야 하는 충고에서 must를 써 버리면, 그야말로 "무지막지하게" 들리기 때문이다. must는 그만큼 느낌이 강한 단어이기 때문에, (It's a STRONG word!) 더욱 조심해서 써야 한다. 아마 강력한 명령이 당연시 되는 군대에서, 혹은 선생님이나 부모님이 학생/아이에게 아주 아주 화가 났을 때 정도의 상황에서 들을 만한 단어라고 하면 이해가 되실까? 그리고 설사 그러한 문맥과 상황에 처했다고 하더라도 미국 사람들은 have to를 압도적으로 선호하는 편이다.

자, 이 have to와 must를 공부할 때에는, 더도 말고 덜도 말고 딱 두 가지만 알고 넘어가자. 첫 번째, must의 경우, can/will/shall과 달리 과거형이 존재하지 않기 때문에 과거형으로는 have to의 과거형인 had to를 써야 한다는 것! (마찬가지로 미래형은 will have to) 두 번째, 비록 이 둘이 동의어이긴 하지만, 부정문으로 만들었을 때에는 의미상 커다란 차이를 보인다는 것! 이를 예문으로 살펴보자.

💬 You **must not** use this microwave. 이 전자레인지 사용하면 (절대로) 안 돼.

You **don't have to** use this microwave. 이 전자레인지 사용하지 않아도 돼.

그러니까, 전자는 "절대로"라는 단어를 포함한 금지의 의미를 가지는 반면, 후자는 굳이 이 전자레인지를 쓸 필요는 없지만, 네가 원한다면 써도 되어야~ 라는 말. 다시 말해, 후자의 경우, 이 전자레인지를 써도 되고, 싫으면 안 써도 된다는 두 가지 옵션을 주고 있다. 대화를 통해서 살짝 체크하고 다음으로 넘어가자.

Kate　Hey, the musical starts at 7. We'd better hurry up!
Meg　Do I have to watch the musical?
Kate　No, you don't have to, but it's going to be a **mind-blowing**[1] experience!
Meg　Well, then, **I'll just pass**[2] this time. My room is really messy now, and I think it's time to do some cleaning up.
Kate　Suit yourself!

1. mind-blowing: 아주 감동적인
2. I'll pass!: 난 빼 줘.

Kate　야, 그 뮤지컬 7시에 시작해. 빨리 서두르는 게 좋을 거야.
Meg　내가 그 뮤지컬을 꼭 봐야 해?
Kate　아니, 보지 않아도 되지만, 그게 아주 감동적인 경험일 텐데?
Meg　그렇다면, 난 이번엔 그냥 빼 줘. 내 방이 너무나 지저분해서, 청소를 좀 해야 할 시기인 것 같아.
Kate　맘대로 하셔!

결론은 문맥에 맞는 문법 사용과 또 원만한 사회 생활을 위하여 가장 안전한 방법은 상대방에게 '~해야 한다'라는 말을 해야 할 때에는 주저없이 should를 쓰자는 것! 이러한 문맥에서 must에는 더 이상 미련일랑 두지를 말자.

아선생님 질문이요!에서 설명했음에도 불구하고 미국인의 일상 생활에서 must를 자주 듣게 된다. 그 이유는 must에 '~해야 한다'의 뜻 외에 다른 뜻이 있기 때문이다. 예를 들어, 독자님께서 100% 확신하는 사실이 있다면, you **must** use 'must'!(꼭 must를 써 줘야 한다) 예를 들어, "You **must** be kidding!"은 "넌 반드시 농담을 해야 한다."라는 말이 아니라, "네가 농담하는 게 틀림없어!"라는 말이다. 이쯤하면, 독자님께서 100% 확신하는 것이 있지 않을까? The next part must be a dialogue!

Zion Mom, I'm home!

Sean Mom's not home.

Zion Where's Mom? And where's James?

Sean Mom's looking for James, and James **must** be hiding somewhere.

Zion What's going on?

Sean What happened was…. He failed his physics class. Mom begged his teacher to give him a second chance, and he's taking a **make-up test**[1] tomorrow. Of course, Mom was helping him with that, but he **sneaked out of the house**[2] and went swimming with his buddies while Mom went to the bathroom.

Zion I can't believe it! I am aware that he's not wild about studying physics, but he's never shirked his responsibilities before. In any case, Mom **must** be pretty disappointed with him.

Sean Yeah, Mom thinks what she says doesn't **carry weight with him**[3] any more.

---

1. make-up test: 성적이 좋지 않거나, 개인 사정으로 시험을 못 본 학생들에게 주어지는 두 번째 시험
2. sneak out of ~ : 슬쩍 ~에서 나가다 (sneak into ~: 슬쩍 ~로 들어가다)
3. carry weight with ~: ~에게 영향력을 가지다

Zion 엄마, 학교 다녀왔습니다!

Sean 엄마 집에 안 계셔.

Zion 엄마 어디 계셔? James는 또 어디 있고?

Sean 엄마가 James를 찾고 계시고, James가 어딘가에 숨어 있는 게 틀림없어.

Zion 무슨 일이야?

Sean 그게 어떻게 된 거냐면, 걔가 물리학 수업에서 낙제를 했어. 엄마가 걔네 선생님께 James에게 한 번만 더 기회를 달라고 사정사정했고, 그래서 내일 보충 시험을 봐. 물론, 엄마께서 걔 공부를 도와주고 있었는데, 엄마가 화장실에 간 사이에 걔가 집에서 몰래 빠져 나가서는 친구들과 수영하러 갔어.

Zion 믿을 수가 없어! 걔가 물리학 별로 안 좋아하는 건 나도 알지만, 전에 한 번도 책임을 회피한 적은 없는 아이잖아. 어쨌든, 엄마가 걔한테 무척 실망하시겠어.

Sean 그래, 엄마 당신이 얘기하는 게 걔한테 더 이상 영향력이 없다고 생각하셔.

이렇게 화자가 100% 확신이 있을 때에는 must를 쓰지만, 확실성의 강도가 그보다 약할 때 쓰는 것이 should, 더 약할 때는 may, 또 이보다 더 약할 때는 might을 쓴다. 참고로 should에는 '~해야 한다'는 충고의 의미 외에도 '~일 것이다'의 추측의 의미도 있다는 것, 알아두자. 한마디로, 화자의 확실성 정도에 따라 그에 맞는 조동사를 골라 써야 한다는 말씀! 이를 우리 한국인이 좋아하는 도표로 정리해 드리면 이렇다.

> must > should > may/may not > might/could
>
> 1. He must be at the library now. (난 100% 확신해!)
> 2. He should be at the library now.
>   (그런 것 같긴 한데, 100% 확신은 못 하겠어. - 80%)
> 3. He may be at the library now. (내 생각엔 그럴 것 같아. - 60%)
> 4. He might be at the library now. (그럴 수도 있어. - 50%)

이제 도표의 내용을 하나의 대화 속에 전부 다 담아 보겠다.

David   Did you hear that Uncle Harry is planning a big birthday **bash**[1] for Grandpa?

Chase   How cool! Grandpa must be really excited! Do you think Auntie Sally is going to be there?

David   Uncle Harry told me she would decorate the place, so she should be there.

Chase   That makes sense. Since she's an artist, birthday party decorations should be **as easy as pie**[2] to her. What about Uncle Jeff?

David Well, you know how much he cares about Grandpa, so he might be there. But then again, I also know that he's always on some business trip, so he might not be able to make it.

Chase So, you're telling me he may or may not be there. Am I right?

David Basically.

1. bash: 큰 파티
2. as easy as pie: 식은 죽 먹기처럼 쉬운 (미국엔 죽이 없으니 파이로 대신하자.)

David 너 Harry 삼촌이 할아버지를 위해서 큰 생신 파티 준비한다는 소식 들었어?
Chase 잘됐다! 할아버지께서 정말 기분 좋으시겠다! Sally 고모도 거기 오실 것 같아?
David Harry 삼촌이 고모가 그 장소를 꾸미신다고 하셨으니까, 거기 오실 거야.
Chase 그렇겠네. 고모는 예술가시니까 고모에겐 생일 파티 꾸미는 정도는 식은 죽 먹기만큼 쉬울 거야. Jeff 삼촌은?
David 글쎄, 너도 삼촌이 할아버지를 얼마나 아끼시는지 알잖아. 그러니, 아마 오실 거야. 하지만 또 한편으로는, 삼촌이 항상 출장 중이신 것도 사실이니 못 오실 수도 있어.
Chase 그러니까, 넌 Jeff 삼촌이 오실 수도 있고, 못 오실 수도 있다는 말을 하는 거네. 맞아?
David 맞아.

이 밖에도 확신의 정도에 따라서 선택할 수 있는 조동사는 지천으로 깔려 있는데, 그중에서도 특히 흔히 쓰이는 확신의 조동사를 딱 하나만 더 커버하면, cannot (can't)이 있다. 이 부분에 대해서는 설명보다는 대화 하나만 들어보면, 아하! 하실 것이다.

Woman   Excuse me, sir. How can I get to the nearest post office around here?

Man   I'll show you a simple and easy way. Go straight and turn left. Then, continue to walk and make a right on Park Avenue. It's the second building on your right. You can't miss it.

Woman   Many thanks!

여자   실례지만, 이 근처에서 가장 가까운 우체국을 어떻게 가나요?
남자   간단하고 쉬운 길을 보여드릴게요. 쭉 가셔서 왼쪽으로 꺾으세요. 그리고 계속 걸으시다가 Park Avenue에서 오른쪽으로 가세요. 오른쪽에 있는 두 번째 빌딩이에요. 찾으실 수 있을 거예요.
여자   정말 감사합니다.

대화에서 길을 가르쳐 주는 사람은, 우체국 찾기가 무척 쉽기 때문에 이 길로 갔을 때 절대로 그곳을 놓칠 수가 없어요 라며, 100% 확신하고 있다. 이렇게 cannot (can't) 또한 확신의 의미에서 쓰일 수 있다. 여기서 주의할 점은 **must급의 확신을 나타내는 것은 cannot이지 결코 can이 아니라는 점**! can은 must급의 확신까지는 아니고 may급 정도의 그럴 수도 있다는 가능성을 나타내는 데는 쓰일 수 있다. 이때, may와 can의 차이점을 공부하려면, '확신하는 정도의 차이'보다는 이들이 쓰이는 '문맥의 차이'에 더 주목해야 한다. 이 문맥의 차이를 Geoffrey Leech 선생이 그의 저서 〈A Communicative Grammar of English〉에서 다음과 같이 깔끔 명료하게 정리해 놓으셨다.

(1) The railways may be improved. (사실에 기반한)

→ Perhaps the railways will be improved.

(2) The railways can be improved. (이론적인)

→ It is possible for the railways to be improved.

그러니까, Leech 선생님께서 하시고자 하는 말씀은, (1)번 문장의 경우 아마도 철도청에서 철로를 개선할 것이라는 추측을 하는 문장으로, 그러한 뉴스를 어디선가 들은 사람이 하는 말로 유추할 수 있다. 다시 말해, 이 문장은 설사 철도 공사에 대해서 아무것도 모르는 사람이라고 하더라도 할 수 있는 말이다. 반면, (2)번 문장은 이론상 이 철로가 개선될 수도 있다는 의미를 가지고 있기 때문에, 철도 공사 전문가쯤 되는 사람이라야 할 수 있는 말이라고 유추된다. 그럼, 이 Leech 선생의 예문들을 주워다 아선생의 다이얼로그 속에 푹 담가 보자.

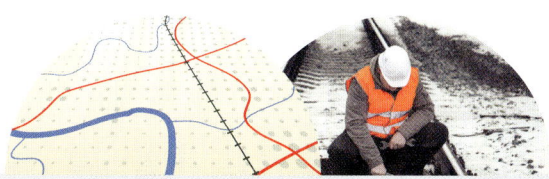

(1)

Train Driver	We've recently had a few problems with the railways around this area. We might have to find a way to solve them sometime very soon. You know, it's always safe to nip any problems in the bud.
Engineer	Oh, absolutely! May I see the railway map please?
Train Driver	Certainly! Here it is.
Engineer	Let me see. Hmm, I think this part of the railways can be improved.

기관사	요즘 들어 이 지역의 철로에 몇 가지 문제점이 있었어요. 하루 빨리 이 문제들의 해결책을 찾아내야 할 것 같아요. 아시다시피, 어떤 문제든 조기에 잡는 것이 안전하잖아요.
엔지니어	물론이죠! 제가 철로 지도를 볼 수 있을까요?
기관사	물론이죠. 여기 있습니다.
엔지니어	어디 한번 봅시다. 음, 제 생각에 이 부분의 철로들은 개선될 수 있을 것 같습니다.

HE CAN DO IT!
SHE CAN DO IT!

WHY NOT ME?

(2)

Nicole Geez, the train's always **rattling**[1] on this part of the railway. I mean, to the point that I feel **queasy**[2]! I don't know how I'm going to take this train for three more years.

Olivia I know what you mean, but don't worry about it. The railways may be improved soon. I heard that many people have written formal complaints to the Federal Railroad Administration.

1. rattle: (기차가) 덜컹거리다
2. queasy: (속이) 메스꺼운

Nicole 어우, 짜증나! 이 부분 철로에서는 객차가 항상 덜컹거려. 내 말은, 속이 메스꺼울 정도로 말이야. 이 기차를 어떻게 3년이나 더 타야 할지 모르겠어.

Olivia 네가 무슨 말을 하는지 아는데, 그건 걱정하지 마. 철로가 아마 곧 개선될 거야. 많은 사람들이 정식으로 연방철도국에 항의 서한을 보냈다고 들었거든.

can과 can't, 이 양반들은 이렇게 확신이나 가능성에 관계하는 조동사이기도 하지만, 독자님이 먼저 찜해 놓은 문맥은 사실 따로 있을 것이다. 유명한 재미 사업가 김태연 회장이 인터뷰 때마다 하는 바로 그 말씀. "He **can** do it! She **can** do it! Why not me?" 그렇다! 영어, 영국 사람도 할 수 있다! 미국 사람도 할 수 있다! 나라고 못 할 게 뭐야? 어쨌든, 독자님도 아선생도 고리적에 마스터한 이 문맥은 그냥 Pass!

우리는 앞서 현재의 습관을 말하려면 단순현재시제를, 과거의 습관은 단순과거시제를 쓸 수 있다는 사실을 공부했다. 하지만, 아선생이 이제 와서 고백하건대, 과거의 습관을 말할 때 네이티브 스피커들이 가장 자주 쓰는 형태는 조동사 used to라는 사실! 그 이유는, 단순과거형이 쓰일 수 있는 문맥들은 너무도 다양한 반면, used to가 쓰이는 문맥은 "과거의 습관"으로 사실상 한정되어 있기 때문에, 화자가 뭘 말하려는지 헷갈릴 일이 전혀 없이 유쾌, 상쾌, 명쾌하기 때문이다. 똑같은 이유로, 과거의 습관을 나타내는 또 다른 조동사 would보다도 used to가 훨씬 더 많이 쓰인다. would 역시 다양한 용례를 가지고 있어서 〈과거의 습관〉이 외에도 많은 해석이 나올 수 있다. 예를 들어, "I **used to** go there."라고 하면, "나는 그곳에 가곤 했어."라는 뜻으로 쉽게 이해되지만, "I **would** go there."라고 하면, "나는 그곳에 가곤 했어."라는 의미 외에도 "나 같으면 거기 가겠어."("If I were you, I **would** go there!"라는 문장에서 if절이 생략된 경우)라는 의미의 해석도 나온다.▶ 이 경우, 미국인들은 100% 후자의 의미로 받아들인다. would가 쓰인 다음의 대화를 들어 보면 쉽게 이해할 수 있을 것이다.

MP3-08_10

Tiffany (After Avis sings) Wow, marvelous[1]! Your singing always sounds so magical.

Avis Oh, thanks. I'm anxious about the auditions next week, and I feel like[2] there will be quite a number of competitors.

Tiffany Having such an attractive voice, I wouldn't worry about it. You're going to blow their minds!

Avis **No wonder we're close friends**[3].

Tiffany So what kind of auditions are they?

▶ 이에 대해서는 <Chapter 11>의 가정법편에서 본격적으로 다루겠다.

Avis	One is for a Broadway musical company, and the other is a jazz band audition. The thing is, even if I get selected by both of them, I'm torn between the two.
Tiffany	Why don't you list the **pros and cons**[4] of both and choose the better one?
Avis	Well, choosing the musical company has more pros than cons in every regard; it's a more stable job, and they provide good benefits. However, jazz has always been a huge part of my life, and I believe I can **reach my fullest potential**[5] in jazz music.
Tiffany	If that's the case, you know what? I would just **follow my heart**[6].

1. marvelous: 훌륭한
2. feel like 주어+동사: ~할 것 같은 느낌이 들다
3. No wonder we're close friends.: "네가 내 친구니까 그런 말을 하는 거지"라는 정도의 의미
4. pros and cons: 장점과 단점
5. reach one's full potential: ~의 잠재력을 모두 발휘하다
6. follow one's heart: 마음 가는 대로 하다

Tiffany	(Avis가 노래한 후) 와, 훌륭해! 네 노래 실력은 언제나 놀라워.
Avis	고마워. 다음 주에 있을 오디션이 걱정돼. 상당수의 경쟁자가 있을 것 같은 느낌이야.
Tiffany	그렇게 매혹적인 목소리를 가지고서, 나라면 걱정 안 하겠다. 넌 그들을 뿅 가게 할 거야!
Avis	이래서 우리가 절친인 거지.
Tiffany	그래 어떤 오디션들이야?
Avis	하나는 브로드웨이의 한 뮤지컬 극단 오디션이고, 다른 하나는 재즈 밴드에서 뽑는 오디션. 문제는, 설사 양쪽 다 뽑힌다고 해도 둘 중 어느 것을 골라야 할지 모르겠다는 거야.
Tiffany	양쪽의 장단점을 목록으로 만들어 보고 더 나은 걸 고르면 어때?
Avis	그게, 뮤지컬 극단을 선택하는 게 모든 면에서 단점보다는 장점이 많아. 더 안정적인 직장이고, 좋은 혜택도 많이 제공하거든. 하지만 재즈는 항상 내 삶의 큰 부분을 차지했었고 난 내가 재즈 분야에서 잠재력을 최대한 발휘할 수 있다고 믿어.
Tiffany	그렇다면 있잖아, 나라면 그냥 내 마음 가는 대로 하겠어.

대화 속의 would가 든 문장들은 원래는 앞에 "If I were you,"(내가 만약 너라면)가 있었는데, 생략됐다고 보면 쉽게 이해할 수 있다.

💬 **If I were you, I wouldn't worry about it.**
내가 너라면, 난 걱정 안 하겠어. → 나라면 걱정 안 하겠어.

If I were you, I would just follow my heart.
내가 너라면, 난 그냥 내 마음 가는 대로 하겠어. → 나라면 내 마음 가는 대로 하겠어.

결론은, 미국에서는 이런 가정법 would의 용례가 훨씬 더 일반적인 쓰임이기 때문에, 과거의 습관을 나타내는 would를 쓰려면 '과거의 습관'을 나타낸다는 문맥을 좀 더 구체적으로 확실하게 깔아줘야 한다. 쉽게 말해, "When I was a child, I **would** go there." 정도는 되어야 미국 사람들이 '오우, 이 사람의 would는 과거의 습관을 말하는 거야' 하고 이해할 것이란 말이다. 그럼, 이번에는 과거의 습관을 나타낸다는 used to와 would를 대화에 넣어 살펴보자.

Vicky **My brain is fried!¹** This is insane! We work from dawn to dusk, and we're not supposed to expect even a week off this summer?

Felicia I hear you! But, you know, these days things aren't going well businesswise.

Vicky I know, because of the sinking economy, blah blah blah... but we need to get some rest! We're not machines. I used to have a whole month vacation around this time each year in France.

Felicia Hey, although we can't afford to have a week off, we can take a break from work on the weekend.

I actually have a great plan for this weekend. Why don't we get some new **shades**[2], drive to the nearest beach, and **chill out**[3] a little bit? I know a cool beach around here, and when I was a teenager, I would surf there every weekend in the summer.

Vicky Wow, you must have really enjoyed surfing.

Felicia I used to.

1. My brain is fried!: (정신 노동으로) 아주 피곤해지다
2. shades: 선글라스
3. chill out: 열을 식히다; 긴장을 풀다

Vicky 머리에서 쥐가 나는 것 같아. 이건 미쳤어! 우리가 새벽부터 해질 때까지 일하는데도, 이번 여름에 일주일의 휴가조차 바라서는 안 된다고?

Felicia 동감! 하지만, 너도 알다시피 요즘 사업상 힘들잖아.

Vicky 나도 알아. 경기 침체 때문에 어쩌고저쩌고. 하지만 우리도 좀 쉬어야 해. 우린 기계가 아니잖아. 내가 프랑스에 있었을 때는 매년 이맘때 한 달 휴가가 있곤 했었는데.

Felicia 야, 우리가 일주일을 쉴 형편은 못 되지만, 주말에는 쉴 수 있잖아. 사실 내가 이번 주말을 위한 좋은 계획이 있어. 우리 새 선글라스 사서 끼고, 가장 가까운 해변으로 가서 조금만 쉬면 어떨까? 나 이 근처에 좋은 바닷가 알고 있는데, 내가 10대 때 여름이면 거기서 주말마다 서핑을 하곤 했었어.

Vicky 와, 넌 서핑을 정말 즐겼었나 봐.

Felicia 예전엔 그랬었지.

used to를 공부할 때 유의해야 할 유사품이 둘 있는데, 바로 be used to(~에 익숙하다)와 get used to(~에 익숙해지다)! 같은 의미를 가진 이 두 표현의 차이는 〈Chapter 1〉의 동작 동사와 상태 동사 편에서 다룬 Be와 Get의 차이를 기억해 보면 쉽게 이해할 수 있다. 어쨌든, used to와 이들은 의미도 다르지만 문법적인 기능도 다르기 때문에 사용할 때 더더욱 조심해서야 한다. 일단, used to는 조동사이기 때문에 can/will/may 같이 동사원형을 먹어야 살지만, be/get used to는 조동사가 아니

라, 그저 하나의 관용적 표현일 뿐이다. 그러므로 전치사 to는 동사원형이 아니라 동명사를 먹고 산다. 다음 대화처럼 말이다.

Tammy	When I first came to Seoul in 2009, I was not used to living in such a huge city, but now I'm getting used to it.
Jung-ah	Where are you originally from?
Tammy	I come from a small town in England, and that's why I'm still not used to driving on the right.
Jung-ah	Just keep practicing, and you'll **get the hang of it**[1]! By the way, have you **picked up**[2] some Korean expressions?
Tammy	Not really. I just picked up a hot Korean guy.
Jung-ah	Good for you! Congrats!
Tammy	Sorry, I was just kidding. The truth of the matter is I'm not the kind of person who can pick up a foreign language easily. I know some Korean words, but only the basic stuff. So I try to keep my dictionary handy all the time.
Jung-ah	In any case, I hope we can give you a positive experience while you're here in Korea.
Tammy	Thanks!

1. get the hang of ~: ~을 할 줄 알게 되다
2. pick up: (~을) 배우다/익히다; (~와) 남녀 사이의 교제를 시작하다

Tammy	2009년에 처음 서울에 왔을 때, 난 이렇게 거대한 도시에서 사는 것이 익숙하지 않았어. 하지만, 지금은 점점 더 익숙해져 가고 있어.
정아	원래 어디 출신인데?
Tammy	영국의 한 작은 마을 출신이야. 그래서 여전히 우측에서 운전하는 것에는 익숙하지 않아.
정아	그냥 계속해서 연습하면 잘하게 될 거야. 그나저나, 한국어 표현은 좀 배웠니?
Tammy	아니. 그저 섹시한 한국인 남자 친구만 하나 얻었지.
정아	잘됐구나! 축하!
Tammy	미안, 그냥 농담이야. 사실은 내가 외국어를 쉽게 배우는 그런 사람이 아냐. 한국어 단어를 몇 개 알기는 하지만, 기본적인 것들만. 그래서 언제나 사전을 가까이 두려고 해.
정아	어쨌든 난 우리가 네가 한국에 있는 동안 좋은 경험을 할 수 있게 도와주고 싶어.
Tammy	고마워!

조동사가 얼마나 많은데 이걸로 끝이냐고 할 독자님들이 계실 걸로 생각한다. 당연하다. 이 책의 담당 편집자도 그렇게 여겼으니까. 하지만, 독자님이 이 책을 보는 건 미국 보통 사람들처럼 회화를 문맥에 맞게 잘하기 위해서일 터. 미국 보통 사람들의 회화에서 자주 쓰이고 뉘앙스를 제대로 알고 써야 할 조동사는 이것으로 충분하다. 그 외에 독자님과 내가 말 그대로 고리적에 배운 의미까지 더해진다면 회화에서 쓰이는 조동사는 거의 다 다뤘다고 보면 된다. 그러니 뭐가 더 있는데 그냥 넘어가는 건 아닐까 하는 의심은 고이 접어 두시길.

CHAPTER 9

그대 이름은 완료, 완료, 완료!

FUTURE PERFECT & MORE

고백하건대, 아선생이 이 문법책을 처음 기획할 때에는 완료시제란 완료시제는 전부 다 한 챕터에 넣어 구워 삶아 보려는 원대한 꿈을 가지고 있었다. 그런데 어찌어찌하다 보니 현재완료, 과거완료를 여기저기서 나도 모르게 이미 다 커버해 버렸던 것이다! 뭐, 인생이 어디 뜻대로 되던가? 그리하여, 이번 장에서는 쓸쓸히 홀로 남은 미래완료시제와 '완료'라는 이름이 들어간 그 모든 잡다한 것들을 한데 모아 요리해 볼까 한다.

미래완료 즉, 미래와 완료의 만남이니, will have p.p! 형태는 접수했다. 물론 will 대신에 be going to를 써서 be going to have p.p라고 해도 된다. 이 정도는 이제 말하지 않아도 아셔야 한다.

미래완료는 미래의 어느 시점이면 이미 완성되어 있을 행동이나 상황을 표현한다. 그러니까, 〈Chapter 6〉에서 공부한 was/were going to가 '과거의 미래'라면, will/be going to have p.p는 '미래의 과거'라 할 수 있겠다. 이 "미래의 과거"라는 말이 아리송하신 분들은 다음 대화를 들어보자. 아, 이 말이었구나 하며 무릎을 탁 치게 될 것이다.

Lisa   Shoot! I've got puffy eyes from lack of sleep.
Mike   Are you suffering from insomnia these days?
Lisa   No, I just can't fall asleep because of stress!
Mike   Take it easy! What's eating you?
Lisa   My master's thesis! My **hunch**[1] was right. I've been working on it for over six months, and I haven't even finished the outline. On top of that, I need to submit three more term papers.
Mike   Everything's going to wrap up fine. I bet you **will have finished** writing all the three term papers by this time next week.
Lisa   And I **am going to have completed** my master's thesis by this time next year.
Mike   Bingo!
Lisa   Thanks a bunch! My mood has improved a whole lot!

Mike　**Good! Speaking of which, when are you going to have finished your Ph.D. thesis?**

Lisa　**Mike!**

1. hunch: 예감

Lisa　아, 짜증! 잠을 잘 못 자서 눈이 퉁퉁 부었어.
Mike　요즘 불면증에 시달리니?
Lisa　아니, 그냥 스트레스 때문에 잠이 잘 안 들어.
Mike　진정해! 대체 뭐가 널 그렇게 괴롭히는 거야?
Lisa　석사 논문! 내 예감이 맞았어. 6개월 넘게 논문에 임했는데, 대략적인 개요조차 못 끝냈어. 게다가, 학기말 페이퍼를 세 개나 더 제출해야 하거든.
Mike　모든 게 잘 끝날 거야. 내가 확신하는데, 다음 주 이 시간쯤이면 너 학기말 페이퍼 세 개 다 끝냈을 거야.
Lisa　그리고 내년 이맘때 쯤이면 내 석사 논문을 다 끝낸 상태일 거고.
Mike　그렇지!
Lisa　정말 고마워! 기분이 훨씬 나아졌어.
Mike　좋았어! 말이 나왔으니 말인데, 네 박사 논문은 언제쯤 끝나 있을까?
Lisa　Mike!

Mike와 Lisa의 대화에서 모든 미래완료시제 문장은 **미래의 어느 시점에서 그 행동이 끝나 있을 것(완료되어 있을 것)이라는 점을 암시**하고 있다. 그러니 지금 말하고 있는 것들이 기준이 되는 바로 그 미래의 시점에서 보자면 과거에 일어난 일이 되니, '미래의 과거'라는 이름이 딱 들어맞는다. 이렇게 미래완료시제는 '~까지는 완료되어 있을 상황/행동'을 나타내기 때문에 '~까지'에 해당하는 전치사 by를 자주 대동한다.

자, 그럼 내친김에 미래완료진행형까지 마스터해서 완료시제와는 이제 진짜 안녕해 버리자. 일단, 미래완료진행형의 형태는 will have been -ing이다. 미래완료형과 미래완료진행형의 차이를 알려면, 현재완료진행형과 과거완료진행형을 공부할 때와 마찬가지로, 그냥 완료형과 완료진행형의 일반적인 차이를 큰 그림으로 먼저 이해해야 한다. 앞의 장으로 다시 넘겨보기 싫은 독자님을 위해 앞에서 배운 사실을 아선생이 간단하게 정리해 드리겠다. **그냥 완료시제들이 전반적으로 동작의 완료를 강조하는 반면, 완료진행시제들은 동작의 진행 자체나 진행된 시간에 무게 중심이 실려 있다.** 그래서 미래완료진행형도 역시 현재완료진행형/과거완료진행형과 마찬가지로 동작의 지속성을 강조하고 싶을 때 쓰인다. 물론, 지속성을 강조하는 시간 표현들(예: for seven hours, all day long, etc.)이 주로 함께 등장해 주신다. 참, 그리고 진행시제가 가지고 있는 미완의 느낌 또한 꺼진 불이 아니니 다시 보자.

그럼, 아선생이, 독자님의 두뇌에서 아직 꺼지지 않은 이 모든 불씨들을 모아 모아 대화의 화롯불을 지펴 보겠다.

Nick Oh, man! Did you just hear that sound? It **stung my ears**[1]!

Brian I did, but I am used to this sort of noise pollution. As you might already know, I**'ll have been living** in New York **for 20 years** by this time next year. If you want to live here, you have to learn to **live with such noises**[2].

Nick I tried to **weigh all the pros and cons**[3] of living in New York before deciding to move here… but I just never would have guessed noise pollution was such an issue here.

Brian I heard the mayor has been fighting against all sorts of pollutions. He**'ll have been working on it for 2 years** by next month.

Nick Evidently, he hasn't done a good enough job so far.

1. sting one's ears: ~의 귀를 찌르다
2. live with ~ : ~을 감수하다
3. weigh up the pros and cons: 장단점을 따져보다

Nick   아우, 금방 이 소리 들었어? 그 소리가 내 귀를 찌르는 것 같았어.
Brian   들었어. 하지만, 난 이런 종류의 소음 공해에 익숙해. 너도 이미 알다시피, 내년 이맘때면 난 New York에서 20년째 살고 있는 거야. 여기서 살고 싶으면, 그런 소음은 감수하고 사는 법을 배워야 해.
Nick   난 여기 이사 오기 전에 New York에 사는 것의 장단점을 모두 따져보려 했어. 하지만 소음 공해가 여기서 이렇게 문제일 줄은 생각 못 했어.
Brian   시장이 모든 종류의 공해와 싸우고 있다는 소리는 들었어. 다음 달이면, 2년째 싸우는 셈이 되는 거지.
Nick   보다시피, 그 시장이 지금까지는 일을 충분히 잘해 낸 것 같지는 않네.

역시나 Nick과 Brian의 대화에서도 동작의 지속성을 강조할 때, "for 20 years"(20년 동안)나 "for 2 years"(2년 동안) 등의 시간 표현과 함께 미래완료진행형을 쓰고 있다.

이제 이 책에서 현재완료, 현재완료진행, 과거완료, 과거완료진행, 미래완료, 미래완료진행, 이렇게 완료시제란 완료시제는 다 다뤄 봤다. 그럼에도 아선생이 마음 편히 완료를 보내줄 수 없는 이유는, 영어에 '완료'라는 말이 붙은 것이 비단 시제뿐만이 아니기 때문이다. 완료부정사라고 들어는 보셨는가? 완료동명사는? 하지만, 지금까지 보셨다시피, '완료'라는 말이 붙었다고 해서 절대로 겁먹을 필요는 없다. 이 모든 경우에, 완료 형태(have p.p)는 그저 **time relationship indicator**(시간 관계를 알려주는 지표) 정도로만 봐 주면 그만이다. 자, 지금부터는 아선생이 1권의 〈Chapter 9〉에서 약속한 대로, 완료부정사와 완료동명사를 한번 파헤쳐 보겠다.

일단 먼저, 부정사와 완료부정사의 차이점을 문장 대 문장으로 살펴보면 왜 완료부정사가 **time relationship indicator**라고 불리는지 쉽게 알 수 있다.

💬 그냥 부정사 (to ~)

John was pretending to read the book.

John은 그 책을 읽는 척하고 있었어.

→ to read the book과 was pretending은 같은 시간대에 일어난 일

──────────── vs. ────────────

💬 완료부정사 (to have p.p)

John was pretending to have (already) read the book.

John은 그 책을 이미 읽은 척하고 있었어.

→ to have read the book이 was pretending보다 먼저 일어난 일

위의 예문에서 보시다시피, 완료부정사는 해당 문장의 동사보다 먼저 일어난 동작이나 상태를 나타낸다. 즉, 그냥 부정사를 쓴 첫 번째 문장은 John이 그 책을 읽고 있는 동작을 하는 척하는 것이며, 완료부정사를 쓴 두 번째 문장은 John이 이미 그 책을 다 읽은 척(그래서 아는 척)을 하는 것이다. 당연히 의미가 달라지고 해석이 달라진다. 바로 이렇게 **부정사가 (그것을 목적어로 취하는) 동사보다 먼저 일어났다는 사실을 확실하게 해 주려고 분장을 한 것이 바로 완료부정사!** 이렇게 분장을 끝낸 완료부정사를 다이얼로그에서 찾아보자.

Jarrad There are lots of people on campus. Is there something going on?

Nick Kimberly Brown passed away, and the funeral is being held on campus right now.

Jarrad Who's Kimberly Brown?

Nick The classical pianist from our school. I've heard quite a number of musicians are attending her funeral. That's probably why the campus is so crowded.

Jarrad I know nothing about classical music, but she seems **to have been** a great pianist.

Jarrad 캠퍼스에 사람 무지하게 많네. 무슨 일이지?
Nick Kimberly Brown이 돌아가셨고, 학교에서 바로 지금 장례가 치러지고 있어.
Jarrad Kimberly Brown이 누구야?
Nick 우리 학교 출신 클래식 피아니스트. 꽤 많은 음악가들이 그녀의 장례식에 참석한다고 들었어. 아마 그래서 캠퍼스가 이렇게 복잡한 걸 거야.
Jarrad 난 클래식 음악에 대해서는 아무것도 모르지만, 그분이 정말 훌륭한 피아니스트였던 것 같다.

이미 돌아가신 분에 대해 돌아가시기 전에 훌륭한 피아니스트였던 것 같다고 말하고 있으니, seems보다 먼저 일어난 일에 대한 추측임을 명확히 해 주는 완료부정사(**to have been** a great pianist)가 쓰였다. 완료부정사와 그냥 부정사의 확실한 대조를 위해서, 그냥 부정사가 들어간 다음의 다이얼로그도 함께 보자.

Debbie   Raziah Rwito **gave a piano recital**[1] last night.
Victor   How was it?
Debbie   She played pieces from Tchaikovsky's <The Nutcracker> on the piano. Her performance was marvelous in the **resonating**[2] **chamber**[3]. I don't know anything about music, but she seemed **to be** a great pianist.
Victor   That doesn't surprise me at all. I understand she and Vladimir Ashkenazy are very similar **with respect to**[4] their techniques.

1. give a recital: 연주회를 하다
2. resonate: (소리 등이) 울려 퍼지다
3. chamber: 연주실
4. with respect to ~: ~에 관해서/대해서

Debbie   Raziah Rwito가 어젯밤 피아노 연주회를 했어.
Victor   어땠어?
Debbie   그녀가 차이코프스키의 <호두까기 인형> 중 몇 곡을 피아노로 연주했어. 그녀의 연주는 그 울림이 좋은 연주실에서 정말 환상적이었어. 난 음악에 대해서 아무것도 모르지만, 그녀는 훌륭한 피아니스트 같았어.
Victor   그건 내겐 전혀 놀랍지 않은 사실이야. 그녀와 블라디미르 아슈케나지가 테크닉적인 면에서 아주 비슷하다고 난 알고 있거든.

즉, Debbie가 연주를 들으면서, 동시에 Raziah Rwito가 훌륭한 피아니스트인 것 같다고 느꼈으니, seemed와 동시간대에 일어난 일을 추측하고 있다. 이럴 땐, 그냥 부정사(**to be** a great pianist)를 써야 맞지 않겠는가!

이것처럼 동명사와 완료동명사의 차이도 매한가지이다. 하나마나 한 문법 설명은 생략하고 예문의 바다에 빠져 보자.

💬 **그냥 동명사 (-ing)**

Taking Dr. Kim's English class helps me to understand Shakespeare's works.

김 교수님의 영어 수업을 듣는 게 셰익스피어 작품을 이해하는 데 도움이 된다.

→ **Taking Dr. Kim's English class와 helps는 같은 시간대에 일어남**

--- **vs.** ---

💬 **완료동명사 (having p.p)**

Having taken Dr. Kim's English class helps me to understand Shakespeare's works.

김 교수님의 영어 수업을 들었던 게 셰익스피어 작품을 이해하는 데 도움이 된다.

→ **Having taken Dr. Kim's English class가 helps보다 먼저 일어난 일**

이번에도 역시, 완료동명사는 해당 문장의 동사보다 먼저 일어난 동작이나 상태를 나타낸다. 이제 완료동명사가 들어간 대화의 바다에서 솟구쳐 보자.

MP3-09_05

Boss	Good morning!
Employee	Good morning, sir. How are you feeling today?
Boss	**Having slept** for nine hours makes me feel great.
Employee	Good. Oh, before I forget, do you know what you are going to do about renewing Muhammad's contract?

사장 좋은 아침!
직원 안녕하세요, 사장님. 오늘 기분 어떠십니까?
사장 9시간을 자고 일어났더니 컨디션이 최상이네요.
직원 그러시군요. 오, 잊기 전에 Muhammad와의 계약 갱신에 대해서 어떻게 하실 계획이십니까?

Boss   What do you think about it? You know your opinion carries weight with me.

Employee   I'm very flattered, sir. Although there have been some **hiccups**[1] because of the cultural differences, I have no **reservations**[2] about his ability to do this job.

Boss   I know what you mean. In fact, I've never regretted having hired him, but it still seems to be **premature**[3] to employ him as permanent staff. Why don't we just renew the contract for one more year?

Employee   You got it!

---

1. hiccup: 딸꾹질; 약간의 문제
2. reservation: 의구심; 거리낌
3. premature: 시기상조의

사장   어떻게 생각해요? 당신 의견이 내게도 영향을 미친다는 것을 알잖아요.

직원   이거 어깨가 으쓱해지는데요. 비록 문화적인 차이 때문에 몇 가지 사소한 문제가 있긴 했지만, 이 일을 해낼 수 있는 그의 능력에 대해서는 의심의 여지가 전혀 없습니다.

사장   무슨 말인지 나도 알아요. 사실, 난 그를 고용한 걸 단 한 번도 후회해 본 적이 없지만, 그를 정직원으로 채용하는 건 아직은 시기상조인 것 같아요. 우리 1년만 더 계약을 연장해 보면 어떨까요?

직원   잘 알겠습니다.

대화 내용처럼 문화와 얼굴색이 다른 사람도 실력만 된다면 여기저기서 채용해 주는 그런 대한민국을 꿈꾸며, 아선생이 이 파트의 완결편으로 완료부정사와 완료동명사를 한 대화에 모두 섞어 비벼 보았다.

Avis   Man, it's really nice to have finished all the work!

Ah-young   Are you kidding me? You started working on the project mid-night last night.

Avis   Yeah, I did… but having taken a long nap made me feel really refreshed, and I could stay focused for several hours with no problem. That's how I finished everything overnight.

Ah-young   I am really envious of you! I haven't even started it yet, and it's due tomorrow morning! I've been a slacker[1] lately.

Avis   No worries! I'll keep my fingers crossed for you![2]

Ah-young   Thank you! With a friend like you, life is a bowl of cherries[3].

1. slacker: 게으름뱅이
2. I'll keep my fingers crossed for you!: 행운을 빌어줄게.(= I'll cross my fingers for you!)
3. Life is a bowl of cherries!: 인생은 즐거워!
   (반대의 의미로, "Life is not a bowl of cherries."라고 쓰기도 한다.)

Avis   아, 모든 일들을 끝내고 났더니 정말 기분 좋은데.

아영   지금 농담하는 거지? 너 어젯밤 자정에야 그 프로젝트 시작했잖아.

Avis   맞아, 그랬지. 그런데 낮잠을 길게 자서 아주 그냥 생기를 되찾은 기분이었어. 그래서 몇 시간 동안 문제 없이 집중해 있을 수 있었고. 그게 내가 밤새 모든 걸 끝낼 수 있었던 비결이야.

아영   네가 정말 부럽다! 난 아직 시작도 못했는데다 마감일이 내일 아침이네! 요즘 들어 내가 게으름을 피웠거든.

Avis   걱정하지 마! 내가 널 위해서 행운을 빌어줄 테니!

아영   고마워! 너 같은 친구와 함께라면 인생은 정말 살 만해.

미래완료에 미래완료진행형, 게다가 완료부정사와 완료동명사까지 커버하고 보니, 달리 할 일도 없고 해서 지금부터는 바로 요 앞의 장에서 배운 조동사와 완료시제를 한번 결합시켜 볼까 한다. 조동사와

FUTURE PERFECT & MORE

완료가 결합하면, 조동사 각각의 의미를 그대로 가진 채 과거형이 되어 버린다. 이때도 물론 **time relationship indicator**의 개념으로 이해하면 쉽다. 이를 우아하게 차트로 정리해 드리면 다음과 같다.

현재		과거
Should: ~해야 한다	→	Should have p.p: ~했어야 했다 (그런데 안 했다)
Could: ~할 수 있다	→	Could have p.p: ~할 수 있었다 (그런데 못했다)
Might: ~일 것이다	→	Might have p.p: ~였을 것이다
Must: ~임에 틀림없다	→	Must have p.p: ~임에 틀림없었을 것이다

각각의 조동사를 이제 예문으로 비교해 보자.

(A) I should listen to both sides of the story.
　　내가 양쪽 얘기를 다 들어봐야 해.

(B) I should've listened to both sides of the story.
　　내가 양쪽 얘기를 다 들어봤어야 했어. (그런데 안 그랬어.)

(A) You could help her. 네가 그녀를 도와줄 수 있어.

(B) You could've helped her.
　　네가 그녀를 도울 수도 있었어. (그런데 안 도왔지.)

(A) He might be struggling in the US.
　　그가 (지금) 미국에서 힘들 거야. (현재를 추측)

(B) He might have been struggling in the US.
　　그가 (과거에) 미국에서 힘들었을 거야. (과거를 추측)

(A) He **must be on the run from**[1] the police.
그가 (지금) 경찰을 피해 도주 중인 게 틀림없어. (현재 일어나고 있는 일에 대한 확신)

(B) He must have been on the run from the police.
그가 (과거에) 경찰을 피해 도주 중이었던 게 틀림없어. (과거에 일어난 일에 대한 확신)

1. be on the run from ~: ~로부터 도주 중이다

찔끔거리는 예문만으로는 충분치 않은 분들에게 한 바가지의 대화를 부어 드리겠다.

Cameron   Have you heard that somebody took some money from Dr. Lee's office?

Ethan   Is that true? How much was that?

Cameron   I don't know the exact amount, but it's probably about $20,000.

Ethan   Why on earth did Dr. Lee keep that much money in his office?

Cameron   I heard there's a lot of money being spent on his quantitative research.

Ethan   Well, I guess he should've done some research on how to keep all the money safe as well.

Cameron   I assume this is a **wake-up call**[1].

Ethan   You know what I think? One of his research assistants might have taken the money 'cause they're the only people who can get into Dr. Lee's office without making an appointment. Besides,

some of them are half-way out the door.
Cameron   Let's not **jump to conclusions**[2]. None of them seem like people with criminal tendencies at all.
Ethan   In any case, Dr. Lee must have been startled when he first found out.
Cameron   **That goes without saying**[3].

1. wake-up call: 각성의 계기; 사람들의 주의를 환기시키는 일
2. jump to conclusions: 성급한 결론을 내리다
3. It goes without saying.: 두말할 나위도 없지.

Cameron   자네, 누군가 Lee 교수 사무실에서 돈을 훔쳐갔다는 소리 들었나?
Ethan   그게 사실이야? 얼마나?
Cameron   나도 정확한 액수는 모르지만, 아마 20,000불 정도 될 거야.
Ethan   대체 Lee 교수는 왜 사무실에다 그렇게 많은 돈을 둔 거지?
Cameron   내가 듣기로는, Lee 교수의 양적분석연구에 많은 돈이 쓰인다고 해.
Ethan   내 생각엔 Lee 교수가 그 모든 돈을 어떻게 안전하게 보관할지에 대해서도 연구를 좀 했어야 하는 것 같은데.
Cameron   이게 각성의 계기가 되겠지.
Ethan   내가 어떻게 생각하는지 들어보겠어? 아마도 Lee 교수 연구 조교 중 한 사람이 그 돈을 가지고 갔을 거야. 왜냐하면 그 조교들이 Lee 교수와 약속 잡지 않고도 Lee 교수 방에 들어갈 수 있는 유일한 사람들이니까. 게다가, 그들 중 몇몇은 곧 떠날 사람들이고.
Cameron   너무 성급한 결론을 내리지는 말자고. 그들 중 누구도 범죄 성향을 가진 것 같진 않거든.
Ethan   어쨌든, Lee 교수가 그 사실을 처음 알게 되었을 때 틀림없이 충격이 컸겠구먼.
Cameron   두말하면 잔소리지.

쉬 어 가 는 페 이 지 4

아선생의
영어 공부에 도움이 되는
외국어 습득이론 4 :

Do you speak 콩글리시?
- No, I speak "interlanguage"!

Language Transfer를 공부했으니, 우리나라에서 대표적인 Language Transfer 현상인 콩글리시의 정체도 한번 파헤쳐 보자. 영어도 아니요, 그렇다고 한국어도 아닌 이 반갑잖은 콩글리시의 탄생부터 진화까지 엿보면서 우리의 콩글리시를 좀 더 잉글리시에 가깝게 할 수 있는 방법도 함께 모색해 보자.

행동주의자들이 외국어 학습자의 행동(behavior)을 연구 대상으로 삼았다면, 이들과는 달리 학습자의 정신적 활동 즉, 지각, 상상, 추론 등을 포함한 그 모든 의식 작용을 연구 대상으로 삼았던 사람들이 있었으니, 이름하여 인지심리학자들(cognitive psychologists)이었다. Ellis(1994)에 따르면, 이들은 외국어 습득의 과정을 다른 종류의 지식을 습득하는 과정과 똑같이 본다고 한다. 즉, 언어 습득의 과정을 다른 지식 체계를 이해하게 되는 과정과 동일하게 작은 단위(예: 단어나 문법 사항)를 하나씩 둘씩 점진적으로 마스터하여 하나의 체계를 쌓아가는 과정으로 보았다는 말이다. 그래서 이들은, 학습자가 영어 공부를 열심히 하면, 그렇게 학습된 영어 단어, 문법 사항 등의 지식이 하나씩 둘씩 쌓이면서 머릿속에 하나의 언어 체계 시스템이 만들어진다고 믿었다. 그것은 영어 시스템도 아니요, 그렇다고 한국어 시스템도 아닌, '그 학습자만의 언어 체계 시스템'이라고 하는데 한국인의 경우, 처음에는 한국어에 훨씬 더 가까운 이 시스템이 영어 공부를 하면 할수록 더 많은 영어 지식들이 쌓이게 되어 점점 더 영어에 근접해진다고 한다. 그리고 결국에는 이 시스템을 작동시켜서 영어로 듣고 말할 수 있게 된다는 것이 이들의 논리다.

쉬엄쉬엄 해! 영어가 대체 뭐라고 심신을 지치게 하면서까지 공부하냐고? 재미있게 지혜롭게 해 보자고! **Fun**

학습자가 가지고 있는 이 어정쩡한 언어 시스템을 학계에서는 Interlanguage라고 부른다. inter는 '~ 사이'라는 뜻의 접두사인데 영어와 한국어 사이 어딘가에 존재하는 언어라 하여 Interlanguage라고 부르는 것이다. 학습자가 영어를 배우기 시작하는 바로 그 순간, 머릿속에는 이 interlanguage 시스템이 짜잔 하고 탄생된다는데….

Interlanguage라는 용어는 Larry Selinker(1972)라는 사람이 가장 먼저 사용하기 시작했다. Selinker는 Interlanguage라는 용어를 사용하기 시작하면서, 일단 ESL (English as a Second language: 영어를 제 2 언어로 배우는) 학습자가 가진 영어 시스템과 실제 영어 시스템을 구분했다. 그리고 '그들만의' 영어 시스템, 다시 말해 그들의 Interlanguage를 오랫동안 관찰한 후, 학습자가 만들어 내는 실수들이 행동주의자들이 주장하는 바와 같이 그렇게 심플하지가 않더라 라는 결론을 내리게 된다. 즉, 학습자가 만들어 내는 그 모든 언어적인 실수가 행동주의자들의 말처럼 모국어의 영향에서 온 것만은 아니더라는 말씀! 게다가, 개개인의 Interlanguage system은 복잡다단 변화무쌍하여 섣부른 일반화를 하기보다는 개개인의 학습자마다 제각기 분석을 요한다는 조심스런 결론까지 내리게 된다.

그러니까, Selinker의 주장을 한마디로 요약하면, (두 언어를 대조 분석하면 학습자의 언어적 실수가 예측 가능하다고 보는 행동주의자들의 주장과는 반대로) 이 인지론자들의 영어 교수법인 Interlanguage 분석은 학습자들의 실수를 예측하지 말고, 관찰, 분석 후에 진단을 내려야 한다는 것이다. 그럼에도 불구하고, Selinker는 대부분 학습자들의 Interlanguage가 가지는 공통적인 특성 또한 다음과 같이 발견했다.

1. Interlanguage는 학습자의 모국어와 비슷한 언어 체계를 가지고 있다.

→ 역시나 Interlanguage는 모국어의 영향을 받는다는 사실! (아하! 콩글리시가 이래서 콩글리시였던 게야!)

2. 이 Interlanguage의 일부 혹은 대부분이 해당 외국어의 특성 또한 가지고 있다.

→ 콩글리시 왈, "봤지? 나도 미국물, 아니 영국물 좀 먹었다니까!"

3. 모든 언어가 공통적으로 가지는 일반적인 언어의 특성을 가지고 있다.

→ 이는 주어가 먼저 나오고 동사가 후에 나온다던가 하는 식의 대부분의 언어가 가지는 가장 기본적인 속성을 말한다.

4. 맞든 틀리든 Interlanguage도 나름대로의 체계를 갖추고 있다.

→ 쉬운 예로, 학생들이 흔히 하는 실수, "Ladies and gentlemans"나 "deers"를 살펴보자. 이런 것들은, 복수형 명사를 만들 때 일반적으로 명사 뒤에 -s나 -es를 붙이는 법칙을 외운 뒤 일관되게 즉, 나름의 체계를 따르다가 만들어 낸 실수다. 즉, 자다가 남의 다리 긁는 실수는 절대 아니라는 말이다. 이렇게 Interlanguage가 아무리 학습자 자신만의 체계와 규칙을 가지고 있다고 해도, 어쨌거나 이를 일관되게 적용시키려는 의식적인 노력을 하는 기특한 시스템이기도 하다는 말이다.

5. 마지막으로, 그러면서도 때로는 그 체계를 벗어나기도 한다.

→ 실제 해당 외국어로 의사소통을 하려 할 때, 너무 의미에만 초점을 맞추다 보면(meaningful interaction) 다소 복잡한 체계의 규칙은 가끔씩 빼먹을 때도 있더라는 말이다. 즉, 좀 복잡한 법칙은 지켰다가 안 지켰다가 하는 엿장수 시스템!

영어 초보자의 Interlanguage

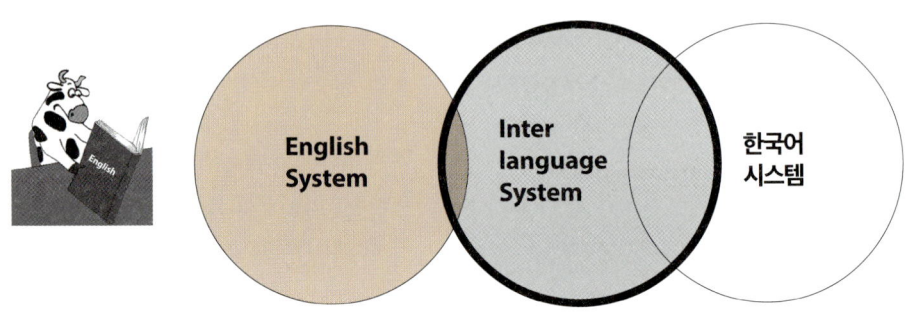

영어 공부 3년 후

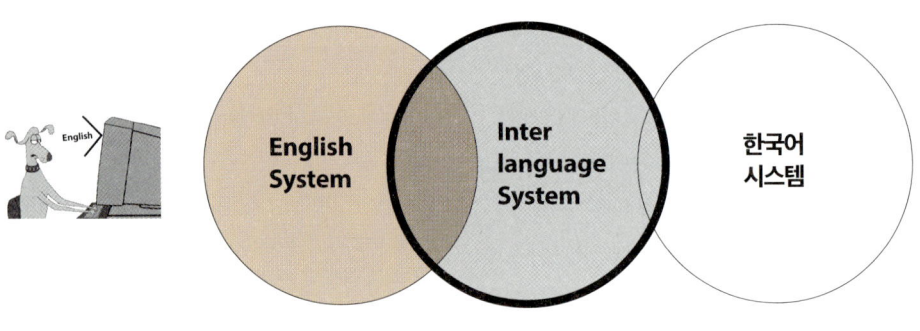

영어 공부 10년 후

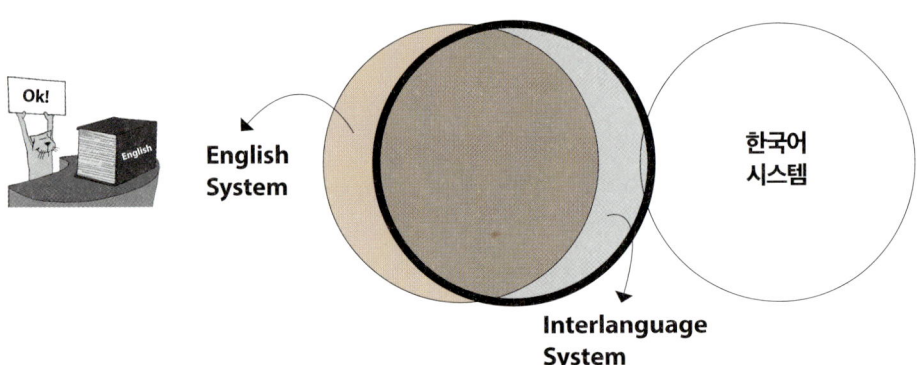

다행스러운 것은, 학습자의 Interlanguage는 앞서 언급한 이 다섯 가지 특성을 가지고 있는 동시에, 학습자가 정확한 규칙을 익히게 되는 바로 그 순간, 재공사에 들어가 또 다시 새로운, 그리고 좀 더 영어에 가까운 시스템을 구축하게 된다.(Selinker, 2001) 우리가 외국어를 공부하는 묘미는 바로 이러한 재공사의 순간 순간에 있는 것이라고 아선생은 생각한다.

그렇다면, 이 Interlanguage의 분석이 영어 학습에서 가지는 의미는 과연 무엇일까? 당연한 말이지만, 학습자의 Interlanguage를 분석해 보면 학습자가 영어에 관해서 무엇을 알고, 또 무엇을 모르는지 알 수가 있다. 한마디로 무엇을 집중적으로 공부해야 하는지, 또 무엇을 집중적으로 연습해야 하는지에 대한 대단히 구체적인 방향과 길이 훤히 보인다는 말씀! 이 데이터야말로 독자님께서 "영어 공부의 신"이 될 수 있는 귀중한 자료인 것이다.

영어 교육자의 입장에서는 고정된 커리큘럼을 짜 놓고 모든 학생들에게 똑같은 수업 방식을 강요하기보다는 개개인의 Interlanguage를 세밀하게 분석해 가면서, 그 수업을 듣는 학생들의 특성을 고려한 좀 더 유동적인 접근이 필요할 것이다. 영어, 이렇게 가르치면 수십 년을 가르쳐도 매 수업마다 가르치는 내용이 달라진다!

학습자의 입장에서는 자신의 speaking을 녹음한 것을 들으면서 발음이나 문법 사용을 스스로 분석해 본다든가, writing sample을 선생님께 보여주어 문법 체크를 받는다든가 하는 지속적인 노력이 필요하다. 이렇게 자신의 Interlanguage를 스스로 점검하면서 끊임없이 어느 부분에서 재공사에 들어가야 하는지 능동적으로 분석하고 체크하는 것이 바로 그 구체적인 한 방법이다. 아직은 영어에서 두어 발짝 떨어져 있는 자신의 Interlanguage를 좀 더 영어에 가깝게 하려는 이러한 하나 하나의 노력이 결국 유창한 영어 실력의 바탕임을 절대로 잊지 마시길.

CHAPTER 10

남의 말을 옮길 때!
(직간접화법)

**DIRECT SPEECH
VS.
INDIRECT SPEECH**

미국이나 한국이나 남의 말을 여기저기 옮기는 사람들이 언제나 문제를 일으킨다. 그런데 남의 말을 옮기는 것이 과연 나쁘기만 한 것일까? 살다 보면 그렇지 않을 때도 있더라. 어쨌든 그것이 옳은지 그른지는 윤리책에서 따지도록 하고, 영어책에서는 영어로 남의 말을 옮기는 기술에 대해서만 따지도록 해 보자.

우리에게 아주 낯익은 문법 용어 친구들인 〈직접화법〉과 〈간접화법〉. 직접화법은 다른 사람이 한 말을 토씨 하나 안 틀리게 그대로 전하는 것으로, 문법 실수도 안 일으키고 그보다 더 곤란한 오해도 불러일으키지 않는다. 그럼 이 착한 문법의 사용법을 대화에서 살펴보자.

Dork　I'm leaving for Korea next month.

Andrea　Are you taking a trip there?

Dork　No, I'll be teaching English for over a year.

Andrea　No way! Your major is nothing like English or TESOL. Besides, you failed an English class last semester. How in the world are you going to teach English there?

Dork　Yes way! It's not my major, and I didn't get a good grade in English, but I'm American. My first language is English. When I can speak it well, why do I have to study how to teach it?

Andrea　Do you know Frederick L. Jenks, who's a **prominent figure**[1] in this field?

Dork　Who's Frederick? In what field?

Andrea　In the Second Language Education field! Dr. Jenks said, "Just because you have teeth doesn't mean that I want you to be my dentist!"

Dork　Whatever!

---

1. prominent figure: 출중한 인물/거물 (이러한 문맥에서 figure는 '사람/인물'의 의미다.)

바보	나 다음 달에 한국으로 떠나.
Andrea	거기로 여행 가는 거야?
바보	아니, 1년 넘게 영어를 가르칠 거야.
Andrea	말도 안 돼! 네 전공이 영어나 TESOL과는 전혀 무관하잖아. 게다가, 너 지난 학기 영어 과목에서 F학점을 받았어. 거기서 영어를 대체 어떻게 가르칠 생각이야?
바보	말 돼! 그게 내 전공은 아니고, 내가 영어에서 좋은 점수를 받지는 못했지만, 나 미국 사람이야. 내 모국어가 영어라고. 내가 영어를 잘 말할 수 있는데, 왜 그걸 어떻게 가르치는지를 배워야 해?
Andrea	너 이 분야에서 뛰어난 학자인 Frederick L. Jenks라는 분 알아?
바보	Frederick이 누구야? 무슨 분야?
Andrea	외국어 교육학 분야 말이야. Jenks 박사님이 말씀하시길, "단지 여러분에게 이(치아)가 있다는 이유로, 여러분이 내 치과 의사가 되는 건 원치 않습니다!"
바보	그러거나 말거나!

이 대화를 통해서 추측할 수 있는 것은, Frederick L. Jenks라는 학자가 **"Just because you have teeth doesn't mean that I want you to be my dentist!"** 라고 말했고, Andrea는 인용부호("")를 써서 그 말을 그대로 아무것도 바꾸지 않고 고이 전달하고 있다는 사실이다. 직접 화법, 참 쉽죠.

이 밖에, 요즘 미국 신세대들이 써도 너무 써서 아선생이 싫증이 날 대로 나버린 직접화법 표현이 있는데, (정말로 요즘 미국 애들, 이 표현 써도 너무 쓴다.) 그것은 바로, "He was like _____." 또는 "She was like _____." 오잉? 웬 빈칸? 바로 이 빈칸에 다른 사람이 한 말을 토씨 하나 안 빼고, 그대로 집어 넣으면, 직접화법 완성! 이때 중요한 포인트는 그 사람의 목소리 톤까지 그대로 흉내내야 한다는 것! 이걸 미국 애들이 어떻게 하는지 한번 들어보자.

Eric: Mark got paid a fat check from his workplace the other day, and he **stood treat**[1] for some of his friends.

Jimmy: I thought he was here on a student visa. Has he gotten a work visa recently?

Eric: Nope. It was an **under-the-table deal**[2].

Jimmy: You mean he is paid **under the counter**[3]?

Eric: Basically. I'm worried about him because if the immigration department finds out, he'll be kicked out of this country. He definitely doesn't want to risk his Ph.D. degree for that small amount of money.

Jimmy: Did you inform him of that?

Eric: I did, but he seemed to get somewhat offended by what I said.

Jimmy: How do you know that?

Eric: When I said that, he was like, "Hey, mind your own business!" So I was like, "As the Korean proverb goes, 'Good medicine tastes bitter', Mark."

Jimmy: I couldn't agree with you more. Even if the chance of getting arrested is comparatively low, **better safe than sorry**[4].

---

1. stand treat: 한턱 내다
2. under-the-table deal: 불법적으로 하는 거래
3. under the counter: 불법적으로, 비밀리에
4. Better safe than sorry.: 나중에 후회하는 것보다는 미리 조심하는 게 낫다.

Eric	Mark가 며칠 전에 자기가 일하는 곳에서 월급을 많이 받아서, 자기 친구들에게 한턱 냈어.
Jimmy	난 걔가 여기 학생 비자로 있는 줄 알았는데. 최근에 취업 비자를 받은 거야?
Eric	아니. 불법적으로 일했어.
Jimmy	네 말은 그러니까 걔가 불법적으로 돈을 벌고 있다는 거니?
Eric	대충. 난 걔가 걱정돼. 왜냐하면 만일 이민국에서 알게 되면 걔 이 나라에서 쫓겨날 테니까. 단언컨대 겨우 그 정도 돈을 벌자고 박사 학위를 걸고 싶지는 않을 거야.
Jimmy	그 사실을 그에게 알려줬어?
Eric	알려줬지. 그런데 내가 한 말 때문에 좀 화가 난 것 같았어.
Jimmy	네가 그걸 어떻게 알아?
Eric	내가 그걸 말해 줬을 때, 걔가 "네 일에나 신경 써."라고 하더라니까. 그래서 내가 "한국 속담에도 있듯이 좋은 약은 입에 쓴 거야, Mark."라고 했지.
Jimmy	나도 너랑 같은 생각이야. 설사 체포 당할 가능성이 비교적 낮다고 해도, 나중에 후회하는 것보다는 미리 조심하는 게 낫지.

물론, 이 "He was like _____." 또는 "She was like _____." 하는 것이 like할 만한 착한 영어는 아니다. 다시 말해, 공식 석상에서 혹은 유학 가서 교수님께 쓸 만한 격조 있는 영어는 절대 아니란 말씀! 예를 들어, 아인슈타인의 상대성 이론에 관한 논문을 인용하면서, "Einstein was like _____."라고 써버리면 그걸 읽은 미국인 교수님의 표정이 어떨까 하고 아선생은 재미있는 상상을 해 본다.

그러나 어찌 되었든 간에 둘 다 직접화법이니 said를 쓰건, like를 쓰건, 누군가가 한 말을 카피해서 그대로 쓸 수 있는 직접화법의 경우, 성대모사만 잘하면 문법적으로 고민할 것은 아무것도 없다. 평서문이든, 의문문이든, 명령문이든, 뭐든 다른 사람이 한 말을 그대로 전하기만 하면 되니까 고민 끝!

문제는 간접화법인데, 간접화법의 경우, 동사가 시제 일치 등의 이유로 변하기 때문에 동사 구간을 고민 좀 하면서 사용해야 한다. **인용부호 ("")가 들어가서 독립된 영토로 인정받는 직접화법과 달리, 간접화법의 경우 주절**

의 식민 지배를 받아서 주절과 같은 법(시제)을 따라줘야 한다. 즉, 시제 일치 등의 이유로 전하는 말의 동사 등이 바뀌어야 한다는 말! 쉬운 예로, 과거로 시작한 문장은 과거로 끝을 내야 한다. 더 이상 깊게 생각하지 말고 대화에서 하나 하나 체크해 보자.

Young-min: Have you ever heard of "Pele's Curse"?

Yu-ho: Are you talking about the Pele who was the Brazilian soccer player?

Young-min: Yeah, that Pele. He was legendary as a soccer player, but he's **infamous for**[1] his wrong predictions about World Cup games.

Yu-ho: How so?

Young-min: Here's an example. Regarding World Cup 2002, Pele **said** Argentina and France **would** both reach the final, but both of the countries were eliminated in the first round. France did not even score a goal. **What's more**[2], Pele **stated** Brazil **would not** get past the group stages at the World Cup. However, Brazil won the World Cup in 2002.

Yu-ho: That's hilarious!

Young-min: The thing is, although he makes numerous wrong predictions every World Cup, people still continue to ask him such questions. Well, on the upside, since his predictions are usually wrong, we can make a good guess based on the opposite of his comments.

Yu-ho	That makes sense. Now I know why **Romario said** Pele **was** a poet when he **kept** his mouth shut. So what did he say about this upcoming World Cup?
Young-min	**He mentioned** that Spain and Brazil **were** the two best teams.
Yu-ho	Whoopee! Pele didn't curse the Korean national team!

1. be infamous for: ~로 악명 높다
2. what's more: 게다가 더한 건

영민	"펠레의 저주"에 대해 들어본 적 있니?
유호	브라질 축구 선수였던 바로 그 펠레 말이야?
영민	맞아, 그 펠레. 그가 축구 선수로는 전설적인 인물이었지만, 월드컵에 대해서는 잘못된 예측으로 악명이 높아.
유호	어떻게 그래?
영민	예를 하나 들어줄게. 2002년 월드컵에 대해서 펠레가 아르헨티나와 프랑스가 모두 결승전에 올라갈 것이라고 말했는데, 두 나라 모두 조별 리그에서 떨어졌어. 프랑스는 한 골도 못 넣었지. 게다가 더한 건, 펠레가 그 월드컵 때 브라질은 조별 리그도 통과 못 할 것이라고 했거든. 하지만 브라질이 2002년 월드컵 때 우승했잖아.
유호	진짜 웃긴다!
영민	재미있는 사실은, 그가 매 월드컵 때마다 잘못된 예상을 수도 없이 하는데도, 사람들이 여전히 그에게 그런 질문을 한다는 거야. 뭐, 긍정적인 면은, 그의 예측이 주로 틀리기 때문에, 우리가 그가 한 말의 반대를 근거로 해서 좋게 생각해 볼 수 있다는 점이지.
유호	그거 말 된다! 이제야 왜 로마리오가 펠레는 입을 닫고 있으면 시인이라고 했는지 알겠어. 그래서 그가 다가오는 월드컵에 대해서는 뭐라고 했대?
영민	스페인과 브라질이 가장 잘하는 팀이래.
유호	야호! 펠레가 한국 국가대표팀을 저주하지는 않았네!

아선생의 설명을 듣기 전에, 펠레와 로마리오가 원래 했던 말들(밑줄 친 부분)이 뭐였는지 대화에서 유추해 보자. 그리고 유추한 문장이 맞는지 틀리는지 다음에서 살펴보자.

1) Argentina and France **will** both reach the final.

2) Brazil **will not** get past the group stages at the World Cup.

3) Pele **is** a poet when he **keeps** his mouth shut.

4) Spain and Brazil **are** the two best teams.

예문에서 보는 것처럼, 직접화법이었으면 모두 현재나 미래형이었을 문장들이 간접화법이 되어 과거형 주절(**he said/stated/mentioned ~**)의 식민 지배를 받아서 모두 과거형으로 변신했다.

그렇다면, 원래 문장이 과거라면 뭐가 어떻게 되는 걸까? 간접화법에서는 과거의 과거가 되니, 당연히 과거완료를 쓴다. said가 과거이고, 말을 하기 전에, 즉 "과거의 과거"에 일어난 일을 이야기하는 것이니, 과거의 과거를 나타내는 had p.p가 대령해 주서야 한다.

💬 Jen said, "I **ate** lots of pizza."
Jen이 "나 피자 많이 먹었어"라고 말했다.

Jen said she **had eaten** lots of pizza.
Jen이 자기가 피자를 많이 먹었었다고 말했다.

이렇게 **ate**이 **said**보다 먼저 일어난 일임을 확실히 해 주므로 간접화법에서는 과거완료시제가 쓰였다. 바로 요 앞장에서 배운 것처럼, 여기서도 과거완료는 뭐가 먼저 일어난 일인지를 명확히 해 주는 time relationship indicator 정도로 이해해 주고 다음과 같이 대화에서도 활용해 주자.

Sam I should be able to use this program in my class tomorrow, but I still don't know what I'm doing.

Jimmy What do you want to do with the program?

Sam I want to be able to activate this testing program first, and I need to use my mike when the program is on.

Jimmy Oh, it's **as easy as ABC**[1]. With regard to testing tools, click on this icon over here, and everything including your mike gets automatically activated.

Sam Sweet! How did you figure it out?

Jimmy Molly told me all about the program. She said she **had fooled around with this program**[2] for an hour or so.

Sam So did I, but that doesn't mean much for me. You know, I'm **computer illiterate**[3].

1. as easy as ABC: ABC처럼 쉬운; 아주 쉬운
2. fool around with something: ~으로 빈둥거리며 이것저것 해 보다
   (fool around with somebody: 이성과 놀아나다)
3. computer illiterate: 컴맹인, 컴맹의

Sam	내일 이 프로그램을 내 수업에서 사용할 수 있어야 하는데, 난 여전히 뭐가 뭔지 하나도 모르겠어.
Jimmy	이 프로그램으로 뭘 하고 싶은데?
Sam	일단 여기 시험 프로그램을 작동시킬 수 있으면 좋겠고, 그리고 이 프로그램이 켜져 있을 때 내 마이크를 동시에 사용해야 해.
Jimmy	그거 아주 쉬워. 시험 도구에 대해서는, 바로 여기 있는 이 아이콘을 클릭해. 그러면 네 마이크를 포함한 모든 게 자동적으로 작동되기 시작해.
Sam	좋았어! 넌 그걸 어떻게 알아냈어?
Jimmy	Molly가 이 프로그램에 관해 모든 것을 말해 줬거든. Molly가 이 프로그램으로 한 시간쯤 이것저것 시도해 봤다고 했어.
Sam	나도 그렇게 해 봤지만, 내겐 그래 봐도 별 도움이 안 되더라. 너도 알다시피, 나 컴맹이잖니.

Molly가 그 프로그램으로 이것저것 해 본 것은 그녀가 그랬다는 말을 해 주기 전에 일어난 일이기 때문에, had p.p 즉, 과거의 과거로 표현했다. It's as easy as 가나다! 예외 없는 법칙이 없다고들 하니, 간접화법에서의 시제 일치에서도 예외가 있는 것은 당연지사! 이 중에서 가장 잘 쓰이는 것 딱 두 가지만 짚어드리고 넘어가겠다.

언제 어디서고 절대적으로 진실인 보편적인 진리에는 단순현재시제를 쓴다고 〈Chapter 3〉의 단순현재시제 편에서 커버했다. 역시, 이들은 **그 진리의 빛을 발휘여 간접화법 문장에서도 주절의 시제에 구애 받지 않고 무조건 단순현재시제를 쓴다.** 아니, 직접화법처럼 국경을 가르는 인용부호("") 안에 존재하는 것도 아니면서 왜 독립된 영토로 인정받아 주절 시제에 구애 받지 않아도 되는 걸까? 도대체 왜? 자자, 직·간접 화법을 떠나서, 그래도 언제 어디서나 통하는 절대적인 진리라면 독립된 영토로 인정해 줄 만하지 않을까? 그리고 말이야 바른 말이지, 다른 경우와는 달리, 시제 일치 따위는 걱정 안 하고 그냥 말한 사람 문장을 그대로 갖다 써 버리면 되니, 오히려 이렇게 편할 수가 없다. 다음 대화를 들어 보면, 아선생이 뭔 소리를 하는지 알 수 있을 것이다.

Nina	I've got a **sprained**[1] ankle, and it looks like it's about to **swell up**[2].
Ji-won	Did you fall down or something?
Nina	Yeah, I **missed my step**[3] on the stairs, and my ankle has been killing me ever since.
Ji-won	Why don't you get some **acupuncture**[4] then? My grandma said acupuncture treatment is the best for a twisted ankle.

Nina   I'm not really familiar with oriental medicine. Is it reliable?

Ji-won   Of course, Nina. My high school teacher mentioned that oriental medicine has more than 4000 years of history.

Nina   Another thing is I'm scared of needles.

Ji-won   No worries! Trust me on this. It doesn't hurt at all.

Nina   Then, can you recommend any professional **acupuncturist**[5] in town?

Ji-won   I don't know any acupuncturist, but one of my friends is an oriental doctor. I'm sure he performs acupuncture as well.

1. sprain: (발목 등을) 삐다, 접질리다
2. swell up: 부어 오르다
3. miss one's step: 발을 헛디디다
4. acupuncture: (한의학) 침, 침술
5. acupuncturist: 침술사

Nina	나 발목을 삐었는데, 곧 부어 오를 것 같아 보여.
지원	넘어지기라도 한 거니?
Nina	응, 계단에서 발을 헛디뎠어. 그리고 그 후로 쭉 발목이 아파 죽겠어.
지원	그럼, 침을 좀 맞아 보는 게 어때? 우리 할머니가 발목 삔 데에는 침 치료가 가장 좋다고 하셨어.
Nina	나한테 동양의학은 너무 생소해서 말이야. 신뢰할 만한 거니?
지원	물론이지, Nina. 우리 고등학교 선생님이 동양의학이 4000년이 넘는 역사가 있다고 말씀하셨어.
Nina	더욱이 다른 건, 난 침(바늘)이 무섭거든.
지원	걱정하지 마! 내 말 믿어 봐. 그거 전혀 아프지 않아.
Nina	그렇다면, 이 도시에 있는 전문 침술가 좀 추천해 줄 수 있어?
지원	내가 침술가는 모르지만, 내 친구 중 한 명이 한의사야. 분명히 그가 침도 놓을 거야.

보다시피, 대화에서 빨간불이 들어온 문장은 모두 보편적인 진리나 절대적인 진실을 전하고 있으므로 시제 일치의 법칙을 지키지 않고 있다.

또 다른 시제 일치 법칙의 예외! **역사는 언제나 단순과거형!** 역사적 사실은 말하는 사람이 그 말을 하기보다 먼저 일어난 "과거의 과거"이므로 과거완료를 써야 할 것 같지만, 이 또한 시제 일치가 적용되지 않는 경우다. 보편적인 진리와 마찬가지로 **역사적인 사실도 독립된 영토를 인정해 주고, 주절의 시제에 관계 없이 무조건 단순과거로 써 주자.** 다음에 나오는 Phil과 지원의 대화에서와 같이 말이다.

Phil　Hey, Ji-won! I'm reading some news about your country and Japan.

Ji-won　What is it about?

Phil　According to this newspaper, a former comfort woman from Korea **filed a lawsuit against**[1] the Japanese government. She says all she wants is a sincere apology from Japan, not **compensation**[2].

Ji-won　It is one of the unsolved problems between Korea and Japan.

Phil　Since I teach a large number of international students, I have many chances to discuss world history with them. One time, a Korean student **brought up**[3] this issue of comfort women in my class. What surprised me was Japanese and Koreans had completely different views on this matter. The Korean student stated quite a number of Korean women **were drafted**[4] into the Japanese military **by force**[5] and forced into prostitution.

Ji-won　And, of course, the Japanese students denied the historical fact, didn't they?

Phil Yeah, exactly! A Japanese student argued that those women **practiced** prostitution voluntarily in order to make money.

Ji-won The Japanese government has been **distorting**[6] history for a long time, and that's why many Asian countries are upset with them.

Phil Shame on them. They should learn something from the German government who apologizes to the Jewish people every year.

1. file a lawsuit against ~: ~를 상대로 소송하다
2. compensation: 보상, 보상금
3. bring up: (화제를) 꺼내다
4. be drafted: 징용되다
5. by force: 강제로
6. distort: 왜곡하다

Phil 이봐, 지원아! 나 지금 너희 나라랑 일본에 관한 뉴스 읽고 있어.
지원 무엇에 관한 거야?
Phil 이 신문에 따르면, 한국에서 온 한 위안부 출신 할머니가 일본 정부를 상대로 소송을 했대. 할머니는, 자신이 원하는 전부는 일본의 진심 어린 사과지, 보상금이 아니라고 하셔.
지원 그게 한국과 일본 사이에서 여전히 풀리지 않은 문제 중 하나지.
Phil 내가 국제 유학생을 많이 가르치기 때문에 그 학생들이랑 함께 세계사를 논할 기회가 많거든. 한번은, 한 한국 학생이 내 수업 시간에 위안부 문제를 꺼냈어. 날 놀라게 한 건, 이 문제에 대해 일본 학생과 한국 학생들이 서로 너무나 다른 관점을 가지고 있다는 사실이었어. 그 한국 학생은 상당수의 한국 여성들이 일본 군대에 강제로 끌려가서 매춘을 강요 받았다고 진술했거든.
지원 그리고, 물론 일본 학생들은 그 역사적인 사실을 부정했고, 안 그래?
Phil 정확히 맞아! 한 일본 학생은 그 여자들이 돈을 벌기 위해서 자발적으로 매춘을 했다고 주장하더라.
지원 일본 정부가 오랫동안 역사를 왜곡해 왔고, 그래서 많은 아시아 국가들이 그들에게 화가 나 있어.
Phil 부끄러운 줄을 알아야지. 매년 유태인에게 사과하는 독일 정부한테서 좀 배워야 하고.

물론, 위의 대화에서 그 일본 학생이 한 말이 역사적으로 사실이 아니라는 것은 하늘이 알고, 땅이 알고, 위안부 할머니들이 다 아는 사실이

지만, 어쨌든 그 말을 한 화자(일본 학생) 입장에서는 그것이 역사적인 사실이라 믿고 했던 말을 전달하는 것이기 때문에 과거완료가 아닌 단순과거를 썼다. 즉, 사실 여부에 관계 없이 그걸 화자가 "역사적 사실"이라고 주장하면, 문법 법칙이 적용될 수 있다는 말이다. 이제 동사 구간의 시제 일치는 그만 고민하셔도 될 듯하다. (물론, 우리에게 아직 풀리지 않은 숙제인 위안부 할머니들의 문제는 계속 고민해야겠지만.)

허나, 문제는 동사 구간만 걱정하면 간접화법의 고속도로가 뻥 뚫리는 게 절대로 아니라는 데 있다. 동사도 동사지만, 대명사 변화에도 주목해야 한다. 내가 you한테 한 말을 너희 엄마한테 전하면서 you라는 대명사를 그대로 써 버리면, 그 you는 you가 아니라 "니네 엄마"가 되어 버리니, 대명사를 쓸 때에는 조심, 또 조심해야 한다.

그뿐인가? 직접화법을 간접화법으로 전환 시에는 시간이나 장소의 표현마저도 그 의미에 맞게 변신하는데 추억의 만화영화 요술공주 밍키에서 밍키가 휘두르던 요술봉으로 시간이나 장소 표현을 간접화법에 맞게 변신시켜 보면 어떨까?

변신 전		변신 후
now today this (예: this weekend) tomorrow next (예: next week) yesterday last (예: last week) ago (예: 2 days ago) this place here	간접화법 요술봉	then that day that (예: that weekend) the following day the following (예: the following week) the previous day the previous (예: the previous week) before (예: 2 days before) that place there

요술 소녀는커녕, 요술 손녀도 못 되는 아선생 같은 독자님들께서는 요술봉이 아닌 두뇌로 이들을 변신시켜야 하니까, 앞에서 풀어 놓은 영문법의 세계를 이해하자. 물론, 무조건적인 암기보다는 이해를 바탕으로 하는 규칙의 적용과 모니터, 아선생이 누차 강조하는 문법 습득 세계의 룰이다. 그럼, 적용의 예를 보여주는 대화로 날아가 보자.

상황은 이렇다. 컴퓨터 관련 수업을 듣고 있는 Amy와 Nick. 2주 정도 개인 사정으로 수업을 빠지게 된 Amy가 Nick에게 자기 대신 열심히 수업을 듣고, 선생님께서 한 말을 그대로 자신에게 말해 달라고 부탁을 한다. 다음은 수업에 들어간 Nick에게 수업 중 선생님께서 하신 말씀.

MP3-10_07

"We will study how to use the program this week. In order for you to understand it better, I **revamped**[1] the manual yesterday. Let me cover the key concepts on page 22 today, and we will go deeper into this matter tomorrow. By the way, did you learn how to activate the program last week?"

1. revamp: (좋은 쪽으로) 고치다; 개조하다.

이번 주에는 이 프로그램 활용법을 공부할 거예요. 여러분이 더 잘 이해할 수 있게 제가 어제 매뉴얼을 고쳤습니다. 오늘은 22 페이지의 주요 개념들을 알려드리죠. 내일 이 사안에 대해 더 깊이 들어갈 겁니다. 그건 그렇고, 여러분 지난주에 프로그램 구동법 배웠나요?

정확히 2주 후 학교로 돌아온 Amy는 Nick에게 수업 내용을 물어보고, Nick은 착실하게 선생님께서 하신 말씀을 그대로 전한다:

Amy   What did the teacher say we would study the first week of August?

Nick   The teacher said we would study how to use the program *that week*. He also mentioned that in order for us to understand it better, he had had to revamp the manual *the previous day*.

Amy   What did he cover on the first day of the week?

Nick   He told us to let him cover the key concepts on page 22 *that day*, and we would go deeper into *that matter the following day*.

Amy   Did he ask you any questions?

Nick   He asked us if we had learned how to activate the program *the previous week*.

Amy   선생님께서 8월 첫 주에 우리가 뭘 공부할 거라고 하셨니?

Nick   선생님께서 우리가 그 주에 그 프로그램 사용법을 공부할 거라고 하셨어. 또 우리가 그것을 더 잘 이해하도록 하기 위해서, 그 전날 선생님께서 매뉴얼을 고쳤어야 했다고 하셨고.

Amy   그 주의 첫날에 선생님께서 무엇을 가르치셨어?

Nick   선생님께서 그날은 22쪽에 있는 주요 개념들을 알려주겠다고 우리에게 말하셨고, 그 다음 날 그 문제에 대해 좀 더 깊이 있게 다룰 거라고 하셨어.

Amy   선생님이 너한테 질문하신 것은 없고?

Nick   선생님께서 우리가 전주에 그 프로그램 구동하는 법을 배웠는지 물어보셨어.

솔직히 이런 것들은 조금만 집중하면서 상식적으로 생각해 보면 해결되는 부분이라 길게 잔소리 안 하고 넘어가도 아선생은 걱정 안 된다.

지금부터는 전하는 문장의 형태에 따라 달라지는 간접화법의 법칙을 하나씩 짚으면서 달려 보자. 먼저 질문을 전달하는 간접화법!

질문 이야기가 나온 김에 Yes/No Questions와 Wh-Questions에 대해서 잠시 소개하고 넘어갈까 한다. Yes/No Questions는 말 그대로 그 대답이 Yes 또는 No인 질문을 말한다. "Do you like me?"(너 나 좋아해?) "Are you Korean?"(너 한국 사람이지?)처럼 말이다. 반면, Wh-questions는 이름처럼 wh-word가 들어간 질문을 말한다. wh-word란 what, who, where, when, why, 그리고 how! 이러한 질문에 대한 대답은 어떤 식으로든 듣는 이에게는 새로운 정보를 담고 있기 때문에 미국에서는 이들을 Information questions라고도 부른다.

그럼, 이제 이들 질문들을 직접화법 노선에서 간접화법 노선으로 갈아태워 보자. 긴지 아닌지를 묻는 Yes/No questions의 경우, if나 whether를 쓰고 시제 일치만 지켜 주면 된다.

💬 He asked, "Are you single?" 그가 "넌 싱글이니?"하고 물었어.

→ He asked me if I was single. 그가 나한테 내가 싱글인지 물었어.

He asked, "Do you have a boyfriend?"
그가 "너 남자친구 있니?"하고 물었어.

→ He wondered if I had a boyfriend.
그가 내가 남자친구가 있는지 궁금해했어.

I asked, "Did you buy the grammar book?"
나는 "너 그 문법책 샀니?"하고 물었어.

→ I asked him if he had bought the grammar book.
나는 그에게 그 문법책을 샀는지 물었어.

이제 이 구조들을 대화에서 만나 보자.

Doug So, what did Mike say about the meeting with those **stakeholders**[1]?

Aidan He said no one wanted to use ecofriendly building materials for cost reasons.

Doug It doesn't surprise me even a little bit. What the stakeholders care about is how to make more profit. **That is to say**[2], all they care about is money, not the environment.

Aidan Mike seemed pretty frustrated because of that. He wondered if sustainable development[3] is even possible in this condition.

---

1. stakeholder: 주주; 이해 당사자
2. that is to say: 다시 말해서
3. sustainable development: 환경친화적 개발

Doug 그래, 그 주주들과의 회의에 대해서 Mike가 뭐라고 했어?
Aidan 그가 말하는데 비용상의 이유로 아무도 환경친화적인 건축 재료를 사용하고 싶어하지 않았대.
Doug 하나도 안 놀랍다. 그 주주들이 생각하는 건 오로지 어떻게 더 많은 이익을 남기는가 하는 거지. 다시 말해서, 그들이 걱정하는 건 돈이지 환경이 아니라는 거야.
Aidan Mike가 그것 때문에 아주 실망한 것 같았어. 그가 이런 조건 속에서 환경친화적인 개발이 가능하기나 한 건지 궁금해했거든.

Doug　Did he try to convince them?
Aidan　He tried but couldn't carry on the conversation because one of the investors asked him **if he could withdraw their investments**.
Doug　Geez, I'm not an extreme **tree-hugger**[4], but they sound pretty greedy.

4. tree-hugger: 급진적인 환경 보호 운동가 (나무를 껴안고 있으니.)

Doug　그가 그들을 설득하려고는 했어?
Aidan　시도는 했지만 대화를 이어갈 수는 없었어. 왜냐하면 투자자 중 한 사람이 투자를 철회할 수 있는지 물어봤거든.
Doug　세상에, 내가 완전 급진적인 환경 보호 운동가는 아니지만, 그 사람들 정말 탐욕스러운 것 같아.

의문문이 들어간 wh-questions의 경우는 wh-word를 바로 끌어다 쓰면 된다. 이때, **주어와 동사의 위치가 바뀐다는 사실에 주목**하셔야 한다. 왜냐하면 간접화법에서 이들은 질문이 아니라, 한 문장의 목적어이기 때문에 평서문처럼 주어+동사 어순을 따라야 한다. 우선 sample로 예문부터 보자.

💬 He asked, "Where is the restroom?"
그가 "화장실이 어디니?"하고 물었다.

→ He asked me **where the restroom was**.
그가 화장실이 어디냐고 내게 물었어.

예문에서 보신 바와 같이, 여기서도 시제 일치는 지켜줘야 한다. 그럼, 이제 대화로 들어가 보자.

Amy Raymond seems to work too hard. A few days ago, I asked him when he had left the previous day, and he said, "Elevenish[1]".

David That doesn't even surprise me. He's a well-known workaholic.

Amy I know a workaholic is better than an alcoholic, but isn't he married?

David I know what you're trying to say. Family should be top priority for anyone.

Amy Working hard is important to raise a family, but he needs to learn how to strike a balance[2].

David It's really interesting that you say that 'cause Raymond asked me the other day how he should balance his career and family.

Amy Good! At least he's conscious of his problem.

1. elevenish: 11시쯤
2. strike a balance: 균형을 맞추다

Amy Raymond가 너무 열심히 일하는 것 같아. 며칠 전에, 내가 그에게 그 전날 언제 집에 갔는지 물어봤는데, 그가 "11시쯤"이라고 하는 거야.
David 전혀 놀라운 일도 아니네. 그는 유명한 일 중독자잖아.
Amy 나도 일 중독자가 알코올 중독자보다는 낫다고 생각하지만, 그 사람 결혼하지 않았니?
David 네가 무슨 말 하려는지 알아. 어느 누구에게나 가족이 우선순위가 되어야 하지.
Amy 가족을 부양하려면 열심히 일하는 것도 중요하지만, Raymond는 균형을 맞추는 법을 배울 필요가 있어.
David 네가 그 말 하니까 정말 흥미로운 걸. 왜냐하면 Raymond가 며칠 전에 내게 일과 가족 사이에서 어떻게 균형을 맞추어야 하는지 물어봤거든.
Amy 잘됐네. 최소한 그가 자신의 문제를 의식하고는 있으니 말이야.

여기서 잠깐! 대화의 Elevenish라는 이 품사 불명의 단어는 숫자 eleven (11)에 형용사형 접미사 —ish가 붙어 만들어진 일종의 slang 표현으로,

DIRECT SPEECH VS. INDIRECT SPEECH

'11시쯤'이라는 뜻이다. 미국인들은 이렇게 숫자와 ish의 조합으로 sevenish(7시쯤), eightish(8시쯤) 등의 표현을 일상 생활에서 자주 즐겨 쓴다.

Wh-words는 what time, what color, how old, how long, how heavy, how many 같이 다른 단어와 함께 쓰이기도 한다. 이런 형태는 그냥 하나의 단어처럼 보고 함께 움직여 주면 편하다. 예문부터 맛보고, 바로 대화 한 상 차려드리겠다.

💬 She asked, "How close is the deadline?"
그녀는 "마감일이 얼마나 남았어요?"하고 물었다.

→ She asked me how close the deadline was.
그녀는 내게 마감일이 얼마나 남았는지 물었다.

Robert	How was your blind date?
Chul-su	She was a really gorgeous girl, but she asked me too many **darn**[1] questions.
Robert	It's not unusual to ask lots of questions on a first date.
Chul-su	The truth of the matter was she asked me only the kind of questions that I wanted to **sidestep**[2].
Robert	Such as?
Chul-su	At first, she asked me how tall I was, saying that she would only date guys over 180 centimeters tall. Oh, she also asked me how much I weighed for the same reason.

Robert   Hold on. Are you telling me she asked you how many kilograms you weighed?

Chul-su   Yeah. Can you believe that? What's more, she asked me how many buildings I had. When I said I didn't have one, she was like, "I would rather date an ugly guy than a poor guy."

Robert   (It) sounds like an **atrocious**[3] example of a date.

Chul-su   Tell me about it! I would rather date a **plain-looking**[4] girl who has a good personality than a stunning beauty who **steps on people's toes**[5].

Robert   I hear you! Beauty is only skin deep **after all**[6].

1. darn: 'damn' 대신에 쓰는 가벼운 욕설
2. sidestep: (질문을) 회피하다
3. atrocious: 끔찍스러운
4. plain-looking: 보통 정도의 외모를 가진
5. step on one's toes: ~을 짓밟다; ~을 모욕하다
6. after all: 결국

Robert   소개팅은 어땠어?
철수   그 애가 외모는 정말 아름다웠지만, 짜증나는 질문을 많이 하더라고.
Robert   첫 데이트에서 질문을 많이 하는 건 흔한 일이잖아.
철수   문제의 핵심은 그녀가 내가 회피하고 싶은 종류의 질문들만 했다는 거야.
Robert   예를 들면?
철수   처음에는 내 키가 얼마인지 묻더라고 자기는 키 180cm 넘는 남자하고만 데이트를 한다면서. 아, 같은 이유로 내 몸무게가 얼마나 나가는지도 물었어.
Robert   잠깐만. 지금 그 여자가 네가 몇 킬로그램 나가는지를 물어봤다는 거야?
철수   그래. 이게 믿어지니? 게다가 더한 건, 그녀가 나한테 빌딩을 몇 개나 가지고 있는지 물어보더라고. 내가 하나도 없다니까, "난 가난한 남자랑 데이트 하느니, 차라리 못생긴 남자하고 데이트 하겠어."라고 하잖아.
Robert   듣자 하니, 끔찍한 데이트 사례 중 하나네.
철수   내 말이! 난 굉장한 미인이면서 다른 사람을 짓밟고 다니는 사람보다는, 그냥 평범하게 생기고 인간성 좋은 여자와 데이트하겠어.
Robert   동의해. 미모는 결국 가죽 한 꺼풀에 불과할 뿐이니까.

질문은 그만 전달하고, 이제는 명령을 한번 전달해 보자. 명령문을 전달하는 간접화법은 to부정사를 활용해 주면 된다. Don't ~로 시작하는 부정 명령문의 경우는, 물론 to ~ 대신 **not** to ~! to부정사의 부정은 to 앞에 not만 갖다 붙이면 된다는 걸 백두산 호랑이 담배 피우던 시절에 배우셨으니까 (1권 Chapter 9) 그만 됐고, 이를 대화에서 확인 작업 들어가 보자.

Tim   I can't even write an essay now. I think my writing skills are rusty[1].

Laura   Don't be stressed out. I happen to be taking a composition class these days, so I can help you out.

Tim   You might have to **spell out**[2] everything about how to write an essay from A to Z.

Laura   I'll try. Have you decided the topic?

Tim   Yup.

Laura   Then, let's get started with the brainstorming and outlining process. My teacher told us to ask ourselves lots of questions and answer them before creating the outline.

Tim   And after outlining?

Laura   He advised us to start off the essay with an attention getter.

Tim   What sort of attention getters are you talking about?

Laura   He said it could be anything that would interest your readers. You know, humor, startling statements, rhetorical questions, etc.

Tim   Is there anything to avoid when writing?
Laura He told us not to repeat the same sentences. Oh, he also advised us not to write too many lengthy³ sentences.
Tim   Your teacher seems to be on top of⁴ everything.
Laura I'll tell him so 'cause he asked us to give him some feedback on his teaching.

1. rusty: 녹이 슨; 예전 같지 않은
2. spell out: 자세히 설명하다
3. lengthy: 너무 긴; 장황한
4. be on top of ~: ~에 대해 아주 잘 알다

Tim   난 이제 에세이도 하나 쓰지를 못하겠어. 내 글쓰기 실력이 예전 같지 않아.
Laura 너무 스트레스 받지 마. 마침 내가 요즘 작문 수업을 하나 듣고 있으니, 널 도와줄 수 있어.
Tim   네가 에세이 쓰는 법에 대해서 하나부터 열까지 아마 다 설명해 줘야 할 거야.
Laura 노력해 볼게. 주제는 정했니?
Tim   응.
Laura 그럼, 브레인스토밍과 개요 잡는 과정부터 시작하자. 우리 선생님께서 글의 대략적인 개요를 잡기 전에 우리 스스로에게 많이 물어보고 또 그에 대한 답을 해보라고 하셨어.
Tim   개요를 잡은 후에는?
Laura 주의를 끌 만한 것으로 에세이를 쓰기 시작하라고 충고하셨지.
Tim   어떤 종류의 "주의를 끌 만한 것"을 말하는 거야?
Laura 그분이 말씀하시길, 독자의 흥미를 끌 만한 것이면 뭐든 된다고 하셨어. 뭐, 유머나 깜짝 놀랄 만한 말이나 수사 의문문이나 그런 것들.
Tim   글을 쓸 때 피해야 할 것은 없니?
Laura 선생님께서 같은 문장을 반복하지는 말라고 하셨어. 참, 또 너무 긴 문장도 많이 쓰지 말라고 충고하셨어.
Tim   너희 선생님은 모든 걸 훤히 꿰뚫고 있는 것 같아.
Laura 선생님께 그렇게 말씀드릴게. 선생님이 우리에게 당신의 가르침에 대한 피드백을 달라고 요청하셨거든.

Laura의 마지막 문장에서 보다시피 요구나 요청이 담긴 명령문의 경우, tell 대신 '요구하다'의 뜻인 동사 ask를 쓰면 적절하다.

지금까지 모든 문장의 형태에 따라 이말 저말을 여기저기에 옮겨 보았는데, 마지막으로 아선생이 꼭 당부드리고 싶은 말씀이 두 가지 있다.

첫째로, 지금까지 아선생이 제시한 많은 대화에서 보셨다시피, 누가 한 말을 옮길 때, 꼭 동사 say나 tell만 써서 He said ~ 또는 She told me that ~이라고만 할 필요는 없다. 그러니, say 외에도 state, mention, argue, claim, insist, stress 등의 다양한 다른 동사들도 써 보자. 질문의 경우에도 ask만 쓰기보다는 wonder 등도 같이 써서 다채로운 영어의 세계를 맛보면 어떨까? 비빔밥을 만들 때 콩나물만 넣는 것보다는 무채나물, 시금치나물, 계란, 소고기 등의 재료를 골고루 넣어야 맛도 좋고 영양도 좋듯이, 대화에서도 여러 가지 재료를 넣어야 맛 좋고 영양가 있는 대화가 나온다. (앗, 콩나물 비빔밥만 드시는 분들께는 대단히 죄송!) 게다가, 미국 사람들은 똑같은 단어를 계속 반복해서 쓰는 거 무지하게 싫어한다.

그리고 마지막으로, 미국에서도 한국에서와 마찬가지로 남의 말은 꼭 필요할 때만 옮기자는 것! 꼭 기억하시기를.

CHAPTER 11

동사의 시제만 잡으면
해결되는
조건절과 가정법!

CONDITIONALS

"제가 대통령이 된다면, 한국의 교육 시스템을 바꾸겠습니다!"라는 문장이 있다고 치자. 한국어는 이 문장을 7살짜리 아이가 말할 때나 대통령 후보자가 말할 때나 똑같이 쓸 수 있지만, 영어로는 이 둘이 명백한 차이를 보인다. 7살 아이가 말한다면, "If I became President, I would change the education system in Korea."가 되고, 대통령 후보자가 말한다면, "If I become President, I will change the education system in Korea."가 된다. 영어는 이렇게 실현 가능한 if절과 실현 불가능한 if절을 동사의 시제로 구분한다.

한국에서는 실현 가능한 if절을 조건절이라 부르고, 실현 불가능한 if절을 가정법이라 부른다. 미국에서는 이 둘을 모두 conditionals라고 부르며, 이 conditional type들을 번호로 매겨서 실현이 가능한지 아닌지를 구분한다. 이때 주목해야 하는 것은, 해당 type에서 쓰이는 동사의 시제다. 그 이유는 시제에 따라 타입이 변하고 타입에 따라 그 의미가 변하기 때문이다. 지금부터 미국에서 번호 0부터 3까지 매겨져 있는 이 Conditional 타입을 하나 하나 대화를 통해서 습득해 보자.

1. Conditional Type 0 (조건절)

조건만 맞으면 언제나 진실이 되는 건 현대인들의 사랑만이 아니다. Conditional Type 0도 조건만 맞으면 100% 진실로 실현된다. 그렇다면, 대체 어떤 if절이 조건만 맞으면 100% 실현되는 것일까? 미국 강사들이 Conditional Type 0를 가르칠 때 흔히 선보이는 예문은 다음과 같다.

> If you heat ice, it melts. 얼음에 열을 가하면, 녹는다.
>
> If you heat water to 100°C, it boils. 물에 섭씨 100도까지 열을 가하면, 끓는다.

이러한 것들은 언제든 조건만 맞으면 100% 실현되니, '보편적인 진리'로 보고, **if절과 주절 모두 단순현재**를 쓰면 된다. 이 경우, if절의 조건만 맞으면 주절은 언제나 실현되기 때문에, 한국의 문법 시간에는 이에 대해 가정법이라기보다는 조건절이라는 용어를 사용한다. 이러한 문맥에서의 if-절은, '만약'이라는 의미보다는 '~하면' 혹은 '~할 때는'의 의미가 강하기 때문에, when-절로 대체해도 대부분의 문맥에서 별 차이가 없다.

If you heat ice, it melts.
= When you heat ice, it melts.

If you heat water to 100°C, it boils.
= When you heat water to 100°C, it boils.

골치 아픈 문법 공부는 이제 그만하고, 네 살짜리 아이와 아빠의 대화를 들으면서 금방 배운 내용을 복습해 보자.

Son   Dad, why are you watering the plants? Do they want to take a shower?
Dad   No, PJ. If plants don't **get** water, they **die**.
Son   Why do they **die** if they **don't get** water?
Dad   Water is just like food for them. If we **don't eat** food, we **die**. In the same way, plants need water.
Son   Why do we **die** if we **don't eat** food?
Dad   If we **don't eat** food at all, we **die** from malnutrition.
Son   By the way, what does "die" mean, Dad? And what is "malnutrition"?

아들   아빠, 왜 그 식물들에게 물을 주고 있어요? 식물이 샤워하고 싶어 해요?
아빠   아냐, PJ. 식물이 물을 먹지 않으면, 죽거든.
아들   물을 안 먹으면 식물이 왜 죽어요?
아빠   물은 식물에게 음식과 같단다. 우리가 음식을 먹지 않으면, 죽잖아. 마찬가지로, 식물들도 물이 필요해.
아들   우리가 음식을 안 먹으면 왜 죽어요?
아빠   우리가 음식을 전혀 먹지 않으면, 영양실조로 죽게 된단다.
아들   그런데, "죽는" 게 뭐예요, 아빠? "영양실조"는 또 뭐예요?

네 살짜리 아이들은 하루 평균 400번 질문을 한다고 한다. 그것이 충분히 설득력 있다고 여겨지는 대화였다. 어쨌든, 아빠와 아이의 대화에서 붉은색 문장들은 모두 if절이 제공하는 조건만 맞으면 100% 실현되는 사실들이다.

그럼, 이번에는 if-조건절을 when-절로 대체한 다이얼로그도 들어보자.

Tom　My brother is such a clean freak!

Yu-ho　What makes you think so?

Tom　When I **don't wash** fruits with salt, he **doesn't** even **touch** it. And **veggies**[1] need to be triple washed with vinegar.

Yu-ho　Then, just let him wash his own stuff.

Tom　What's more, when I **leave** dirty dishes in the sink even for a few minutes, I **get yelled at**. He is really **wearing me out**[2].

Yu-ho　Well, he's your elder brother after all. I would just try to **appease**[3] him.

Tom　Just because he's older than I am doesn't mean I have to put up with him.

---

1. veggies: 채소(vegetables의 줄임말)
2. wear ~ out: ~를 피곤하게 하다
3. appease: ~의 요구를 들어 주다; 비위를 맞춰 주다

Tom　우리 형은 정말 결벽증 환자야!
유호　왜 그렇게 생각해?
Tom　내가 과일을 소금으로 씻지 않으면, 형은 손도 안 대. 그리고 채소는 식초로 세 번 이상 씻어야 하고.
유호　그렇다면, 그냥 자기 건 자기가 씻으라 그래.
Tom　게다가 더한 건, 내가 설거지거리를 싱크대에 단 몇 분만이라도 두면, 큰 소리를 들어. 형은 날 정말 피곤하게 한다니까.
유호　어쨌든 네 형이잖아. 나라면, 그냥 형한테 맞춰 주겠다.
Tom　단지 나보다 나이가 많다는 이유로 내가 형이 하는 모든 행동을 다 참아야 하는 건 아니라고 봐.

이렇게 Conditional Type 0는 대부분의 문맥에서 if절을 when절로 대체해도 그 의미가 변하지 않는다. Tom과 유호가 하는 대화의 경우는 보편적인 진리라기보다는 특수한 케이스라고 볼 수 있는데, 이렇게 조건만 맞으면 100% 실현되는 사실은(예: "우리 형은 ~하기만 하면 항상 그래!"), 굳이 보편적인 진리가 아니더라도 〈Conditional Type 0〉을 쓰면 된다.

2. Conditional Type 1

Conditional Type 1은 일어날 수도 있고 일어나지 않을 수도 있는 일을 가정하여 조건을 붙이는 것! 뭔가를 가정하는 자체가 일어날 수도 있고 일어나지 않을 수도 있는 일인 것 같지만, 실제로 Type 2와 Type 3은 현재나 과거 사실에 완전히 반대되는 불가능한 일을 가정하기 때문에, 이와 대조해서 **Type 1을 흔히들 open condition이라고 부른다.** 예문을 보자.

💬 If it rains tomorrow, we will cancel the picnic.
내일 비가 오면, 우린 소풍을 취소할 거야.

If you are tardy again, I won't let you in.
네가 또 지각하면, 난 너를 못 들어오게 할 거야.

내일 비가 오는 건 일어날 수도 있고 일어나지 않을 수도 있는 일이므로, open condition이라고 볼 수 있다. 네가 다시 지각을 할지 안 할지도 지금으로서는 모르는 일이므로 open condition! 그럼 이 타입을 대화에 쏙 집어넣어 보자.

If it rains tomorrow, we will cancel the picnic.

When it doesn't rain tomorrow, I will take you to the park.

Robert   What's the time now? And when does the debate start?
Patrick It's 3 p.m., and the debate starts within three hours.
Robert   Do you think we're ready?
Patrick Well, Linda is the first speaker on our team, so it's kind of up to her.
Robert   By the way, where is she?
Patrick Right now, she's seeing her **ENT doctor**[1] and will take the bus at 5 o'clock.
Robert   **If** she **misses** the bus, she **will** not be able to get here on time. What **will** we do if she **doesn't get here** in time to start?
Patrick **If** she **gets** here late, James **will** give the first speech.

---

1. ENT doctor: 이비인후과 의사 (Ear, Nose, and Throat)

Robert   지금 몇 시지? 그리고 언제 토론회가 시작해?
Patrick 3시인데, 토론회는 세 시간 안에 시작해.
Robert   우리가 준비된 것 같아?
Patrick 글쎄, Linda가 우리 팀 첫 발표자이니까 그녀에게 달렸다고 할 수 있지.
Robert   그런데 Linda는 어디 있어?
Patrick 지금 이비인후과 의사를 보고 있고, 5시에 버스를 탈 거야.
Robert   그녀가 그 버스를 놓치면, 여기 제 시간에 도착할 수 없을 거야. 만약 그녀가 제 시간에 도착 못 하면, 우리 어떻게 해야 하지?
Patrick 그녀가 여기 늦게 오면, James가 (그녀 대신) 첫 발표를 할 거야.

사족을 붙이면, 시간의 부사절(when/as soon as)이 미래의 의미를 가져도 현재시제를 쓰는 이유를 이 if-조건절과 같은 문맥으로 이해하면 쉽다. (예: When you **finish** your homework assignment, I will take you to the park. 네가 숙제를 다 끝내면, 내가 널 공원에 데리고 갈게.)

3. Conditional Type 2 (현재 사실에 반대되는 가정)

실현될 수 없는 현재의 사실이라… 이렇게 문법 설명만 들으면 뜬구름 잡는 것 같은 소리도 구체적인 문맥이 깔린 대화를 들어보면 고개가 끄덕여질 테니, 부디 대화부터 들으시오.

Paul **What's good in the hood,[1] brah[2]?**

Sam Not that much. I got a new job, and it has been a month.

Paul Congratulations! So how do you like it?

Sam Moneywise, I've got no complaints; they pay pretty well. The thing is there's just too much work to do. Ever since I started working for this company, my life has been too hectic to even spend time with my family. My wife was **grumbling**[3] about it the other day, and I feel so bad that I can't help her out. However, we should save money for old age, shouldn't we? Well, I don't know anything anymore. What **would** you do if you **were** me?

Paul I **would** ask you what to do, dude.

Sam Stop kidding around. I'm serious!

Paul Okay, if you're that interested in my opinion, let me tell you what I really think. As the Scottish proverb says, "There are no pockets in a **shroud**[4]." But then again, I also think money matters while we are alive.

Sam So are you talking me into or out of quitting this job?

Paul I can't tell you what to do. All I can say is life is all about striving for balance.

1. What's good in the hood?: "What's up?" 정도의 인사말
2. brah: brother (bro)의 슬랭 표현
3. grumble: 투덜거리다
4. shroud: 수의(죽은 사람에게 입히는 옷)
   There are no pockets in a shroud.: "수의에는 주머니가 없다."는 말로, 죽어서는 돈을 가져갈 수 없다는 것을 의미하는 스코틀랜드 속담이다. 미국에서는 이 경우 주로 "You can't take it with you."라는 표현을 쓴다.

Paul   뭐, 새로운 소식이라도 있어, 친구?
Sam   뭐 별로. 내가 새 직장을 구한지 한 달 되어 간다는 것밖엔.
Paul   축하해! 그래서 새 직장은 맘에 들어?
Sam   돈에 관해서는, 불만이 없어. 월급이 꽤 괜찮거든. 문제는, 그냥 할 일이 너무나 많다는 거야. 이 회사에서 일하기 시작한 이후로는 너무 바빠서 가족하고 보낼 시간조차 없어. 아내가 며칠 전 그것에 대해서 투덜거렸고, 나도 그녀를 도울 수가 없어서 너무나 미안하게 생각해. 그렇지만, 우리가 노후를 대비해서 저축해야 하잖아, 안 그래? 정말 이젠 뭐가 뭔지 아무것도 모르겠어. 자네가 나라면 어떻게 하겠나?
Paul   자네에게 어떻게 할지 물어보겠지, 친구.
Sam   농담 그만해. 난 심각하다고!
Paul   그래, 자네가 내 의견을 그렇게 듣고 싶다면, 내가 정말로 어떻게 생각하는지 알려주지. 스코틀랜드 속담에도 있듯이, 죽어서는 돈을 가져갈 수 없어. 하지만, 아무리 그래도 우리가 살아 있는 동안에는 돈도 중요하다고 난 생각해.
Sam   그래서 이 직장을 그만두라는 말을 하는 거야, 아니면 그만두지 말라는 말을 하는 거야?
Paul   내가 자네에게 뭘 어떻게 하라고 말할 수는 없어. 내가 말할 수 있는 전부는, 인생이란 모든 면에 있어서 균형을 이루도록 노력하는 것이라는 거지.

나는 네가 될 수 없고, 너도 내가 될 수 없다. 그러니, "내가 너라면 ~" 이라는 건, 말 그대로 현재의 과학 기술로는 실현 불가능한 일! 참고로, Paul의 세 번째 문장 같이 if I were you가 생략된 형태도 아주 많이 쓰인다. 다시 말해, 실제로 Paul이 하려는 말은, "If I were you, **I would ask you what to do**, dude."였는데, 문맥상 if-절을 말하지 않아도 그것이 빤히 보이기 때문에 if절을 생략하고 주절만 쓴 것이다. 사실 이 경우, 굳이 문맥에 의존하지 않더라도, 주절의 조동사 **would**를 보면 문법적으로 가정법임을 쉽게 유추할 수 있다. 어쨌든, 이렇게 현재 사실에 반대되는 가정은 Conditional Type 2를 써서 과거형 동사로 표현하면 된다. 이때, be동사는 어떤 주어가 되었든 were를 써 주는 것에 꼭 주의한다.

아선생님, 질문이요!
현재 사실에 반대되는 가정법에서
be동사는 주어에 관계없이
were를 쓰라고 하셨는데,
실제 미국 사람들은 if I was를
많이 쓰는 것 같아요.
문법적으로 어떤 것이 올바른 표현인가요?

if I were와 if I was에 관한 것은 미국 문법 교실에서도 말 많고 탈 많은 부분이다. 사실 영국 영어를 비롯한 정통 영문법에서는 if I were만 맞고, if I was는 틀린 것으로 간주한다. 왜냐하면, I was의 경우, 단순과거시제에서도 쓰이는 형태이기 때문에, 이때 was가 출현하면 이게 가정법인지 단순과거시제인지 헷갈릴 소지가 있기 때문이다. 반면, I were의 경우, 단순과거시제에서는 아예 존재하지 않는 콤보이다 보니, 설사 한눈팔다가 앞의 if를 못 들었다고 해도 그것이 가정법 문장임을 명확하게 해 준다. 아선생이 오랫동안 이 분야에서 짬밥을 먹으면서 느끼는 점은, 정통에 가까운 영문법이 좀 더 clear(명확)한 것이더라는 사실이다.

그러나 메이플라워호를 타고 미국으로 건너오면서 영국의 전통과 함께 정통 영문법도 버려 버린 많은 미국 사람들은 if I was를 실생활에서 아주 흔하게 쓰고 있다. 이를 테면, Simon & Garfunkel노래에서조차도 Homeward bound, I wish I was ~ ♪하니 말이다. 그래서 현대 미국 영문법에서는 "if I was"가 완전히 틀린 표현이라고 말하기도 그야말로 찝찝한 시추에이션이기는 하다.

이에 대해 아선생이 깔끔하게 결론을 내려드리면, 비록 if I was가 미국 일상 회화에서 통용되는 표현이라 할지라도, 학술적이고 정중한 영어를 써야 하는 상황에서는 if I were를 써 주자는 것!

4. Conditional Type 3

Conditional Type 2가 현재 사실에 반대되는 가정인데 반해, Conditional Type 3는 과거 사실에 반대되는 가정이다. 즉, 과거에 일어났던 일을 반대로 한번 가정해 볼 때 쓰는 문법이 바로 이 타입이다. 즉, 그때 만일 그랬었다면? 혹은 만일 그러지 않았었다면? 하고 가정해 보는 것이다.

Jerry   So, did you get a good grade in sociology as always?

James   Long story short, I did well on the final test, but the fact that I had to submit a research paper totally **slipped my mind**[1], and I ended up failing the class.

Jerry   I'm sorry to hear that. We all forget important things sometimes.

---

1. slip one's mind: ~이 잊히다(그러므로 이 경우, '잊힌 사실'이 주어 자리에 온다.)

Jerry   언제나처럼 사회학에서 좋은 성적 받았니?
James   긴 이야기 짧게 하면, 기말 시험은 잘 봤지만, 리서치 페이퍼를 내야 한다는 사실을 완전히 깜박했고, 그래서 그 수업에서 낙제하는 것으로 끝났어.
Jerry   안 됐다, 정말. 우리 모두 가끔씩 중요한 일을 잊어버리곤 하잖아.

James   I've been so absent-minded this semester. **If I had turned** in the research paper, **I wouldn't have failed** the class.

Jerry   **If you hadn't forgotten** it, you **could have gotten** an A⁺ from that class. Well, if I were you, I would carry a reminder with me all the time.

James   I think I'm going to have to.

James 이번 학기에 내가 얼이 빠져 있었어. 내가 그 리서치 페이퍼를 제출했으면, 낙제하지는 않았을 텐데.
Jerry 네가 만약 그걸 잊지 않았다면, 네가 그 수업에서 A⁺를 받았을 거야. 글쎄, 내가 너라면, 항상 스케줄 노트(다이어리)를 가지고 다니겠어.
James 그래야 할 것 같아.

James가 리서치 페이퍼를 제출하지 않은 것이 실제 과거의 사실이고, 그래서 그 수업에서 낙제를 한 것도 실제 과거의 사실이다. 이 모든 과거의 사실을 반대로 가정하고 있으니, 당연히 Conditional Type 3가 쓰였다. 그런데, had p.p도 그렇고, would/could have p.p도 그렇고 그냥 쉽게 쓰기에는 뭔가 껄끄러운 문법 구조다. 딱히 이유가 있어서라기 보다는 그냥 길고, 이것저것 군더더기가 붙어서 매끄럽지 못하고 거추장스러운 느낌이랄까? 이런 불편한 느낌을 없애는 데에는, 그저 많이 들어서 귀에 익도록 하는 것이 상책이다. 그래서 아선생이 대화를 딱 하나만 더 보여드리겠다. 그 이상은 독자님의 몫이다.

Husband   (Irritated) Jacob! Don't ever pick flowers from a public garden.

Wife   Honey, you're being too harsh on him. **If you had warned** him, he **wouldn't have done** it in the first place¹. Besides, he's just a four-year-old boy.

Husband　I'm sorry. I've been kind of edgy these days because of my job situation. You know, I've **been out of employment**[2] for almost three months. Gosh! If I **hadn't changed** my job last year, I **wouldn't have gotten laid off**[3]. That was such a poor decision.

Wife　You're a capable man and will get a good job sometime soon… and even if you don't, I make enough money for our family, so please try to relax and be positive.

Husband　Thanks, honey. If there is one thing that I can tell you for sure, I got married to the right person.

Wife　You're so sweet.

1. in the first place: 애초에
2. be out of employment: 실직 상태에 있다
3. lay off: 정리 해고하다

남편　(짜증이 나서) Jacob! 공공 정원에서 꽃을 꺾으면 절대 안 돼!
아내　여보, 당신 지금 애한테 너무 심하게 하고 있어요. 당신이 걔한테 미리 주의를 줬으면, 걔가 애초에 그러지 않았을 거예요. 게다가, 걔 이제 겨우 네 살 된 아이잖아요.
남편　미안해요. 내가 요즘 직장 문제 때문에 신경이 좀 날카로워요. 당신도 알다시피, 내가 거의 석 달째 실직 상태에 있잖아요. 참나! 작년에 내가 직장을 옮기지만 않았어도, 정리 해고를 당하지는 않았을 텐데 말이에요. 그건 정말로 형편없는 결정이었어요.
아내　당신은 능력 있는 남자니까, 곧 좋은 직장을 구할 거예요. 그리고 설사 못 구한다고 해도, 내가 우리 식구들 살수 있는 만큼 충분히 돈을 벌잖아요. 그러니 제발 느긋하게 쉬면서 긍정적으로 생각해요.
남편　고마워요, 여보. 내가 당신에게 딱 한 가지 확실하게 말할 수 있는 게 있다면, 그건 내가 진정한 내 반쪽과 결혼했다는 사실이에요.
아내　당신은 정말 다정해요.

그 다음은, 많이 들어봤을 as if-가정법과 I wish-가정법! 이들도 매한가지로, as if와 I wish 뒤에 현재 사실에 반대되는 것은 단순과거형을 써

서 각각 '마치 ~인 것처럼'과 '~이면 좋겠다'로 해석된다. 과거 사실에 반대되는 것은 뒤에 had p.p를 써서 각각 '마치 ~였던 것처럼'과 '~였었으면 좋았을 텐데'라는 의미를 가진다. 깊게 생각하기 싫은 분들은 일단 Graham과 Derrick의 대화를 들어 보고 다시 생각해 보자.

Graham I've been taking Ms. Kim's Korean class on a regular basis for such a long time, but it's still difficult to get my humor across[1] in Korean.

Derrick I know what you're trying to say. The use of humor is the most advanced level of any language study.

Graham I am so envious of your Korean ability. When you speak Korean, you sound as if you had been born and raised in Seoul. I don't hear any English accent from your Korean.

Derrick Thanks! I am flattered[2], but I still need to smooth out[3] the rough edges.

Graham How do you speak such good Korean? Did you take the same class as mine?

Derrick Yes, I did. On top of that, having been to the country helped me to understand the language when I took the class. It goes without saying that there's no better place to learn the language than in the country where the language is spoken.

Graham Whatever the reason, I wish I could speak Korean just like you do.

1. get across: 의미가 전달되다, 이해되다
2. be flattered: 어깨가 으쓱해지다
3. smooth out ~: (문제, 장애 등을) 없애다

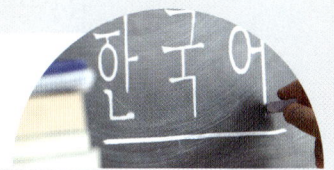

Graham	난 Kim 선생님의 한국어 수업을 그렇게 오랫동안 정기적으로 듣고 있는데, 여전히 한국어로 내 유머를 이해시키는 건 어려워.
Derrick	네가 무슨 말 하려는지 알아. 유머를 사용하는 게 어떤 언어를 공부하든 가장 고급 단계지.
Graham	난 네 한국어 실력이 정말 부러워. 네가 한국어를 할 때면, 마치 서울에서 나고 자란 토박이처럼 들린다니까. 네 한국어에 영어 억양이 전혀 안 들려.
Derrick	고마워. 이거 어깨가 으쓱해지는 걸. 하지만 나도 여전히 갈고 다듬어야 할 것들이 있어.
Graham	넌 어쩜 한국어를 그렇게 잘하니? 나랑 똑같은 수업 들었지?
Derrick	그랬어. 게다가, 그 수업을 들을 때, 그 나라에 가 본 게 내가 그 언어를 이해하는 데 도움이 됐어. 말할 필요도 없지만, 언어를 배우는 데 있어 해당 언어를 사용하는 나라보다 더 좋은 곳이 없어.
Graham	그 이유가 뭐든 간에, 나도 너처럼 한국어를 잘할 수 있으면 참 좋겠다.

위의 대화에서 가정법 문장들만 쏙 빼오면 이렇다.

When you speak Korean, you sound as if you **had been born** and **raised** in Seoul.

→ 미국 사람인 Derrick에게 한국말을 할 때는 마치 서울에서 나고 자란 것처럼 들린다는 말을 하고 있으니, 이는 과거 사실을 반대하는 가정이다. (Derrick은 과거에 서울에서 태어나지 않았으니까!) 그래서 had p.p의 형태(**had been born** and **raised**)를 썼다. 반면,

Whatever the reason, I wish I **could speak** Korean just like you do.

→ 한국말을 잘 못하는 내가 너만큼 잘하면 좋겠다고 즉, 현재 사실에 반대되는 가정을 하고 있으니 단순과거형(**could speak**)을 썼다.

이제 완벽하게 이해하셨으면, Graham과 Derrick의 대화를 다시 한번

들어보자. 그런 다음, 같은 문법이 들어간 다음의 대화를 들어보면 실력이 팡팡 쌓이는 소리가 들린다.

(At a clinic)

Nurse   Mr. Chang, can we reschedule your appointment with Dr. Downie? He has just left for New York in order to attend a medical seminar.

Patient   I've been waiting here for an hour, and now you're telling me I cannot see my doctor? I wish you **had told** me that earlier.

Nurse   If we **inconvenienced**[1] you, we apologize. Dr. Downie sounded as if he **could** see everyone today.

Patient   All right. Looks like it's not your fault. Then, can I see him this Thursday?

Nurse   He'll be out of town for two weeks.

Patient   Two weeks is a long time. Can you please recommend another doctor?

Nurse   Sure, Dr. Gary is an outstanding **internist**[2] as well. Would you be willing to try him?

Patient   Why not?

---

1. inconvenience: 불편하게 하다
2. internist: 내과 의사

(병원에서)

간호사   Chang 선생님, Downie 선생님과의 약속을 다른 날로 변경할 수 있을까요? 선생님이 의학 세미나에 참석하시려고 New York으로 지금 막 떠나셨어요.

환자   저 여기서 한 시간이나 기다렸는데 지금 의사를 볼 수가 없다고 말씀하시는 거예요? 일찍 말씀해 주셨으면 더 좋았을 텐데요.
간호사 불편을 드렸다면, 사과 드립니다. Downie 선생님께서 오늘 마치 모든 환자를 다 볼 수 있는 것처럼 말씀하셨거든요.
환자   알겠습니다. 간호사님 잘못은 아닌 것 같네요. 그럼, 이번 주 목요일에 뵐 수 있을까요?
간호사 선생님께서 2주 동안 여기 안 계실 겁니다.
환자   2주는 길어요. 다른 의사를 추천해 주실 수 있으세요?
간호사 그러죠. Gary 선생님도 뛰어난 내과 의사세요. 그분께 진료를 한번 받아 보시겠어요?
환자   그러죠, 뭐.

역시 가정법 문장들만 쏙 뽑아 봤다.

I wish you **had told** me that earlier.
→ 이번에도 역시, 좀 더 일찍 말해 주지 않은 과거 사실을 반대로 가정하면서 wish 하는 것이니, **had told**.

Dr. Downie sounded as if he **could** see everyone today.
→ 오늘 모든 환자를 다 볼 수 없으면서 볼 수 있을 것처럼 말했다. 즉, 현재 사실을 반대로 가정해서 **could**!

마지막으로, 가정법을 다루는 문법책에서 항상 막차 타고 등장해 주시는 구조가 바로 제안(suggest), 주장(insist), 요구(request/demand), 명령(command), 추천(recommend) 다음의 that 절에서 쓰는 가정법 현재이다. 이 that- 절에서는 **인칭에 관계없이 무조건 동사원형을 써야 한다.** (예: he **have**, it **be**) 이런 문장에는 가정법의 트레이드 마크인 if도 없고, 그렇다고 유사품인 I wish나 as if도 빠졌으니, 이렇게라도 해야 이들이 가정법임을 우리가 알아볼 것이 아닌가? 이 문법 구조와 회화가 만나 이루는 앙상블의 향연을 느껴 보자.

Mike   It looks like you're completely **assimilated**[1] into American society. How long have you lived in the States?

Jake   About two and a half years.

Mike   Wow, within such a short period? Actually, my cousin who moved here three years ago is still having a hard time. Can you share your secret with him?

Jake   There's no secret, but I suggest that he **be** sociable and **make** many American friends. I also recommend that he **read** this book which is about **cross-cultural**[2] understanding.

Mike   I see your point. Successful assimilation of immigrants is all about understanding the cultural differences after all.

Jake   You got it!

---

1. assimilate: (한 사회의 일원으로) 동화시키다; 동화되다
2. cross-cultural: 여러 문화가 섞인, 다문화의

Mike   넌 완전히 미국 사회에 동화된 것 같아 보여. 미국에 산 지는 얼마나 됐어?
Jake   한 2년 반쯤 됐지.
Mike   와, 그렇게 짧은 기간에? 사실, 이곳으로 3년 전에 이주한 내 사촌은 여전히 힘들어하거든. 네 비결을 걔한테도 알려줄 수 있어?
Jake   비결 같은 건 없지만, 그 사촌이 사교적이 되어서 미국인 친구를 많이 사귀라고 하고 싶어. 또 그에게 이 책을 읽으라고 추천하고 싶은데, 이 책은 다른 문화의 이해에 관한 거야.
Mike   네가 전하려는 메시지 알겠어. 이민자들이 성공적으로 그 사회에 동화되려면 결국 문화적인 차이를 이해하는 것이 관건이지.
Jake   내 말이 바로 그 말이야.

대화 속 붉은 that-절의 동사들은 현재형에 3인칭 단수임에도 불구하고 -s가 빠진 동사원형, 심지어 be까지 쓰고 있다. 왜? 가정법이니까!

CONDITIONALS

아선생님, 질문이요!
If나 as if가정법, 그리고
I wish 가정법까지는 이해하겠어요.
하지만 도대체 이런 경우에는,
왜 가정법을 쓰는지 이해가 안 가요.

실제로 일어나지 않은 일에 대한 이야기를 하는 것이 '가정'이고, 그럴 때 쓰는 것이 '가정법'이다. 뭔가를 제안할 때, 주장할 때, 요구할 때, 명령/추천할 때, 이 모든 경우는 "이렇게 해 보면 어떨까?"하는 가정이 내포되었다고 이해하면 도움이 될지. 게다가 앞에서 언급한 단어 중 몇 개는 가정법을 쓰지 않으면 전혀 다른 의미로 해석될 소지가 있기 때문에, 가정법을 써야 할 때 안 써 버리면 '헉! 내가 하려던 말이 그 말이 아니었는데' 하고 당황해하는 상황이 발생할 수도 있다! 이를 아선생이 대화를 통해서 명확하게 보여 드리겠다.

Michael   So, did they **take a vote**[1] on the proposed bill?
Aidan   Yes, that was the first thing on the agenda because Mr. Karlson insisted that it **be** reviewed immediately.
Michael   And what was the result?
Aidan   It was 10 in favor, 15 against, and 2 **abstentions**[2], which means it was not passed.
Michael   It really surprises me that a lot of people still think the related laws and regulations are good as they stand.

Aidan   Tell me about it!

1. take a vote: 투표하다
2. abstention: 기권

Michael 그래, 그들이 그 상정된 법안에 대해 표결에 부쳤어?
Aidan   응. Karlson 씨가 그 법안이 바로 재검토되어야 한다고 주장해서 그게 아젠다의 첫 번째 안건이었지.
Michael 그래서 결과는 어떻게 됐어?
Aidan   찬성 10명, 반대 15명, 기권 2명, 그래서 통과되지 못했어.
Michael 여전히 많은 사람들이 그 관련 법과 규정이 지금 그대로 괜찮다고 생각하다니 정말 놀라울 따름이야.
Aidan   내 말이!

여기서 대화 속 Aidan의 첫 번째 문장을 가정법이 아닌 문장으로 바꾸어 보자.

💬 **Mr. Karlson insisted that it was reviewed immediately.**
Karson 씨가 그 법안이 곧바로 재검토되었다고 주장했어.

물론, 대화에서 Aidan이 주장하는 말은 그 법안이 즉시 **재검토되어야 한다**는 사실이지, 즉시 **재검토되었다는** 사실이 아니다! 그러므로, 이때 가정법을 안 쓰면 엉뚱한 의미로 전달되어 버린다. 정리하면, 동사 insist의 경우, 실제로 이런 일이 있었다고 주장할 때에는 가정법을 쓰지 않으며, 아직 일어나지 않은 일을 해야 한다고 주장할 때에는 이와 의미상 확연한 차이를 두기 위해서 가정법을 써야 한다. 그 외에 suggest의 경우도 뒤에 오는 that-절에 가정법을 안 쓰면, '제안하다'라는 의미가 아니라 '간접적으로 뜻을 전하다'라는 의미로 해석된다. (예: Are you suggesting that my son is stupid? 지금 내 아이가 멍청하다는 말을 하는 거예요?) 그러니 정확한 의사전달을 위해서는 올바른 문법 사용이 필수다.

이러한 가정법의 사용은 특정 동사 외에 특정 형용사 뒤에도 존재한다. 이 경우, 품사만 다를 뿐 의미와 문맥은 다 비슷비슷 거기서 거기니, 방금 공부한 내용을 이해하면 하나도 어려울 것이 없다. 이러한 형용사에는 necessary(필요한), essential(필수적인), crucial(중대한), important (중요한) 등이 있는데, 맛보기 대화만 하나 들어보고 넘어가자.

Tom I heard the <No Child Left Behind Act> is under review. What do you think about the **act**[1]?

Paul To be very honest with you, I think it's **dumbing down**[2] the whole education system in America. What's more, when all children are held to the same achievement standard, it's almost impossible to meet their individual needs. It is essential that every child **have** a chance to reach their own potential in school.

Tom That's what a lot of people say, but I see it in a different way.

Paul Really? How?

Tom It is very important that every child **have** the same educational opportunities regardless of their ability level or socioeconomic status. I strongly believe equality starts in school.

Paul Hmm. Interesting!

1. act: (국회를 이미 통과한) 법안 (cf. bill: 국회에 제출된 법안)
2. dumb down ~: ~을 지나치게 쉽고 단순하게 만들다

▶ <No Child Left Behind: NCLB>는 2001년 미국 의회에서 통과시킨 교육 법안으로, 모든 아이들이 똑같은 시험을 쳐서 그 시험에 통과해야 그 다음 과정으로 진학할 수 있게 하는 시스템이다. 이 법안으로 흑인과 히스패닉 등 소수민족 학생들과 백인 학생들의 성적 격차는 다소 줄었지만, 교사들이 너무 이 시험을 중심으로 수업하게 되는 바람에 미국 교육의 최대 장점이었던 창의력을 키워 주는 커리큘럼이 많이 줄어들게 된 단점도 있다고 한다.

Tom	<No Child Left Behind> 법안이 재검토되고 있다고 들었어. 이 법안에 대해서 어떻게 생각해?
Paul	정말로 솔직히 말해서, 난 이 법안이 미국의 모든 교육을 지나치게 쉽게 만든다고 생각해. 게다가 모든 아이들에게 똑같은 성취 기준이 적용되면, 아이들 개개인의 요구를 충족시키는 것은 거의 불가능해. 모든 아이가 학교에서 제각각 자신이 가진 잠재력을 발휘할 수 있는 기회를 갖는 게 매우 중요해.
Tom	그게 많은 사람들이 하는 말이긴 하지만, 난 그걸 좀 다르게 봐.
Paul	정말? 어떻게?
Tom	능력치나 사회 경제적 신분을 떠나서 모든 아이가 똑같은 교육의 기회를 갖는 건 정말 중요해. 난 평등은 학교에서부터 시작된다고 굳게 믿어.
Paul	흠, 흥미로운데!

이 밖에도 가정법 미래, 혼합 가정법 등 영어학자들이 이렇게도 분류하고 저렇게도 분류해 놓은 가정법의 형태가 무수하게 있지만, 아선생은 이 장에서 미국인들이 일상 생활 회화에서 잘 쓰는 구조 중심으로 커버해 봤다. 그렇게 한 것은 문법을 공부하는 이유가 결국 회화나 글에서 사용하기 위해서라는 아선생의 언어 교육 철학 때문이다. 그래도 가정법에 대해 더 깊게 파헤쳐 보고 싶으신 분들은 영어학과로 진학하여 전공으로 공부할 것을 권해 드리며, 아선생은 이만 물러날까 한다.

CHAPTER 12

분사
: 못다 한 이야기

PARTICIPLES

이 책의 마지막 장은 1권에서 독자님과 했던 약속을 지키는 것으로 마무리 지을까 한다. 무슨 약속? 다양한 분사구문 커버하기! 1권에서는 현재분사와 과거분사가 가지는 의미상의 차이와 기본적인 분사의 쓰임새를 커버했는데, 여기서는 좀 더 다양한 분사구문을 살펴보면서 깊은 영문법의 골짜기로 걸어 들어가 보자.

먼저 분사가 뭔지 기억이 가물가물한 분들을 위해, 아선생이 현재분사와 과거분사가 들어간 간단한 대화부터 하나 내어 드린다.

MP3-12_01

Sharon: I borrowed some money from Barbara to buy a book, but I can't recall if I paid the money back to her. Can you please ask her for me when you see her in class tomorrow?

Stephanie: I'm afraid Barbara and I had a **falling-out**[1], and I'm never going to talk to her again. Sorry, but I'm **bitter**[2] today. The heat has me in a **foul**[3] mood. I'm burning up in this room!

Sharon: I don't blame you. I'm tired of this hot and humid weather as well, and suffocating heat sometimes makes people irritated. Why don't you turn the AC up?

Stephanie: That's another annoying thing. The AC has been **acting up**[4] throughout the whole week.

Sharon: Then, why don't we drink some ice cold beer and chill out? I'm sure it's going to make this heat more tolerable.

Stephanie: Sounds like a great idea! Can we watch a horror movie as well? I always watch movies, drinking beer.

Sharon: Suit yourself!

1. have a falling-out: 사이가 틀어지다
2. bitter: 분한, 억울한
3. foul: (성격·기분·맛 등이) 아주 안 좋은, 악독한
4. act up: 속을 썩이다, 말썽을 부리다

268

Sharon	내가 책을 사려고 Barbara에게 돈을 좀 빌렸는데, 내가 걔한테 그 돈을 갚았는지 기억이 안 나. 내일 수업 시간에 걔 보면 나 대신 좀 물어봐 줄래?
Stephanie	미안하지만, Barbara랑 내가 사이가 틀어진 일이 있었고, 난 이제 절대로 걔랑 다시 말 안 할 거야. 미안, 내가 오늘 기분이 좀 그래. 더운 날씨 때문에 기분이 영 엉망이야. 이 방에서도 정말 더워 죽겠어.
Sharon	이해해. 나도 이 덥고 습한 날씨가 지겨워. 숨막히게 더우니까 사람들이 짜증도 내고 말이야. 에어컨을 더 세게 트는 건 어때?
Stephanie	그것도 나를 짜증나게 하는 일인데, 에어컨이 이번 주 내내 말썽이야.
Sharon	그럼, 우리 아주 차가운 맥주 마시면서 열을 좀 식혀 볼까? 그럼 이 열기도 좀 더 견딜 만할 거야.
Stephanie	그거 괜찮은 생각이야. 우리 공포 영화도 한 편 볼까? 난 항상 맥주 마시면서 영화 보거든.
Sharon	너 좋을 대로 해.

대화의 상황을 분사로 정리해 드리면, **tiring** weather(피곤하게 하는 날씨) 때문에 **tired**(피곤해진) 나! **Suffocating** heat(숨막히게 하는 더위) 때문에 **suffocated**(숨막히게 된) 나. **Irritating** heat(짜증나게 하는 더위) 때문에 **irritated** people(짜증나게 된 사람들). 그리고 에어컨이 작동 안 되는 것은 정말 **annoying** thing(성가시게 하는 일)이고, 그것 때문에 **annoyed**(성가셔진) 나. 그래서 맥주를 마시자고 제안하는 친구에게 그러자면서, 항상 맥주를 마시면서(**drinking** beer) 동시에 영화를 본다고 말하는 나. 이쯤 하면 모두 눈치챘을 결론을 간단 명료 깔끔하게 정리해 드린다.

- 현재분사(-ing)는 능동의 의미를, 과거분사(-ed)는 수동의 의미를 가진다.
- 두 가지 동작이 동시에 일어날 때는 분사구문을 쓸 수 있다.

분사에 관한 모든 구구절절 주저리 주저리 설명한 내용을 핵심만 요약하면 바로 이 두 문장이다. 그럼, 이제 좀 더 세분화된 분사구문을 들여다 볼까?

이제와 고백하건대, 영어를 좋아하다 못해 사랑하는 아선생도 중고등학교 시절 분사구문을 공부할 때에는 너무 지겨워서 책상에 혼자 앉아서 주리를 틀던 아픈 기억이 있다. 대부분의 문법책 속 분사구문을 한 번 보자. "분사구문은 때, 이유, 조건, 양보, 부대상황 등을 나타낼 때 쓰인다."라는 첫 문장부터 숨이 턱! 하고 막혀 오면서 뒷골이 당기는 게, 참으로 거시기했던 그 느낌을 아직도 지울 수가 없다. 그래서 실제로 공부했던 내용이 크게 어렵지 않았음에도 불구하고, 일단 하기가 싫었던 기억이 진하게 남아서 아선생은 지금도 분사구문을 가르칠 때면 이 슬픈 기억에 가슴이 먹먹해 오곤 한다. 그래서 어떻게 분사구문을 풀어내야 지루하지 않을까 고민하다가 문법 용어나 설명을 과감하게 생략하고, 아선생 스타일대로 곧바로 대화에서 다양한 분사의 쓰임새를 직접 겪어 보면 어떨까? 하는 생각이 머리를 스쳤다. 사실 분사구문은 실제 문장에서 접해 보면 너무 쉬워서, 굳이 '이유'니, '양보'니, '조건'이니, '부대상황'이니 하는 용어를 몰라도 충분히 문맥에서 그 의미를 이해할 수 있기 때문이다. 그리고 문맥에서 쉽게 이해한 그 내용이 바로 이것이었습니다 하고 그제야 문법 보따리를 풀어 놓으면, 독자님 귀에 착! 달라붙지 않을까 하는 희망이 샘솟았다. 그리하여, 설명 생략하고 바로 대화부터 바로 들어간다.

Ji-won I don't know where to do my internship. Can you recommend a good school for me?

Ramin It really depends on your future career. Where do you want to teach after your internship?

Ji-won I want to teach college in my country.

Ramin If that's the case, why don't you try the Center for Intensive English Studies on campus? I learned a lot, interning there.

Ji-won What makes the program so special?

Ramin   I am impressed by their communicative teaching method. **Participating in various activities,** students improve their speaking skills as well as their listening skills.

Ji-won   Actually, what I'm concerned about is that all the instructors there are native speakers. Do you still think I can do it?

Ramin   I wouldn't worry about it. Just **go for it!**[1]

Ji-won   OK, I will. I hope this internship will **add a new dimension to my teaching career**[2].

1. Go for it!: 한번 해 봐!
2. add a new dimension to ~: ~에 새로운 면을 더하다 (dimension: 차원, 관점)

지원	내 인턴쉽(교생 실습)을 어디서 해야 할지 모르겠어. 내게 좋은 학교 하나 추천해 줄 수 있니?
Ramin	그건 정말 네 향후 진로가 뭐냐에 달렸어. 교생 실습 후에 너 어디서 가르치고 싶은데?
지원	난 우리나라 대학에서 가르치고 싶어.
Ramin	그렇다면, 우리 대학에 있는 집중 영어 프로그램에서 해 보면 어때? 거기서 인턴하면서, 내가 많이 배웠거든.
지원	그 프로그램의 어떤 점이 그렇게 특별한 건데?
Ramin	난 그 사람들의 의사소통 중심의 교수법이 인상 깊더라고. 다양한 활동에 참여하면서, 학생들이 듣기 실력뿐만 아니라 말하기 실력도 좋아지거든.
지원	사실 내가 걱정되는 건, 그곳의 모든 강사가 네이티브 스피커라는 점이야. 그래도 내가 할 수 있을 것 같아?
Ramin	나라면 그런 걱정 안 하겠어. 그냥 부딪혀 봐.
지원	알았어. 해 볼게! 난 이 교생 실습이 내 교직 경력에 새로운 지평을 열어 주었으면 해.

어떠신가? 여기서 굳이 아선생이 '~할 때'(동시 동작/상황)를 나타낼 때는 분사구문을 씁니다 하고 친절하게 설명하지 않아도, 문맥에서 자연스럽게 이해되지 않는가? 어쨌든, 그래도 명색이 문법책이니 설명을 조금 덧붙이면 이렇다.

일단 지원과 Ramin의 대화에서 분사구문이 들어간 문장만 쏙 뽑아서 보따리를 펼쳐보자.

I learned a lot, interning there.

→ I learned a lot when I was interning there.

Participating in various activities, students improve their speaking skills as well as their listening skills.

→ As students are participating in various activities, students improve their speaking skills as well as their listening skills.

보시다시피, 분사구문에서는 주어가 생략되어도 주절의 주어와 일치하기 때문에 누가 하는 동작인지 자연스럽게 알 수가 있다. 또, 접속사가 없어도 주어진 문맥에서 어떻게 연결이 되는지 쉽게 이해할 수 있다. 아, 이 샘솟는 자신감! 분사의 또 다른 쓰임새가 들어간 대화들도 다 나와!

Peggy	Did you know that Tom and Mary are divorced now?
Linsey	No, I didn't, but that doesn't shock me a bit. Living right next to their house, I hear them quarrel all the time. As a matter of fact, I haven't heard them fighting recently, and now I know why.
Peggy	How did they meet each other?
Linsey	Mary went on a trip to New York 10 years ago. On her first day there, she got lost somewhere in the city. Finding herself lost, she asked

a stranger for directions… and that very stranger was Tom. Being a stranger there himself, he couldn't show her the directions, but they soon became good friends and started dating six months later.

Peggy   That sounds like a romantic movie. It's pretty sad to see their marriage breaking up so easily.

Linsey   I don't blame them too much. Love is dream, but marriage is reality.

Peggy   Tom과 Marry가 이혼한 것 알았니?
Linsey   아니, 몰랐어. 하지만 나 하나도 충격 안 받아. 그 사람들 바로 옆집에 살아서, 내가 그들이 싸우는 소리를 항상 듣거든. 사실 요즘 들어서는 그들이 싸우는 소릴 못 들었는데, 이제야 그 이유를 알겠네.
Peggy   그 둘은 서로 어떻게 만났니?
Linsey   Mary가 10년 전에 New York으로 여행을 갔어. 그곳에서 첫날, 그녀가 그 도시 어딘가에서 길을 잃었어. 자기가 길을 잃어버린 사실을 알아채고는, Mary가 어느 낯선 사람에게 길을 물어봤어. 그리고 바로 그 낯선 사람이 Tom이었고, 그 자신도 거기가 초행이라 Tom은 그녀에게 길을 가르쳐 줄 수가 없었지. 하지만 그 둘은 곧 좋은 친구가 되었고, 6개월 후에 데이트를 하기 시작했어.
Peggy   로맨틱 영화 같은 이야기네. 그들의 결혼이 이렇게 쉽게 깨지는 걸 보다니 정말 슬프다.
Linsey   난 그들을 심하게 비난하지는 않아. 사랑은 꿈이지만, 결혼은 현실이잖아.

이번에도 마찬가지로, 아선생이 "이유를 나타낼 때에도 분사구문을 씁시다"라고 말하지 않아도 문맥에서 분사구문이 이유를 나타낸다는 사실이 자연스럽게 다가올 것이다. 이번에도 명색이 문법책이라는 이름값을 하기 위해 문법의 보따리를 풀어 드린다.

Living right next to their house, I hear them quarrel all the time.

→ Because I live right next to their house, I hear them quarrel all the time.

Finding herself lost, she asked a stranger for directions.
→ <u>Because she found herself lost</u>, she asked a stranger for directions.

Being a stranger there himself, he couldn't show her the directions.
→ <u>Because he was a stranger there himself</u>, he couldn't show her the directions.

이 구문을 독자님이 직접 회화에서 사용해 보길 권한다. 딱 한 번만 실제 회화에서 사용해 보고 통하면 자신감이 생기고, 두 번 사용해 보면 습득이 될 것이니, 자신 있게 멋지게 시도해 보자.

Man   Excuse me, but can you please show me the way to the Greyhound▶ bus terminal from here?

Woman   Sure, go straight all the way on this street and turn right on Meridian Road. Then, continue to walk for about 5 minutes, and you'll meet Adams Street. Making a left on Adams Street, you will find the bus terminal on your right. You can't miss it.

Man   I appreciate it!

남자   실례지만, 여기서 Greyhound 버스 터미널로 가는 길 좀 가르쳐 주시겠어요?
여자   물론이죠. 이 길을 따라 쭉 가셔서, Meridian Road에서 오른쪽으로 도세요. 그리고 한 5분 정도 계속 걸으시면, Adams Street이 나옵니다. Adams Street에서 왼쪽으로 도시면, 오른쪽에 버스 터미널이 있어요. (찾기가 쉬워서) 그냥 지나칠 수 없으실 거예요.
남자   감사합니다!

▶ Greyhound 버스는 한국으로 치면 시외버스로, 이 버스를 타면 미국에서 다른 주에 있는 도시도 갈 수 있다. 그래서 아선생 친구들은 이 버스를 타고 플로리다에서 출발해 시카고나 미시간 주의 작은 도시까지도 가곤 한다.

Adams Street에서 좌측으로 가시면, 버스 터미널이 있습니다. 이번에는 조건절(If you make a left on Adams Street, ~) 대신에 분사구문이 쓰였다. 조건절 너마저도 분사구문으로 쓸 수 있었다니!

> 아선생님, 질문이요!
> 그냥 접속사와 주어를 다 써서
> 명확한 문장을 만들어도 되는데,
> 왜 이렇게 네이티브 스피커들은
> 헷갈리게 분사구문을 쓰는 걸까요?

Good question! 이 질문에 대해서는 "언어의 경제성"을 이해하면 그 대답이 나온다. 모든 언어는 똑같은 의미를 전달하는 두 문장이 있을 때, 더 짧은 문장을 선택하게 되는 고유의 특성이 있다. (이게 바로 언어의 경제성!) 이러한 특성은 같은 말 반복하는 걸 무지하게 싫어하는 영어에서 더욱 뚜렷하게 나타난다. 그리하여, 같은 주어를 두 번 반복하지 않으며, 게다가 when, as, because 등의 접속사를 굳이 쓰지 않아도 하고자 하는 말의 의미가 전달되는 간결하고 편리한 맛에 영어권 사람들이 분사구문을 선호하는 것이다. 독자님도 자주 사용하다 보면 이 맛을 알게 될 터이니, 부디 부담 갖지 말고 많이 써 보시기를.

아선생이 이번에는 색다르게 완료분사구문 having p.p를 써서 대화를 한번 만들어 볼까 한다. 헉! 완료분사구문이라고라? 우리 독자님, 또 또 긴장하신다. 〈Chapter 9〉에서도 말씀드렸지만, '완료'라는 말이 붙었다고 해서 절대로 겁 드실 필요 없다! 이 모든 경우에, 완료 형태(have p.p)는 그저 **time relationship indicator**(시간 관계를 알려주는 지표)일 뿐 즉, 주절의 시제보다 먼저 일어난 일임을 알려줄 뿐 그 이상의 다른 음모는 없다! 그러니 더 이상 깊게 생각하지 말고, 대화에서 문맥과 함께 이해해 보자.

Husband   Honey, what are you doing up in the middle of the night?
Wife   I have to finish proofreading this paper for Sam.
Husband   But it's 2 a.m. and you have classes to teach tomorrow.
Wife   I know, but he's gotta turn this in by tomorrow morning.
Husband   All righty. I'm just worried about you, darling. Are there many errors to be corrected?
Wife   Well, I haven't found any grammar errors in the paper so far… but having been written in such haste, it has many typos.
Husband   We all know that you're trying your best to be a good mother, but he needs to learn how to be independent.
Wife   I know what you're trying to say, but I'm an English teacher. What's the sense of teaching other kids[1] if I don't teach my own?

1. What's the sense of ~?: ~할 이유가 대체 뭐예요?

남편 여보, 이 한밤중에 잠 안 자고 뭐 하는 거예요?
아내 Sam의 이 페이퍼 교정 보는 걸 끝내야 해요.
남편 하지만 지금 새벽 2시고, 당신 내일 가르칠 수업도 있잖아요.

아내	나도 알지만, Sam이 이걸 내일 아침까지 제출해야 해서요.
남편	알겠어요. 난 그냥 당신이 걱정될 뿐이에요. 고칠 부분이 많이 있어요?
아내	지금까지 문법 틀린 것은 못 찾았어요. 하지만 너무 급하게 쓰인 거라 타이핑 실수가 많네요.
남편	당신이 좋은 엄마가 되려고 최선을 다한다는 건 모두 알지만, Sam이 자립심을 키울 필요가 있어요.
아내	나도 당신이 무슨 말 하려는지 알지만, 난 영어 교사잖아요. 내 아이를 안 가르치면서, 내가 다른 아이들을 가르친다는 게 말이 되겠어요?

이 부부의 대화에서, 페이퍼가 급하게 쓰여진 사실(**having been written in such haste**)은 이 페이퍼에 타이핑 실수가 많다는 사실(it has many typos)보다 먼저 일어난 일이다. 그래서 완료분사구문을 썼다.

그럼, 이 완료분사구문을 완전히 소화시키기 위해서, 그리고 분사구문의 또 다른 기능인 양보(비록 ~ 했지만)의 의미를 접해 보기 위해서, 겸사겸사 다음의 대화를 들어보자.

Sam — I've been suffering from insomnia for several days. I'm not stressed or anything, and I don't know what's up.

Shrink[1] — Have you taken any type of sleeping pills?

Sam — Just once. Last night… but even **having taken a sleeping pill**, I still couldn't fall asleep.

1. shrink: 정신과 의사

Sam	제가 불면증으로 며칠째 고생하고 있어요. 제가 스트레스 받는 일도 없고 해서 그 이유를 모르겠어요.
정신과 의사	수면제를 드셔는 보셨습니까?
Sam	딱 한 번이요. 어젯밤이요. 하지만 수면제를 먹고 난 후에도 여전히 잠들 수가 없더라고요.

Last night...
even **having taken a sleeping pill**,
I still couldn't fall asleep.

대화에서 보시다시피, 여기서 양보란 버스에서 자리를 양보할 때 하는 그 양보가 아니다. 수면제를 먹었는데도, 잠이 안 왔어요처럼 즉, '비록 ~했지만'의 의미이다. 또, 수면제를 먹은 후에도 잠이 들지 않았다는 사실을 강조하기 위해 완료분사구문(having taken a sleeping pill)이 쓰였다.

아뿔싸! 그러고 보니, 분사구문에 자주 등장하는 문법 용어 '부대상황'을 빠뜨렸다! '부대'라면 군부대? 아님, 부산대학교의 줄임말? 분사구문을 이해하는 데 전혀 도움이 안 되는 이런 용어는 사실 몰라도 그만이다. 우리는 지금 영어 공부를 하는 거지 용어 공부를 하는 것이 아니니까. 이를 아선생이 좋아하는 쉬운 말로 풀어 써 보면, 동시 동작! 한마디로 두 가지 동작이나 상황이 동시에 일어날 때에도 분사구문을 쓸 수 있다는 말이다. 이는 1권에서 이미 커버했고, 이 장을 시작할 때 맛보기로 보여드린 대화에서도 다시금 복습했으니, 패스한다.

> **아선생님, 질문이요!**
> 그런데 분사구문의 부정은
> 어떻게 만드나요?

이 질문에 대해서는 아선생이 다이얼로그로 답하겠다.

Eric　So, did your son apply to engineering schools in the US?

Mark　Yes, he did.

Eric　How did it go?

Mark　**Never** having studied English, he struggled a lot to prepare for the TOEFL test.

Eric　So did he pass it?

Mark　One of the schools he applied to is willing to accept his current score. However, **not** satisfied with his test score, he wants to take the test one more time.

Eric　I believe in him. As for me[1], **not** speaking English well, I had a hard time studying in the States. I actually ended up dropping out of college[2].

1. as for me: 내 경우는
2. drop out of college/school: 대학/학교를 중퇴하다

Eric　그래, 네 아들은 미국에 있는 공대에 지원했어?
Mark　응, 했어.
Eric　어떻게 됐어?
Mark　영어를 공부한 적이 전혀 없어서, 토플 시험 준비하는 데 많이 힘들어했지.
Eric　그래서 통과는 했어?
Mark　걔가 지원한 학교 중 하나가 현재 점수를 받아주겠대. 하지만 자기 점수에 만족하지 못해서, 걔가 그 시험을 한 번 더 치고 싶어해.
Eric　난 걔를 믿어. 내 경우에는, 영어를 잘 못해서, 미국에서 공부하는 게 많이 힘들었어. 사실 결국엔 대학을 중퇴하는 것으로 끝이 났지.

Eric과 Mark가 보여준 것처럼, 분사구문의 부정은 분사구문 바로 앞에 not만 갖다 붙이면 끝! 대화처럼, not 대신 never도 종종 이용해 주자. 구질구질한 문법 설명보다 훨씬 더 깔끔한 대답이었다고 자부한다.

아선생님, 질문이요!
그런데 분사구문을 만들 때는
항상 주어와 접속사를
생략해야 하나요?

분사구문에서 주어와 접속사를 생략해야 한다는 게 비가 오나, 눈이 오나, 바람이 부나, 항상 지켜져야 하는 법칙은 아니다. 분사구문에서도 때로는 접속사를 쓸 수도 있고, 또 때로는 주어를 표시해 줄 수도 있다.

일단 분사구문의 주어를 생략하는 이유는 주절의 주어와 같기 때문에 굳이 써 주지 않아도 문맥에서 주어를 알 수 있기 때문이다. 그러나, **분사구문의 주어가 주절의 주어와 다를 때는 이야기가 달라진다.** 이런 경우에는 당연히 주어를 써 줘야 이게 영구가 한 짓인지 땡칠이가 한 짓인지 알 수가 있다. 그러니, 분사구문의 주어가 주절의 주어와 다를 때에는 반드시 주어를 써 주자! 이렇게 이해가 된 다음에는 물론 대화에서 확인 요망.

Jim	How did your co-presentation go?
Mitch	My co-presenter did not show up today. **He being absent**, we had to reschedule the presentation.
Jim	I'm sorry to hear that. I know you were **itching to**[1] talk about the topic in class.
Mitch	It doesn't bother me to give the presentation later, but I still don't know how to deal with irresponsible people.
Jim	It's simple. If he doesn't show up one more time, you've definitely gotta get another co-presenter.

1. itch to ~: ~하고 싶어 몸이 근질거리다

Jim	네 그룹 프레젠테이션은 어떻게 됐어?
Mitch	나와 함께 프레젠테이션할 사람이 오늘 안 왔어. 그가 결석하는 바람에, 우리가 그 프레젠테이션 날짜를 다시 잡아야 했다니까.
Jim	저런! 네가 수업 시간에 그 토픽에 대해 얼마나 이야기하고 싶었는지 내가 아는데 말이야.
Mitch	프레젠테이션을 나중에 하는 건 괜찮지만, 무책임한 사람들을 어떻게 대해야 하는지에 대해서는 여전히 잘 모르겠어.
Jim	간단해. 그가 한 번 더 안 나타나면, 네가 진짜로 다른 파트너를 구해야지.

이번에도 Jim과 Mitch의 대화에서 분사구문이 들어간 문장만 쏙 빼 왔다.

He being absent, we had to reschedule the presentation.
→ Being absent한 사람은 그! Reschedule the presentation해야 했던 사람들은 우리! 다시 말해, 분사구문의 주어와 주절의 주어는 서로 다른 사람들이다. 이럴 때는 헷갈림을 방지하기 위해 분사구문의 주어를 명시해 주는 것이 필수다. 그래야 정확한 의미가 전달되기 때문이다.

이제 주어가 해결됐으니, 다음은 접속사! 접속사의 경우, 분사가 워낙 다양한 역할(때, 이유, 조건, 양보, 동시 동작 등)을 맡고 있다 보니, 아선생 같이 꼼꼼한 사람들은 내가 하는 말을 상대방이 이유로 들을지, 양보로 들을지, 조건으로 들을지, 다소 불안할 때가 있다. 게다가 어떤 분사구문은 어느 쪽으로 해석해야 할지 애매모호한 것도 사실이다. 이럴 때, 화자가 **전달하는 의미를 더 명확하게 하기 위해서**, 분사구문 앞에 접속사를 콕! 집어서 명시해 준다. 이것도 대화를 통해 확인 작업 들어가자.

Randy   We've got rat problems.
Ron   Are you saying that we have rats in this building?
Randy   Yup. **When** entering the classroom, I saw a couple of rats running in there.
Ron   You might want to talk to **Janitor**[1] Peter about this matter.

1. janitor: 건물의 보수 관리를 하는 사람; 청소부

Randy   여기 쥐가 있어.
Ron   이 건물에 쥐가 있다는 말이야?
Randy   그래. 내가 교실에 들어갔을 때, 쥐 두어 마리가 거기서 뛰어다니는 거 봤다니까.
Ron   이 문제에 관해서는 여기 건물 관리인인 Peter에게 말해야 할 거야.

대화에서 Randy가 분사구문 "Entering the classroom"이 '때'를 나타낸다는 것을 명확히 하기 위해서 접속사 when을 굳이 갖다 붙였다.

이제 진짜로 딱 한 가지 이야기만 더 하고 이 책을 마칠까 한다. 부정사를 이용한 수많은 관용적 표현들이 있는 것처럼(1권 〈Chapter 10〉), 분사구문을 이용한 관용적 표현도 많이 있다. 유식한 분들은 이를 "비인칭 독립분사구문"이라는 거창한 이름으로 불러 주시더라. (무슨 독립투사 박물관 이름 같다!) 이런 분사구문의 주어가 우리 모두를 말하는 일반인을 칭하기 때문에 그런 이름으로 부르는 것이라 한다. 특이한 건 이런 표현의 경우, 주절의 주어와 일치하지 않더라도 분사구문의 주어를 생략한다는 점이다. 솔직히 이들을 그저 관용적인 표현으로 받아들이고, 이런 저런 문법적인 계산 없이 그냥 쓰는 게 마음 편하다. 그래야 영어도 빨리 는다. 이런 표현에는, generally speaking(일반적으로 말해서), broadly speaking(대체적으로), provided that ~(~라면) 등이 있다. 달랑 세 개만 던져 주고 넘어가겠다는 거냐고? 천만의 말씀! 나머지는 독자님이 대화에서 직접 낚아 보시라.

John   Do you know anybody who could join our democratic camp?
Brad   How does Hillary Trump sound?
John   Is she the one who recently gave a speech on human rights?
Brad   Yes, she is. I've never met her **in person**[1], but **judging from**[2] what she said that day, she is the right person for us.
John   Hmm…. Frankly speaking, I think she is too **politically correct**[3]. What about Donald Clinton?
Brad   Strictly speaking, he is an **ex-convict**[4].
John   Gosh, is that right?

Brad   Yes, sir. He got arrested for accepting illegal campaign contributions.

John   If that's true, how come he is still engaged in politics?

Brad   I don't understand that either.

1. in person: 직접
2. judging from ~: ~으로 판단하건대
3. politically correct: 정치적으로 옳은
   (누구도 비난하지 않고 중립을 지켜 아무도 화나게 하지 않으려는 태도를 말함)
4. ex-convict: 전과자

John   우리 민주당 진영에 참가할 만한 사람을 아는가?
Brad   Hillary Trump는 어떠세요?
John   그녀가 얼마 전 인권에 대해 강연한 그 사람인가?
Brad   네, 맞아요. 그녀를 한 번도 직접 만나 본 적은 없지만, 그날 한 말로 미루어 보아, 우리에게 딱 적당한 사람인 것 같습니다.
John   흠…. 솔직히 말해서, 난 그 사람이 지나치게 중립을 지키려 한다고 생각해. Donald Clinton은 어떤가?
Brad   엄격히 말하면, 그는 전과자입니다.
John   세상에, 그게 사실인가?
Brad   네. 그는 불법 선거 자금을 받아서 체포된 적이 있습니다.
John   그게 사실이라면, 어째서 아직도 그가 정치 활동을 하고 있는 건가?
Brad   그건 저도 잘 모르겠습니다.

사족을 붙이자면, frankly speaking 뒤에는 주로 부정적인 의미의 말이 따른다. 즉, Frankly speaking, she's beautiful. 이나 Frankly speaking, I love him. 같은 문장은 다소 어색하게 들린다는 말씀!

이게 많은 문법책에서 그렇게나 어려운 용어를 써서 독자들을 울려댄 분사구문의 전부다. 말을 강가에 끌고 갈 수는 있지만 물을 먹게 할 수는 없듯이, 여러분께 분사구문을 이해는 시켜드렸지만 활용하는 것은 독자님의 몫이다. 부디 잘 활용하시기를 바란다!

**아선생의
영어 공부에 도움이 되는
외국어 습득이론 5:**

문법 교육을 바라보는 미국과 한국의 시각 차이

영어 교육에서 한국과 미국이 가장 큰 관점의 차이를 보이는 분야가 문법 교육이라고 아선생은 생각한다. 독자님께서는 영문법이라고 하면 무엇부터 떠오르시는지? 어떻게 공부해야 영문법을 마스터(?)할 수 있다고 생각하시는지? 혹시라도 영어에 존재하는 수많은 법칙에 대한 반복적인 암기를 떠올리고 계시다면, 그것은 독자님께서 지금까지 습득을 위한 문법 공부와는 담을 쌓고 지내셨음을 의미한다. 이 책의 마지막 쉬어가는 페이지에서는 아선생이 이 문법책을 통해 꼭 하고 싶었던 즉, 무엇이 제대로 된 문법 공부인지를 생각해 볼 기회를 갖고자 한다. 먼저 플로리다 주립대 어학원(Center for Intensive English Studies)의 상급반 문법 교재의 머리말을 읽어 보면서 진정한 문법 공부의 의미에 대해 한번 생각해 보자.

Why should we repeat the grammatical structures that we have already learned?

Because, although we may have learned them, we have not really acquired them! In the SLA (Second Language Acquisition) theory, learning and acquisition are two different things. In other words, what you have learned is not exactly what you have acquired.

Let's suppose that you learned the simple present tense in yesterday's class. Since you learned it yesterday, today you might be aware of how to conjugate verbs in the simple present tense, such as "I study English." or "He studies English." However, if you still make errors such as "Her husband work with me." or "James like Cynthia." in your regular conversation, you have not really acquired the "the simple present tense" yet. Because acquisition means that you can use the grammar rules automatically in your conversation as well as understanding and knowing about them. Then, what should we do to acquire new grammatical structures? Should we learn and memorize how to conjugate verbs in the simple present tense over and over again? No, No, No, No, No!!! We should "USE" and "PRACTICE" the form until we are able to use it without making errors. When you can use the simple present tense effectively and accurately in your regular conversation, that means you have finally ACQUIRED it.

Our goal in studying grammar is acquisition, not just learning, and that's why we need to practice the grammatical structures that we have already learned over again. This book is focused on supporting your English acquisition as it relates to grammar.

From here, let's focus on acquiring English grammar, not just learning and knowing about it. Do you think you have already acquired the structures that you're studying now? Then, think about whether you still make errors using those structures in your regular conversation or writing.

-The author
extracted from <Florida State University CIES Grammar Book 4B>

우리는 왜 이미 배운 문법 구조들을 또 반복해서 연습해야 할까요?

왜냐하면 우리가 그것들을 배우기는 했지만, 실제로 그것들을 습득하지는 못했기 때문입니다. 외국어 습득 이론에서는 배움과 습득을 서로 다른 것으로 봅니다. 다시 말해, 여러분이 배웠다고 해서 그것을 모두 습득했다고 볼 수 없다는 말이지요.

여러분이 어제 수업 시간에 현재시제를 배웠다고 가정해 봅시다. 어제 배웠으니, 오늘은 현재시제에서의 동사 변화는 잘 알고 있겠지요. "I study English", 혹은 "He studies English." 같은 것들 말입니다. 그렇지만, 여러분이 영어로 일상적인 대화를 하실 때 여전히 "Her husband work with me." 혹은 "James like Cynthia." 등의 실수를 하신다면, 아직 현재시제를 습득한 것이 아닙니다. 왜냐고요? 습득은 그저 문법 법칙들을 이해하는 것만을 뜻하는 것이 아니라, 영어로 대화할 때에도 그 문법 법칙을 실수 없이 자연스럽게 쓸 수 있어야 함을 뜻하니까요. 그렇다면, 새로운 문법 법칙을 습득하기 위해서는 어떻게 해야 하는 걸까요? 동사 활용을 될 때까지 계속해서 마르고 닳도록 외워야 하는 걸까요? 절대로 그렇지 않습니다! 그보다는 실수를 전혀 안 하게 될 때까지 해당 문법 구조가 들어간 문장을 "사용하고" "연습해야" 합니다. 그래서 여러분이 대화에서 현재시제를 효과적이고 정확하게 사용할 수 있을 때가 되어야 비로소 현재시제를 습득한 것입니다.

문법을 공부하는 우리의 목적은 그것을 습득함에 있지, 그저 해당 문법과 법칙에 관해 배우는 것에 있지 않습니다. 그것이 바로 우리가 이미 배운 문법 사항을 연습하고 또 연습해야 하는 이유입니다. 이 책은 여러분이 문법 사항을 습득하는 것에 그 목적을 두고 있습니다.

이제부터는 문법 사항을 그냥 배워서 아는 것에만 그치지 말고, 습득하는 데에 초점을 두세요. 여러분이 지금 공부하고 있는 문법 사항이 이미 습득한 것이라고 생각하세요? 그렇다면 그 문법 사항을 일상적인 대화에서 혹은 작문을 할 때 실수 없이 정확하게 쓰고 있는지 다시 한 번 생각해 보세요.

- 저자
<Florida State University CIES Grammar Book 4B>에서 발췌

실은 이 문법 교과서 저자가 아선생 본인이라 머리말도 아선생이 직접 쓰긴 했지만,(쑥스럽구먼) 이는 아선생 개인의 의견이라기보다는 이곳 대학의 언어교육학 석·박사들, 그리고 영어를 가르치는 동료들 모두가 십분 공감하는 의견을 아선생이 글로 정리한 내용일 뿐이다. 머리말에서도 알 수 있듯이, 문법을 공부하고 가르치는 목적이 미국에서는 문법적인 지식을 안다는 것을 의미하지 않는다. 그 문법 사항을 알고 이해한 다음에, 일상 생활 회화에서, 그리고 작문에서 실수 없이 사용할 수 있도록 하는 것이 바로 문법 공부의 목적인 것이다.

그럼 여기서 '단순미래시제'(The Simple Future Tense)의 경우를 예로 들어 한국과 미국의 문법 교육을 구체적으로 비교해 보자.

우선 우리나라 대한민국부터! 아선생은 단순미래시제 하면 바로 떠오르는 구절이 하나 있다. 앞에서도 한 번 말했던 바로 그 문장! "순이의 새 신은 울산서 사왔소" 아선생과 같은 시기에 고등학교를 다닌 독자들이라면 이 문장 기억하는 분들 많으실 거다. 그 당시, 미래시제 관련 영어 시험을 잘 보려고 죽어라고 외웠던 문장은 영어 문장이 아니라 바로 이 문장이었다. 영어의 미래시제를 단순미래, 의지미래 이렇게 둘로 구분해 놓고서는 인칭에 따라서 변하는 조동사를 도표화해서 Shall Will Will, Shall Shall Will,

Will Shall Shall, Shall Will Shall 하면서 외워야 했는데, 학생들이 이게 헷갈리고 잘 안 외워진다니까, 어느 영어 선생님께서 'ㅇ'은 Will을, 'ㅅ'은 Shall을 뜻한다며 외우라고 가르쳐 주셨던 문장이다. 그뿐인가? 여기서 "의지미래"는 또 다시 '말하는 사람의 의지'와 '듣는 사람의 의지'로 나뉜다. 고등학교 때 아선생은, 그 선생님 머리 좋으시다며 "나도 쌤처럼 훌륭한 쌤이 될 거야"라고 다짐했지만, 지금 생각해 보면 왠지 뒷맛이 개운치가 않다. 영어라면 언제나 자신 있었던 아선생도, 솔직히 이런 도표를 보면 골치부터 아팠던 게 사실이다. 이런 식으로 영문법을 가르치면 실제 대화하는 문장에서, 혹은 작문을 할 때 이러한 조동사를 문제없이 자연스럽게 사용할 수 있을 학생들이 얼마나 될까? 이는 그야말로 "문법을 위한 문법" 수업인 것을…. 그때의 우리들은 그것들을 모조리 알아야 영어를 잘하게 되는 줄 알고, 순이의 새 신만 죽어라고 읊어 댔다. 그러고 난 후에는? 그 다음 페이지로 넘어가서 또 다시 새로운 시제와 새로운 문법 사항을 배우고 외웠다. 영어 수업 커리큘럼 어디에도 배운 문법 사항을 "습득"하는 과정은 없었다. 세기가 바뀐 현재에는 이런 방식으로 문법을 가르치는 영어 선생님은 한국에 더 이상 계시지 않을 거라 믿겠다. 20년이면 강산도 두 번이나 변하는 시간인데, 영문법을 가르치는 방식도 강산이 변한 만큼 변했으리라 믿고 싶다.

그럼, 아선생이 일하는 이곳 플로리다 주립대의 어학원에서는 문법 시간에 단순미래시제를 어떻게 가르칠까? 우선 조동사 will과 be going to의 뜻과 기능, 그리고 이들 뒤에는 항상 동사원형이 온다는 사실, 그리고 이들이 들어간 부정문/의문문 만드는 법 같이 매우 기본적인 사항만 짚어준다. 물론, 그 모든 과정 또한 강사의 일방적인 강의가 아니라 학생들과의 토론(Interaction)으로 이루어진다. 이렇게 짧은 문법 설명을 대략 5분 내외로 마친 후, 대부분의 시간을 여러 가지 Activity를 통해 학생들이 실제로 will과 be going to를 다양한 문맥에서 사용해 볼 수 있도록 강사가 유도한다. 아선생이 단순미래시제를 가르칠 때 잘 사용했던 Activity는 영화의 한 장면을 학생들에게 보여준 뒤, 그 다음 장면에서 어떤 일이 일어날지를 학생들에게 예상해 보라고 하는 것이었다. 예상, 예측을 할 때에(making a prediction) 쓰이는 시제가 바로 조동사 will과 be going to가 들어간 단순미래형이기 때문이다. 이렇게 학생들에게 이 시제가 쓰이는 구체적인 문맥과 상황을 만들어 주고, 실제 학생들이 이 시제를 이용해서 만들어 내는 수많은 문장을 그들의 입에서 쏟아내면, 아선생은 문법적으로 틀린 부분을 고쳐줬다. 상급반의 경우, 이런 실수를 아선생이 바로 고쳐 주기보다는, Buzzer(부저)를 울려서 학생들이 자기가 만들어 낸 문법 실수를 스스로 고쳐서 다시 말하도록 했다. 이 과정에서 바로, 모니터와 더불어, Error-correction/Self-correction이 실행되는 것이다.

마찬가지로, 조동사 shall 또한 그 쓰임새가 가능한 구체적인 문맥과 상황을 강사가 설정해 주고, 그 속에서 학생들이 스스로 shall이 들어간 문장을 만들어 내도록 유도한다. Buzzer를 통한 틀린 문법 교정(Error-correction)은 물론 이때도 빠지지 않는다. 재미있는 현상은, will과 be going to를 "배울 때에는" 너무 쉽다면서 자신들은 다 안다고 자신하던 학생들도 막상 이런 speaking activity를 하면 이들 조동사를 대화에서 평서문, 의문문 및 부정문 등으로 자유자재로 왔다갔다하면서 완벽한 문장을 제대로 만들어내는 데 애를 먹는다는 사실이다. 관사를 빼먹거나, 자연스럽지 못한 표현을 쓰거나, 문맥에 맞지 않는 단어를 쓰거나, 이유도 원인도 가지가지다. 이런 문법 사항을 자기는 다 안다면서 수업이 너무 쉽다고 불평하다가 실제로 구체적인 문맥에서 사용했을 때 같은 구조가 들어간 완벽한 문장을 만들어 내지 못하는 학생들은 주로 한국이나 일본에서 온 학생들이었다. 이는 문법을 지식(배움) 위주로만 교육하고 그 문법을 사용(습득)하는 것에는 관심이 없는 영어 교육의 결과가 아닐까 하고 아선생은 조심스레 추측해 본다.

그렇다면 이곳에서 수업 시간에 쓰는 문법 교재의 형식은 어떨까? 이 교재들은, 솔직히 많은 한국 학생들이 처음엔 별로 좋아하지 않는 편이다. 일단 이 책들은 문법책에 대한 그들의 고정관념을 무참히 깨 버리기 때문이다. 문법책이면서도 문법 설명이 최소화되어 있으며, 문장에서 쓰이는 기본적인 사항만 짚어준 후에 그것들을 실제 speaking과 writing에서 사용하도록 하는 activity가 주를 이룬다. 왜냐하면 이 교재들은 '문법적인 지식을 배움'이 아닌 '정확한 문법의 문장을 구사함'(습득)에 그 목적을 둔 교재들이기 때문이다. 그러다 보니 이 교재들의 각 챕터는 아주 짤막한 문법 설명 후 해당 문법 구조의 문장을 쓰도록 유도하는 Activity가 중심을 이룬다. 그 Activity들은 게임을 비롯한 각종 방식으로 각 챕터의 해당 문법 구조를 가진 다양한 문장을 학생들이 직접 만들어 사용하게끔 구체적인 Grammar-in-Context로 유도한다. 그러니 이 교재로는 혼자서 공부를 할래야 할 수가 없다. 왜냐하면 학생들이 그들의 입으로 만들어 내는 영어 문장(Output)과 그에 따른 강사의 문법 실수 교정(Grammatical Error-Correction)이 이 교재를 통한 학습의 중심을 이루기 때문이다. 이러니 같은 내용을 가르쳐도 매 시간마다, 그리고 배우는 학생에 따라서 수업 내용이 달라질 수 밖에 없다. 물론, 해당 문법 구조를 얼마나 정확하고 풍부하게 습득할 수 있느냐는 철저하게 학습자의 참여도에 달렸다. 따라서 문법 시간에도 학생들이 말을 안 할래야 안 할 수가 없다. 또, Activity를 할 때에는 언제든 말을 하다가 틀리면 강사가 Buzzer를 울리고 해당 학생은 정확한 문법을 가진 문장으로 스스로 고쳐서 다시 말해야 한다. 그 과정에서 동사의 시제, 관사, 전치사의 사용법, 문맥에 따른 적절한 단어의 선택 등을 포함한 문법 법칙들이 머리만이 아니라 입에서도, 그리고 그들이 글로 쓰는 작문에서도 자연스럽게 지켜지도록 유도한다.

어느 날, 이런 문법 수업에 익숙하지 않은 한 한국 학생이 아선생에게 물었다. 그렇다면 대체 문법 시간과 말하기 시간의 차이가 무엇이냐고. 당연히 차이가 있다! 말하기 시간이 수업의 목적을 유창함(fluency) 쪽에 무게를 둔다면, 문법 시간은 수업의 목적을 정확성(accuracy) 쪽에 무게를 둔다. 바꾸어 말하면, 말하기 시간에는 좀 더 "말하는 내용" 중심의 수업을 하여 학생들이 새로운 표현과 단어를 익히는 데에 집중하면서, 사소한 문법적 실수들은 의사소통을 하는 데 크게 지장이 없으면 강사들이 그냥 넘어가는 편이다. 학생의 표현이나 문장이 문법적으로 다소 정확하지 않더라도 일단은 유창하게 자신의 의사를 표현할 수 있도록 자신감을 심어 주면서 적절한 표현을 가르치는 것이 말하기 수업의 주된 목적이라고 보면 된다. 반면, 문법 시간에는 훨씬 더 문법 구조(structure)에 집중을 한다. 즉, 학생들이 영어로 말하고 쓰게는 하되, 해당 수업에서 배우는 문법 구조에 한해서 만큼이라도 정확한 영어를 구사할 수 있도록 하는 것이 더 큰 목적이다. 그래서 말하기 수업과는 달리 쉬운 문법이라도 정확한 문장을 구사할 때까지 스스로 모니터하면서 자신의 실수를 고치도록 하는 과정(self-correction)이 반드시 포함되는 것이다. 이런 이유로 플로리다 주립대 어학원 강사들은 오늘도 Buzzer를 들고 문법 수업에 들어간다. 부저가 울리면 틀린 문법을 고칩니다. Bee~~p!

Epilogue 에필로그

이제는 문법 공부할 때 Mindset을 한번 바꿔 보자!

피할 수 없으면 즐기라는 말이 있다. 피하고 싶은 만큼 하기 싫은 일을 즐기면서 하라니, 억지도 이런 억지가 없다고 나는 생각한다. 아무리 사람이 하고 싶은 일만 하고 살 수는 없다지만, 전공이나 적성과 관계없이 거의 모든 사람들이 영어를 공부해야 하는 이 웃지 못할 현실에서, 영어 가르치는 것을 업으로 삼고 있는 내가 할 수 있는 일은, 어떤 이들에게는 피하고 싶을 만큼 하기 싫은 영어 공부를 최대한 즐길 만한 일로 만들어 주는 것이 아닐까? 그런 이유에서 유머 감각이라고는 국 끓여 먹을 래도 없는 나라는 사람이 썰렁한 농담과 억지 유머를 섞어 가며 나름대로 장인정신을 발휘해 보았는데, 독자님들께 유쾌하게 전달이 되었는지 모르겠다.

이 시리즈를 처음 기획할 때, 비록 문법책의 탈을 썼지만, 잡지책이나 만화책을 읽듯이 쭉 훑고 나면, 뭔가 느낌이 남는 그런 책을 만들어 보고 싶었다. 여기서 남는 느낌이란 영어, 또는 문법을 공부하는 방식에 관한 것일 수도 있고, 문법이나 표현의 습득일 수도 있을 것이다. 그것이 뭐가 되었든, 독자님께서 영문법을 대하는 태도나 공부하는 방식에 조금이나마 영향을 미칠 수 있었다면, 나의 그런 노력들이 헛되지 않았다고 믿는다.

플로리다에서
김아영

References

Brown, H. D. (2000). Principles of language learning and teaching. New York: Longman.

Cancino, H., Rosansky, E. J., & Schumann, J. H. (1975). The acquisition of the English auxiliary by native Spanish speakers. TESOL Quarterly, 9-4, 421-430.

Crystal, D. (2003) The Cambridge encyclopedia of the English language. Cambridge: Cambridge University Press.

Dechert, H. W., & Raupach, M. (1989). Transfer in language production. Norwood, NJ: Ablex Publishing Corporation.

Ellis, R. (1994). The study of second language acquisition. Oxford: Oxford University Press.

Gass, S. M., & Selinker, L. (2001). Second language acquisition:
An introductory course.
NJ: Lawrence Erlbaum Associates.

Kim, A. (2007). CIES Grammar book 4B. Tallahassee, FL: Florida State University.

Leech, G. & Svartvik, J. (1994). A communicative grammar of English (2nd ed.).
New York: Longman

Lightbown, P. A., & Spada, N. (1999). How languages are learned. Oxford: Oxford University Press.

Rideout. P. M. (2000). The Newbury house dictionary of American English. Boston: Heinle & Heinle

Swan, M. (2005). Practical english usage. USA: Oxford University Press.